ELIZABETH

A IDADE DE OURO

TASHA ALEXANDER

ELIZABETH
A IDADE DE OURO

EDITORIAL PRESENÇA

Nota:

Embora no título deste livro se tenha usado o nome Elizabeth, por referência à rainha Isabel I de Inglaterra, ao longo do texto optou-se pelos nomes dos personagens históricos tal como são conhecidos em português.

FICHA TÉCNICA

Título original: *Elizabeth — The Golden Age*
Autora: *Tasha Alexander*

Edição portuguesa publicada por acordo com Harper Entertainment, uma chancela de Harper Collins Publishers

Tradução: *Alberto Gomes, Eduarda Colares e Fernando Dias Antunes*
Capa: *Arranjo gráfico de Ana Espadinha*
Fotocomposição, impressão e acabamento: *Multitipo — Artes Gráficas, Lda.*
1.ª edição, Lisboa, Outubro, 2007
Depósito legal n.º 265 025/07

1585 — A Espanha é o império mais poderoso do mundo. Filipe, um católico devoto, mergulhou a Europa na guerra santa. Só a Inglaterra, governada por uma rainha protestante, se lhe opõe.

PRÓLOGO

Não tinha nada o aspecto de um rei. Parecia mais um asceta, vestido de negro, embora a indumentária fosse apropriada para alguém que acabava de aceitar uma missão tão séria e sagrada e que jurara colocar a vontade de Deus acima das questões humanas. Rebaixava-se perante Deus, humildemente curvado na capela do palácio, um lugar requintado cuja opulência era digna de uma catedral, em perfeito contraste com as divisões utilitárias dos seus aposentos privados. A arte destinava-se à glorificação de Deus e não a uma mera diversão. Ergueu-se, cheio da gratificante confiança conferida pela orientação divina e desejoso de começar.

O império espanhol era o mais poderoso na Europa. Os conquistadores, homens como Cortés e de Soto, não tinham quaisquer remorsos em destruir os povos indígenas que encontravam no Novo Mundo, povos tão ingénuos ao ponto de trocar ouro por plumas, contas e outras bugigangas sem valor. E rejubilavam enquanto fundiam os falsos ídolos desses hereges para cunhar moedas. Embora o seu desejo de riqueza fosse enorme, empalidecia quando comparado com algo de importância bem maior. Aqueles guerreiros estavam também destinados a ser cruzados e Filipe, o seu rei, atribuía um grande valor à conversão das almas.

E eram as almas que lhe consumiam os pensamentos, enquanto coxeava pelos extensos corredores de tectos graciosamente abobadados. Os criados afastavam-se rapidamente do seu caminho, encostando-se às paredes. Entrou num salão onde os cortesãos lhe fizeram uma vénia em silêncio, cientes de que acontecera alguma coisa muito importante. Filipe não fez caso deles e aumentou o ritmo das passadas desajeitadas.

A parte central do Palácio do Escorial, perto de Madrid, tinha origem monástica, mas as salas grandiosas eram adequadamente régias, repletas de ornamentos: tapeçarias espectaculares com cenas religiosas, quadros de Ticiano, Bosch e El Greco. A mobília fora minuciosamente talhada em madeiras raras e estuque dourado e frescos cobriam o tecto abobadado, em cuja base havia estátuas religiosas que pareciam estar a contemplar o ofício sagrado conduzido em baixo.

Ministros e membros da corte ajoelharam-se assim que Filipe entrou no magnífico salão à procura de uma pessoa em particular, e não proferiu uma única palavra até encontrar o padre. Os jesuítas eram uma ordem poderosa, famosa pelas suas escolas e trabalho missionário de qualidade superior, e a sua influência política continuava a crescer, não só em Espanha, mas também na Alemanha e em França, sendo os seus membros mais instruídos os líderes naturais da contra-reforma. Os ingleses, uma nação herética governada por uma rainha excomungada, receavam-nos, pois embora os superiores da ordem tivessem hesitado em partir para Inglaterra, assim que iniciaram a sua missão não houve nada que os pudesse impedir de proteger as almas católicas.

— Deus deu-me a conhecer a Sua vontade — disse Filipe numa voz cheia e autoritária. — Chegou a hora do nosso grande empreendimento.

Robert Reston, de vestes sagradas, olhou o rei nos olhos. — Finalmente — murmurou, grato e determinado, mas demasiado disciplinado para demonstrar qualquer emoção. Era mais radical que outros no seio da ordem, pouco susceptível de obedecer ao mando dos seus superiores, os quais insistiam que os jesuítas em Inglaterra evitassem qualquer discussão política e nunca se opusessem à rainha. Reston lembrava-se bem da execução brutal de um dos seus sagrados irmãos, Edmund Campion, que encontrara a morte em Inglaterra. Houve momentos em que invejou o martírio do amigo, mas noutras ocasiões só desejava vingar essa morte. As horas de oração não lhe tinham mitigado o desejo de vingança, confirmando assim a sua crença de que esse sentimento não era imoral tendo em conta as circunstâncias — pelo contrário, esta união da satisfação pessoal e do ofício sagrado era uma dádiva divina. Até agora só esperara uma única coisa: que o seu rei ordenasse o início da missão.

Os sinos da catedral repicaram lá fora em tons ricos que competiram com as aclamações da multidão na praça até encherem as salas do palácio. Filipe, assumindo uma pose instintivamente régia, avançou pelas portas abertas até à varanda, onde foi acolhido pelas aclamações dos seus súbditos.

Não fez um único aceno.

Não proferiu uma única palavra.

Limitou-se a absorver profundamente a adoração que lhe era dirigida.

CAPÍTULO UM

A Inglaterra nunca tivera uma rainha como ela. Isabel tinha uma aparência imponente — belo cabelo ruivo caindo-lhe pelas costas e tez pálida e reluzente —, mas era a sua inteligência aguçada e perspicaz que a tornava uma rainha digna do seu país. Os súbditos conheciam bem a história do seu percurso tumultuoso até ao trono e admiravam a sua tenacidade e modos francos, nunca desconfiando por um momento que ela estava a apresentar-lhes uma imagem de força constante cuidadosamente elaborada.

— Não é seguro — disse Lorde Howard, segundo Barão de Effingham e primo da rainha, num tom baixo e insistente, enquanto a barca real deslizava pelo Tamisa em direcção ao Palácio de Whitehall, um extenso castelo de mil divisões que servia de residência oficial a Isabel, em Londres. A preocupação vincava-lhe profundamente o rosto de pele curtida por uma juventude passada no mar. — Digo-vos com toda a certeza, irão assassinar-vos.

— A vossa vontade era manter-me sempre fechada no palácio, protegida por um mar de guardas — acusou-o Isabel. Odiava intensamente essa hipótese. Seria como uma morte. — Nunca estar com o meu povo! Não farei isso. Tenho de ser vista.

— Cada católico de Inglaterra é um assassino potencial — lembrou-lhe ele.

— E não serei refém de hipotéticas ameaças de violência.

— Se a vossa posição fosse mais dura em relação à ameaça católica...

— Já o disse antes, recuso-me a forçar as almas das pessoas — respondeu ela, observando o toldo de seda brilhante da barca a esvoaçar, enquanto os remadores se esforçavam num ritmo sincronizado. — Jesus Cristo só há um e o resto não passa de uma disputa acerca de trivialidades.

As margens do rio estavam apinhadas de pessoas, a maioria das quais sorria e acenava, encantadas por estarem tão próximas da rainha. Até as classes mais baixas, a viver na pobreza, a adoravam. Para os ricos e a nova classe de mercadores, as políticas reais traziam benefícios mais tangíveis, não só monetários como intelectuais, à medida que a educação se expandia e novas escolas eram construídas. E à medida que os exploradores ingleses partiam para o Novo Mundo, as fronteiras daquilo que poderia tornar-se um império alargavam-se a par de uma exultante sensação de entusiasmo e promessa. A própria cidade de Londres transbordava de oportunidades.

Ninguém prestou atenção a dois homens no meio da multidão de devotos súbditos que aclamavam a comitiva real. Anthony Babington e John Savage olhavam com mais atenção que a restante multidão, sem qualquer expressão de admiração, mas ocultando cuidadosamente a sua astúcia, enquanto se infiltravam pelo meio das pessoas.

— Nunca ficais nervoso? — perguntou Savage, observando a multidão. — O que pode acontecer-nos se alguém nos descobrir?

— Não vos parece uma boa política? — retorquiu Babington, dando um pontapé no chão de terra batida. — Mantende-vos quieto, deixai os loucos dos protestantes enganar o povo e assim poupamo-vos a vida. — A minoria católica tinha sido avisada para não irritar a rainha, caso contrário a espada da justiça poderia abater-se sobre eles. Aqueles que se mantinham fora da política e não atraíam as atenções estavam seguros. Os restantes corriam o risco da tortura e da forca. — Estamos a fazer o trabalho de Deus. É a rainha quem se coloca numa posição perigosa ao adoptar a visão herética.

— Sim. Deve morrer por isso. — Savage só esperava que o companheiro não tivesse detectado o medo na sua voz.

— E se for da vontade de Deus que ela morra, por que motivo recearia eu represálias pessoais? — perguntou Babington. — Se os hereges nos apanharem, fazem de nós mártires gloriosos. E isso é algo que eu nunca recearia.

Savage engoliu em seco. Concordava, em teoria, com tudo o que Babington dizia, mas estava a custar-lhe a aceitar a realidade. Tinha ouvido já muitas histórias de articulações deslocadas pela roda, de homens esmagados pela cegonha. E testemunhara em pessoa o que acontecera a seu pai em resultado de ter sido pendurado pelos punhos durante horas. Ninguém encontrava misericórdia na Torre de Londres. Estes pensamentos assustaram-no e começou a rezar. Deus restituiu-lhe o ânimo e continuaram ao longo da margem do rio, planeando os pormenores do ataque que, segundo esperavam, iria mudar-lhes as vidas.

A barca tinha chegado a Whitehall, a norte do Palácio de Westminster. O pai de Isabel, Henrique VIII, tinha renovado extensivamente o palácio medieval, acrescentando liças para torneios e campos de ténis, criando um perfeito recreio para a sua régia pessoa. As águas do Tamisa batiam contra a escadaria real enquanto a comitiva da rainha desembarcava e percorria os labirintos de pátios e edifícios cuja estrutura fora concebida para reflectir a hierarquia da corte. Primeiro viam-se as salas públicas, mas quanto mais se avançava pelo palácio, menos pessoas podiam transpor as portas guardadas. Os aposentos privados da rainha ficavam na extremidade, onde só um grupo restrito de eleitos podia entrar.

Isabel entrou na Sala do Conselho, dentro de cujas paredes de pedra eram conduzidos os assuntos do reino, rodeada pelo Conselho Real, constituído pelos seus conselheiros mais fiéis. Sir Francis Walsingham tinha sido embaixador em França antes de ser nomeado secretário principal dos assuntos estrangeiros e nacionais, mas era também o seu espião-mor, coordenando todas as operações secretas. Pusera-lhe a alcunha de Mouro devido ao tom escuro da pele cor de azeitona, e tornara-se um amigo.

— É isto que me espera hoje? — perguntou-lhe Isabel assim que entrou. — Conversas infindáveis sobre a discórdia religiosa? — Sabia que era inevitável, que as crenças fervorosas dos seus súbditos, tanto protestantes como católicos, poderiam dilacerar a Inglaterra. Essa mesma batalha sangrenta, posta em marcha quando Martinho Lutero afixara as suas *95 Teses* na porta da Igreja do Castelo de Wittenberg, na Alemanha, estava a assolar a Europa e nem a impiedosa violência da Inquisição Espanhola conseguia aplacá-la.

— É necessário, Majestade — disse Walsingham. — Mas há outra questão...

A rainha viu os papéis nas mãos dele e interrompeu-o de imediato. — Agora não, Mouro. Discutiremos isso mais tarde. Muito mais tarde. — Tinha-lhe trazido outra petição a suplicar-lhe que escolhesse um marido, intuíra-o logo. Casamento e religião, os dois tópicos favoritos dos seus ministros e os menos preferidos dela. Gostava de dizer que o seu pai, que tivera seis mulheres, casara já quanto bastasse pelos dois, mas só ela apreciava o humor dessa afirmação. — Deixai-me tratar do Howard e das suas preocupações.

Walsingham fez uma vénia e afastou-se para o lado, enquanto a rainha se juntava aos restantes conselheiros sentados em redor de uma comprida mesa ornada, colocada por baixo de um enorme retrato de Henrique VIII que os olhava através dos olhos pequenos.

— A facção católica está a ficar cada vez mais ousada, Majestade — disse Lorde Howard.

— Ousada como? — perguntou Isabel. Era a posição habitual de Howard e já esperava que a seguir ele referisse velhas recordações de uma revolta católica entre os condes, no Norte de Inglaterra, uma rebelião que Howard ajudara a debelar, à laia de aviso.

— Os espanhóis falam abertamente de Maria Stuart como futura Rainha de Inglaterra — continuou Howard.

William Cecil, Lorde Burghley, que a acompanhava desde a sua coroação, anuiu com a cabeça. — É uma mulher perigosa, Majestade.

Não era o rumo que esperava que a conversa tomasse e isso desagradou-lhe. Os primeiros sintomas de raiva revolveram-lhe o estômago e bateu com a mão na mesa. — Maria Stuart é uma rainha banida pela ingratidão da sua própria nação. — Uma revolta desencadeada havia anos na Escócia libertara Maria do seu terceiro marido, James Hepburn, Conde de Bothwell, um homem bruto e violento, mas tinham-na feito prisioneira e forçado a abdicar do trono a favor do jovem filho Jaime. A fuga para Inglaterra pouco alívio lhe trouxera.

— Maria Stuart é a intriguista-mor no coração de todas as conspirações papistas — disse Sir Christopher Hatton, a quem ela chamava Pestanas.

Isabel fechou os olhos e parou de ouvir. Conseguia recitar sozinha aquela litania: no ano passado, a antiga rainha escocesa acusara-o de ser o amante de Isabel, mas sabia que a opinião dele sobre Maria não se formara apenas por simples preconceito ou desejo de vingança. Maria oferecera aos católicos de Inglaterra uma rainha papista potencial, pronta a agir e desejosa de uma revolta. Isabel tinha de avançar com muito cuidado e dar ouvidos aos avisos dos seus ministros.

Estava tão cansada de tudo aquilo!

— A Maria é minha prima. É nossa convidada. Há que lhe prestar o devido respeito pela sua posição. — *Convidada*. Era talvez uma escolha extraordinária de palavras para descrever uma mulher que durante quase vinte anos fora arrastada de prisão em prisão. As celas poderiam ter sido em castelos e mansões no campo, mas o facto é que continuava prisioneira. Mas, por mais que tudo aquilo a esgotasse, Isabel não se deixaria enganar. Reconhecia os perigos colocados por Maria. Infelizmente, os seus conselheiros recusavam-se a ver as dificuldades decorrentes do facto de manterem presa uma rainha soberana.

— Todos os católicos são traidores — reiterou Hatton. — Para quê dar-lhes a liberdade de praticar a sua religião papista? Deveriam ser todos enforcados. — *Liberdade*. Isabel sorriu ao aperceber-se de que não era a única a escolher bem as palavras.

A celebração pública da missa católica era ilegal e, embora ela tolerasse tacitamente essa prática em privado, a medida estava bem longe de ser liberdade religiosa. Além do mais, deixara-se persuadir a mudar as leis do não-conformismo. Agora, em vez da multa de um xelim por semana, aqueles que não frequentassem o serviço religioso anglicano aos domingos eram multados em vinte libras por mês. Não lhe agradava impor aquelas medidas, mas eram necessárias. Mesmo assim, não se deixaria pressionar quando isso ia contra a sua vontade.

— Quantos católicos há em Inglaterra, Sir Hatton? — perguntou ela. O seu rosto, onde as rugas começavam a dar sinais da idade, estava sério e as pestanas tão pálidas que pareciam quase brancas.

— Uma quantidade imensa, Majestade. Alguns dizem que metade da nação continua agarrada às velhas superstições. — Hatton olhou-a com uma expressão tranquila.

— Que quereis que faça, então? Enforcar metade da população de Inglaterra, ou prendê-la apenas? — perguntou. Walsingham continuava à parte e ainda não entrara na conversa. Burghley, que se tinha levantado da mesa, postara-se ao lado dele.

Metade da nação! Uma nação que se recordava demasiado bem da brutal perseguição religiosa ordenada por Maria I, a predecessora papista de Isabel e sua meia-irmã. Casas incendiadas, tortura, uma justiça hedionda em nome de Deus. Os católicos haviam tido a sua época de poder sangrento durante o reinado de Maria e a orgulhosa mulher sentada na Sala do Conselho não tinha intenção de deixar os protestantes seguir desenfreadamente o mesmo hediondo percurso. Mas as execuções espectaculares estavam longe de ser invulgares, como as dos três padres católicos quatro anos antes: Edmund Campion, Alexander Bryant e Ralph Sherwin, tinham sofrido uma tortura indescritível nas masmorras da Torre de Londres antes de serem enforcados, arrastados pelas ruas e esquartejados.

Tiveram a morte reservada aos traidores, testemunhada por fiéis seguidores que tinham recolhido gotas de sangue dos mártires e outras relíquias macabras a que puderam deitar as mãos. Seguidores que não se esqueceriam de como a lei agira contra homens sagrados que envergavam as vestes erradas. A perseguição religiosa estava longe de ter terminado.

— Não é minha intenção enforcá-los a todos, Majestade — ironizou Howard. — Mas devemos mostrar-nos determinados. Temos de agir contra os elementos mais radicais.

O cepticismo insinuou-se por baixo do rosto pesadamente maquilhado de branco da rainha. — E como vamos descobrir quem são esses elementos radicais?

— Por via das suas acções. Por via das suas conspirações e traições. — Havia urgência na voz de Howard, uma urgência que a irritou.

— Não dispomos já de leis contra conspirações e traições? — Falou num tom veemente, para que ninguém duvidasse da sua autoridade. — Se quebrarem a lei, que sejam castigados. Até esse dia acontecer, devem ser deixados em paz.

— Até ao dia em que se insurgirem. Majestade, temos motivos fundados para recear qualquer católico nesta nação...

Isabel não o deixou terminar. — O medo gera medo, Sir Hatton. Não castigarei o meu povo pelas suas crenças. Somente pelos seus actos. Tenho a certeza de que o povo de Inglaterra ama a sua rainha. E o meu esforço constante é no sentido de merecer esse amor.

Levantou-se da mesa com um roçagar de brocados cintilantes, rendas e jóias requintadas, envolta num atmosfera de água de rosas e almíscar. Os conselheiros ergueram-se prontamente com uma vénia. A conversa terminara e a rainha mantivera a sua posição.

A barca real deslizava novamente pelas águas do Tamisa. Os habitantes nas margens do rio aclamaram de novo a rainha à sua passagem e esta limitou-se a observá-los, fazendo ocasionalmente um ligeiro aceno com a cabeça, um magro reconhecimento do prazer que lhe dava a devoção dos seus súbditos. Viajar pelo rio, sobretudo numa barca repleta de bancos luxuosos e almofadas de fina seda, era de longe preferível a ter de se submeter à suja miséria das ruas de Londres, cujas condições terríveis tornavam a viagem de carruagem desconfortável ou até impossível.

Bess Throckmorton, senhora de uma cativante beleza que superava o esplendor exuberante da juventude, subira rapidamente na hierarquia das Damas da Sala do Conselho até se tornar na preferida da rainha. Os lábios cheios e o nariz delicado, a pele imaculada e os olhos azuis, teriam tentado o mais devoto dos celibatários, mas fora a sua mente perspicaz que atraíra a rainha.

Walsingham, sentado em frente das damas, inclinou-se para a rainha. — Não podeis adiar eternamente. O povo apresentou-vos uma petição com mais de um milhar de assinaturas.

Não havia nada que Isabel mais quisesse adiar eternamente do que aquela petição. Tivera até a esperança de que ele se tivesse esquecido do temido documento na Sala do Conselho. Tentou, sem sucesso, lembrar-se de quantas vezes lhe tinham dado papéis similares a exigir-lhe que se casasse. Certa vez, fora o próprio parlamento que o fizera, dizendo que, se casasse e tivesse filhos, alcançaria a imortalidade. O porta-voz da Câmara dos Comuns tinha-lhe assegurado que essa era a única — e exclusiva — prece de cada inglês. Mas tudo isso a deixara ainda mais surpreendida com tanta falta de imaginação, ao ponto de as pessoas não conseguirem lembrar-se de nada melhor para pedir a Deus.

Desprezava as exigências que lhe faziam para arranjar marido, quer viessem sob a forma de uma petição ou sob a forma de conselhos sensatos da parte dos seus conselheiros. Houvera momentos — alguns longos, outros breves — em que quase sucumbira aos encantos dos seus nobres preferidos, mas o facto é que governara sozinha durante demasiado tempo. Não tinha nenhum desejo de partilhar o poder, não queria nenhum amo na sua casa e concentrou-se de novo em Bess, enquanto lhe afastava da testa uma mecha de cabelo macio. — Não escondas a cara.

— Os bispos de Ely e Wells têm dito que a contínua esterilidade de Vossa Majestade significa o desagrado de Deus com todos nós — declarou Walsingham.

Isabel não respondeu e contemplou o Mouro em silêncio antes de voltar a olhar para a sua dama. — Vamos ter de vos arranjar um marido em breve, Bess.

— Espero que não seja muito em breve, minha Senhora. — As faces lisas como porcelana ruborizaram-se.

— Não quereis casar-vos? — perguntou a rainha.

— Quero casar se o homem me agradar.

Isabel apercebeu-se de que Walsingham tentava ocultar todos os sinais da frustração que sentia. Manteve o olhar fixo, mas não enveredou pelo sarcasmo que lhe era habitual. — Fareis como vos aprouver, evidentemente. Mas pelo menos fingi que lestes a petição — disse ele.

— Que tipo de homem desejais, Bess? — perguntou Isabel, continuando a não fazer caso dele.

Bess sorriu e um riso melodioso escapou-lhe dos lábios rosados. — Um cavalheiro de fina aparência.

— Que quereis dizer com isso? Alto?

— Alto. — Calou-se enquanto pensava. — De rosto franco. Um olhar amigável.

— Pessoalmente — começou Walsingham por dizer —, aconselhava-vos a deixar a possibilidade em aberto. A manter a incerteza.

Uma centelha vibrante perpassou pelos olhos da rainha. — E pernas fortes. Também quereis que tenha pernas fortes. — Chegaram-se mais uma à outra, com os rostos radiantes de prazer.

— E não deve comer de boca aberta, nem contar sempre a mesma piada — prosseguiu Bess.

Walsingham falou com mais veemência. — Pelo menos, dai início às negociações para um contrato com um príncipe estrangeiro. Só para mostrar ao mundo que a Inglaterra ainda tem amigos.

Um sorriso assomou aos lábios pintados da rainha. — E um hálito doce, Bess. Para poderdes beijá-lo sem sufocardes.

Walsingham alteou novamente a voz. — Para mostrar ao mundo que ainda podeis vir a ter progénie... — Aquelas palavras chamaram-lhe a atenção. Isabel esbofeteou-o com força, saboreando a sensação de formigueiro que lhe percorreu a pele.

— Filhos. Dizei antes filhos. Agora falais como um bispo, Mouro. Progénie, francamente!

— Filhos, pois seja. Estava apenas a ser delicado.

Isabel falou num tom mais sereno, enquanto o seu rosto se tornava sério. — Não há nada de delicado em dar à luz. Todos os dias morrem mulheres por causa disso. — A atmosfera de alegria e convívio prazenteiro abandonou a barca e um silêncio tenso abateu-se sobre a comitiva. A luz do Sol, indiferente, prosseguiu a sua dança sobre a ondulação. Isabel limitou-se a observar as águas, imperturbada por aquela tensão. Tudo era melhor que discutir um possível casamento.

Quando chegaram ao seu destino — sem que nenhum dos membros da comitiva tivesse apreciado o desconforto reinante durante o resto da viagem —, dirigiram-se à Catedral de São Paulo. Isabel virou-se para Walsingham com um sorriso premeditado, pronta para a reconciliação. — Se vier a casar, espero que vos lembreis de que isso não resolveria necessariamente o problema da sucessão. Um filho meu pode não vir a dar um bom herdeiro. Pode vir a degenerar e revelar falta de graça.

Walsingham abriu a boca para responder, mas Isabel abanou a cabeça e continuou a avançar para os degraus da catedral. O comprido edifício gótico erguia-se acima de todos os outros edifícios da cidade, apesar de a agulha da torre ter sido destruída por um relâmpago. A igreja estava envolta em andaimes enquanto as obras de renovação prosseguiam, financiadas parcialmente pela rainha. A galeria arcada, de estilo normando, e o tecto abobadado eram altíssimos, embora grande parte da esplêndida ornamentação medieval tivesse sido removida. Nenhum sinal de superstição e idolatria papista era bem-vindo numa igreja anglicana.

Mas os reformistas tinham deixado os vitrais intactos e Isabel ergueu o olhar para a roseta assim que entrou; mandou Bess sentar--se junto das outras damas e falou com Walsingham numa voz dura mas calma.

— Tenho preocupações mais sombrias que essa questão do casamento. Estão a recrutar construtores navais nos portos espanhóis com promessas de salários ao dobro do habitual. O molhe de Dover está prestes a ruir. Não temos dinheiro para reconstruir as nossas defesas. Não preciso que nenhum conselheiro me venha dizer como devo agir.

— Só estão preocupados com a vossa segurança, Majestade. As ameaças à vossa pessoa são reais.

— E também sabem muito bem que se eu cair, eles cairão a seguir. — Chegou aos degraus na base do altar, ajoelhou-se e começou a rezar. Estendeu a mão para trás sem precisar de se virar. Bess pegou-lhe na mão e ajoelhou-se ao seu lado em oração. O calor da mão da jovem fê-la sorrir. Mais valia depender da amizade para curar a solidão que optar pelo casamento.

A grande distância de Londres, um galeão aproximava-se das falésias brancas de Dover. As aves mergulhavam e pairavam, listras negras contra a greda brilhante, e os seus gritos agudos eram transportados até longe sobre as ondas. A ténue faixa de terra verde no cimo do precipício parecia chamar os marinheiros exultantes com aquela visão de Inglaterra. O cansaço que se instalara durante a longa viagem de regresso dissipou-se num instante. Não paravam de pensar nos seus lares, nas esposas e noutra comida para além daquela que havia no galeão, conservada em salmoura ou tão seca que era praticamente intragável. Há muito que o conforto era devido àqueles homens e, agora que estavam tão perto, começaram a trabalhar com uma energia que havia meses não revelavam.

Puxaram cordas e desfraldaram as velas quadradas já desbotadas. Cada polegada do *Tyger* apresentava amolgadelas e sinais de desgaste. A madeira branqueara devido às longas horas ao sol e a tinta começara a descascar. Mas o galeão era sólido e voltava agora do Novo Mundo com tesouros e histórias de aventuras infindáveis.

Haviam tido escaramuças com galeões espanhóis e tinham pilhado uns poucos, mas passaram a maior parte do tempo à procura de novos territórios para futuras colónias inglesas, pois a missão principal do capitão era encontrar um local adequado para fundar uma colónia permanente: uma cidade que daria início ao império inglês, para grande glória do país e também do capitão. Tinha-se decidido pela ilha de Roanoke, um lugar onde as plantações cresciam com uma rapidez estonteante devido ao solo fértil, e os indígenas que tinham encontrado eram amáveis e fiéis, tendo acolhido os forasteiros sem qualquer agressividade.

O povo indígena era extremamente exótico, de pele acastanhada e vestimentas de couro. Todavia, estavam bem longe de ser incivilizados. Cultivavam os campos e pescavam com os seus barcos. As casas eram construídas com madeira de cedro, rodeadas de paliçadas de troncos compridos com os topos afiados em pontas mortíferas. Thomas Harriot, o erudito cientista da expedição, tratara de aprender a língua, o algonquino, e conseguira ensinar inglês a dois dos indígenas que resolveram depois abandonar a sua tribo perto de Roanoke e partir para Inglaterra.

Manteo era um chefe índio dos Croatoans e Wanchese um membro de posição elevada no seio dos Winginas. Tinham entretido admiravelmente os marinheiros durante a viagem de regresso a casa. Harriot traduzia as histórias deles sempre que o inglês dos indígenas era insuficiente, mas agora que a viagem marítima estava a chegar ao fim, protestaram alto em algonquino quando marinheiros bem intencionados mas insensatos os forçaram a vestir casacas rijas de tafetá acastanhado.

— Deixai-o em paz, Sr. Calley. — Walter Raleigh, o capitão do galeão, de pele bronzeada pela viagem e cabelo encaracolado desgrenhado pelo vento, aproximou-se do seu imediato, que não estava a conseguir enfiar um chapéu por cima do cabelo espesso de Manteo.

— Vai assustar as damas, Senhor. Talvez fosse melhor pintar-lhe a cara de branco — alvitrou Calley, cuja cara bronzeada era quase tão escura como as dos indígenas.

Embora Raleigh não estivesse menos curtido pelos elementos que os seus homens, era praticamente impossível não ver nele um líder.

Era o jeito de andar, a postura, a calma firme e autoritária nos olhos verdes. Havia combatido com os Hugenotes em França — era um devoto protestante desde a juventude — e ajudara a reprimir uma revolta na Irlanda. Mas era também um poeta e um homem de ciência. Manteo e Wanchese viram-no aproximar-se com uma vénia curta e graciosa. Os indígenas sorriram e Raleigh pôs o braço por cima do ombro de Manteo, levando-o para o convés da proa.

— A Inglaterra, meu amigo. A mãe de todos nós e nosso doce lar. — As falésias de Dover estavam agora mais próximas, erguendo-se brancas do mar e cintilando contra o céu.

— E já não era sem tempo — disse Calley. Os outros marinheiros no convés soltaram uma aclamação entusiasmada.

— Assim que o galeão estiver em condições de navegar, voltaremos ao teu mundo, meu amigo. — Raleigh sorriu e Manteo retribuiu-lhe o sorriso, mas manteve-se calado. Porém, a tripulação do *Tyger* respondeu ao capitão com um coro de protestos.

— Não se preocupem, rapazes — disse Calley. Virou-se para Raleigh. — Precisareis de uma autorização da rainha, Senhor. Dizem que não é fácil vê-la. Dizem que têm lá oficiais na corte cuja função é manter pessoas como vós à espera. Às vezes durante anos, Senhor. É o que dizem. — Ouviu-se uma onda de murmúrios favoráveis no meio dos marinheiros.

Raleigh inspirou fundo o límpido ar inglês. Sempre considerara a paciência uma das suas melhores virtudes e dizia-se que a rainha não era imune aos encantos dos aventureiros. Se ao menos conseguisse ganhar-lhe os favores... Virou costas às falésias de Dover e voltou a olhar para o mar, com a mente cheia de visões de uma nova colónia. Não lhe agradava a ideia de fazer o jogo de adulador, mas se isso lhe desse os meios para fundar uma nova civilização, então valeria bem a pena. Não lhe ocorria outra maneira de obter aquilo de que precisava: dinheiro, mais galeões, mais marinheiros e pessoas dispostas a viver no Novo Mundo.

E sim, Calley tivera razão ao lembrar-lhe: iria precisar de uma autorização da rainha. Seria essa a sua primeira prioridade. A Rainha Isabel. Que podia fazer para a impressionar? Para lhe atrair a atenção, e rapidamente? Assomou-lhe ao rosto um sorriso malicioso. Aquilo poderia vir a ser uma verdadeira aventura. Chamou o imediato.

— Bem, Sr. Calley, depois vemos essa questão da rainha. Por agora, que a Inglaterra saiba que voltámos!

Os marinheiros soltaram uma aclamação enquanto batiam com os pés no convés e Raleigh sentiu no peito a onda de entusiasmo. Os canhoneiros postados à frente dos dezoito canhões do galeão esperaram pelo seu sinal. Raleigh ergueu a mão e baixou-a, e os canhões dispararam em direcção às distantes falésias brancas. O *Tyger* voltara a casa.

CAPÍTULO DOIS

Era impossível resistir ao apelo do exterior quando o céu apresentava aquela perfeita tonalidade de azul que era simultaneamente fresca e quente e que quase parecia engolir as nuvens que ousavam cruzar as suas vastas extensões. Isabel tinha passado grande parte da tarde a ver os seus cortesãos jogar ténis nos campos do pai. Escolhia os seus jogadores favoritos e dava-lhes lenços para lhes indicar o seu apoio, mas não prestava muita atenção às jogadas. Depois do almoço aturara um jogo extremamente aborrecido — tinha de haver alguém em Inglaterra capaz de produzir um entretenimento melhor — e depois dançara com os cortesãos na Sala de Recepção.

A *volta*, com os seus saltos e reviravoltas, sempre fora a sua dança preferida. Adorava aquela aceleração do coração devido ao exercício e à sensação de mãos fortes em redor da sua cintura, aquela intimidade de um rosto bem-parecido próximo do seu. Mas naquela noite, embora se sentisse exuberante como de costume, reparou que o seu primeiro par — um jovem e atencioso conde recém-chegado à corte — estava a sorrir a uma das suas damas.

— Gostais dela? — perguntou Isabel enquanto ele a fazia girar.

— Da Margaret? — inquiriu ele. Isabel não gostou da prontidão com que ele lhe respondeu com um nome. — É uma rapariga doce, mas não se compara a Vossa Majestade. Como pode a atenção de um homem ser distraída, mesmo que por momentos, quando se encontra na companhia de uma beleza tão irresistível?

Eram palavras bonitas e Isabel não esperava menos. Mas pouco significavam quando o homem que as proferia estava, de facto, distraído pelos encantos de outra pessoa. O seu segundo par, um duque do Norte, segurava-a alto enquanto ela saltava.

— Sois um excelente dançarino — cumprimentou ela.

— A prioridade de um cavalheiro só pode ser dançar bem se aspira a um parceiro de dança tão majestoso — respondeu ele, fazendo-a girar velozmente. — Pratico todos os dias, sempre a pensar em Vossa Majestade. — Em circunstâncias normais, aquele discurso ter-lhe-ia agradado, mas naquela noite reparou que era um discurso demasiado premeditado, demasiado ensaiado e impessoal. Não podia censurá-lo pelo modo como falava, pelo tom, pela expressão no rosto, e no entanto havia algo que começava a incomodá-la, algo desconfortável que a impedia de sentir o deleite pleno da dança.

O par seguinte a acompanhá-la foi Sir Christopher Hatton, o qual tinha cortejado a rainha antes de ser nomeado para o Conselho Real. As suas cartas eram as mais belas que ela já tinha recebido. Ainda se lembrava das suas palavras:

Se Deus me permitisse estar convosco nem que fosse por uma hora. A minha mente transborda de pensamentos. Dou por mim assombrado de maravilha. Sede benevolente comigo, minha querida Dama, a mais doce entre todas, a paixão avassala-me. Não consigo escrever mais. Amai-me, pois eu amo-vos.

Aquela recordação trouxe-lhe um sorriso aos lábios e Isabel descontraiu-se nos braços dele enquanto dançavam. — Às vezes penso mesmo que sois o dançarino mais elegante que já conheci, Pestanas — disse ela.

— Já não tenho o vigor que costumava ter — disse ele. — Já não somos tão jovens como éramos, pois não?

— Pareço a idade que tenho? — inquiriu ela num tom sério.

— Nem por sombras, Majestade. Sois um milagre vivo. O vosso rosto continua tão encantador como quando subistes ao trono. É como se fosseis completamente imune às mãos do tempo. Como o conseguis?

— Não acredito numa única palavra do que dizeis, Pestanas.

E, pela primeira vez, falava sem qualquer intenção de namoriscar. Não duvidava de que os cortesãos a adoravam, que os homens competiam pela sua atenção assim que entrava numa sala; todos a desejavam, todos ansiavam pelos seus favores e queriam ser o seu favorito. Todavia, começava a desconfiar de que o afecto incessante que lhe dedicavam carecia de uma certa sinceridade. Não sinceridade na atitude, mas na intensidade. Sempre soubera que os homens eram atraídos pela sua posição e pelos favores que daí poderiam advir, mas também se sentiam atraídos pelo seu humor, pela sua inteligência e energia — não havia outra mulher na corte que pudesse competir com os encantos régios. Agora, porém, começava a parecer-lhe que *régio* era mais importante que *encanto*.

Sentiu um cansaço súbito e com um rápido sinal da mão fez parar a música e saiu apressadamente. Já nos seus aposentos, as damas despiram-lhe o vestido pesado, o corpete, os saiotes e a gaiola e depois vestiram-lhe uma camisa de dormir macia. Isabel sentou-se à frente do espelho rodeada pela luz das velas, enquanto Bess lhe removia a espessa maquilhagem.

— Tenho rugas nos cantos da boca — constatou a rainha, percorrendo-as com o dedo. — Como me apareceram?

— Rugas do riso, minha Senhora — disse Bess.

— Rugas do riso? Como se eu me risse muito. — A verdade é que se ria com frequência. Sozinha, com as suas damas, com os seus cortesãos preferidos. Mas agora duvidava da sinceridade de todos eles. Robert Dudley amara-a, disso tinha a certeza, e a verdade é que ainda o adorava. Só tinha olhos para ele, era o amor da sua juventude, o homem que tão desesperadamente quisera possuir. Concedera-lhe o título de primeiro Conde de Leicester — o pariato mais elevado que criara durante o seu reinado —, mas ele não parava de a desiludir. Tinham corrido rumores de que casara em segredo com Lady Douglas Sheffield, mas Dudley negara-o e ela acreditara na palavra dele. Pelo menos na altura acreditara nele.

O facto é que ele tinha casado em segredo e tinha-lhe mentido. Não desposara Lady Sheffield, mas sim Lettice Knollys, sua prima, e Isabel expulsara-os a ambos da corte assim que descobriu o embuste. Contudo, viria a perdoar-lhe com o tempo. Parecia que nada conseguia quebrar completamente a ligação entre ambos; era demasiado profunda.

Era, todavia, uma pena que ele tivesse casado. Isabel nunca gostara que os seus amigos ou conselheiros dividissem os seus afectos entre ela e as respectivas esposas. Não porque fosse ciumenta, obviamente — que motivos tinha ela para ser ciumenta? Nenhuma mulher brilhava mais que ela. Não gostava do casamento porque descobrira que as esposas tornavam os maridos entediantes e tédio era coisa que não conseguia tolerar.

Depois de Leicester houvera o seu príncipe sapo, François, Duque de Alençon, cuja proposta de casamento ela aceitara e depois rapidamente rejeitara, pois muitos elementos da corte opunham-se à união, entre eles Leicester. Lembrava-se da expressão no rosto de Robert quando dissera ao embaixador francês para informar o seu rei de que iria desposar Alençon. Depois beijara o duque — à frente da corte —, dera-lhe um anel e recebera outro em troca. Mas amara realmente esse homem quase vinte anos mais novo do que ela? Recitou mentalmente os versos que escrevera depois de ele deixar a corte: *Sofro e não ouso revelar o meu descontentamento, / Amo e porém sou forçada a parecer odiar.* Talvez estivesse de coração dilacerado, mas nunca se arrependera da decisão de manter a coroa para si.

Tinha sido a decisão mais acertada, a melhor para a Inglaterra. E, por definição, aquilo que era melhor para a Inglaterra, era melhor para ela. Suspirou, desejando que isso não implicasse solidão.

— Esta noite sinto-me só, Bess.

— Estou aqui convosco, Majestade. E a corte inteira ficou encantada ao ver-vos dançar esta noite.

— Não lhes resta outra escolha senão ficarem encantados. Nem eu permitiria o contrário.

— Fosse como fosse, ficariam sempre encantados — insistiu Bess, inclinando-se ainda mais sobre Isabel. — A nossa rainha é deslumbrante.

Isabel observou a sua imagem no espelho. — Fui-o, outrora. — Tocou nas finas rugas nos cantos dos olhos. — Devia haver alguma magia para apagar isto.

— Não precisais de nada disso.

— Sois tão jovem, Bess. Ainda não conseguis imaginar o tempo a gravar-se nesse vosso rosto perfeito. Continuais a pensar que sois imune. — Estendeu a mão para afagar a face da rapariga e começou a rir-se. — Alegrai-vos, minha amiga.

— Não sou nada comparada a Vossa Majestade — disse Bess.

— É verdade. Mas talvez seja por isso que ides encontrar mais felicidade do que eu alguma vez encontrei. — Levantou-se e enfiou-

-se entre os lençóis macios, enquanto Bess fechava os painéis de seda pintada do dossel. A jovem saiu e fechou a porta com um suave estalido. Isabel ficou envolta num silêncio reconfortante e perfeito depois da caótica energia da corte. Ficar sozinha e sem perturbações tinha também os seus benefícios.

Adormeceu rapidamente, mas a sensação de conforto que acompanhava a recordação de velhos amores depressa se dissipou. Foi assombrada por pesadelos e acordou ofegante a meio da noite, horrorizada pelas imagens que lhe invadiam a mente: corpos meio mutilados, a morte e um oceano vermelho de sangue. Abriu os olhos, mas não conseguiu focá-los. A imensidão da cama ornamentada engolia-a e a voz do sonho hediondo parecia ecoar no aposento:

Isabel! Os anjos choram por ti, Isabel!

Era Filipe, o ex-cunhado, marido da sua irmã. Sempre detestara o som da voz dele. Gotas de suor cobriam-lhe a testa e tinha a camisa de dormir enrodilhada entre as pernas. Soergueu-se e abriu violentamente as cortinas do dossel, quase esperando ver o arqui-inimigo espanhol à sua espera. Não estava ali ninguém, claro, mas não conseguia acreditar nos seus olhos.

Afundou os pés no tapete espesso e começou a deambular pelo aposento, parando apenas para espreitar a lua minguante que se via da janela. Os pensamentos não paravam de a atormentar, mas não conseguia compreendê-los e recolheu-se a um estado de consciência indiferente, com difusas imagens de Espanha a poluir-lhe a mente. Nunca visitara esse país, mas tentou imaginar a sua geografia, o povo e as casas. Tentou imaginar sobretudo a frota de naus e o exército que poderia enviar contra Inglaterra.

Ponderou na motivação por detrás destas visões enquanto remexia no cabelo. Não havia dúvida de que a Espanha era uma ameaça à prosperidade do seu reino — há anos que assim era. Então, por que surgiam agora aqueles pesadelos? Porquê agora, quando começava a sentir que um buraco se abria no seu coração e não sabia bem como o preencher? Abriu a janela e estendeu a mão para o ar da noite. A brisa fresca parecia um bálsamo na sua pele demasiado quente.

Falaria de manhã com o embaixador espanhol, consultaria o seu Conselho Real e assegurar-se-ia de que estava a fazer todo o possível para reforçar a sua posição. Sentiu a mente começar a desanuviar-se e o medo inquietante provocado pelo pesadelo dissipou-se. Sentiu a calma regressar e ergueu a cabeça com firmeza.

Não toleraria quaisquer ameaças espanholas, nem sequer em sonhos.

Muito a sul de Inglaterra, a claridade lutava pela sua passagem através de uma floresta densa, onde árvores antigas lhe bloqueavam o caminho. Por mais que as árvores impedissem a entrada do sol, não tinham qualquer defesa contra o avanço rítmico de machados e serras empunhados por um exército de lenhadores. O zumbido das lâminas e o estrondo de ramos a serem derrubados provocaram a agitada fuga de aves e animais, até restarem ali apenas os homens que semeavam aquele caos. Um carruagem escura, com a insígnia real de ambos os lados e rodeada por uma comitiva de cavaleiros montados e bem armados, percorria uma estrada estreita por entre as árvores.

— *Isabel, estais a conduzir as almas do vosso povo para o Inferno. Parai. Casai comigo e salvai a Inglaterra.* Falei com ela assim como estou a falar convosco agora. — Filipe sorriu à filha. A Infanta Isabel Clara Eugénia, com doze anos apenas, retribuiu-lhe o sorriso. Apesar da fama de ser frio, o pai sempre lhe demonstrara um grande afecto.

Don Carlos, o seu primeiro filho, tinha as costas deformadas por uma corcunda e imensos problemas físicos e mentais. A mãe, Maria de Portugal, falecera pouco depois do parto e fora poupada à dor causada pela loucura do filho. Filipe nunca desprezou Carlos e tentou treiná-lo para ser rei, mas em vão. Circulavam pela corte histórias da crueldade do príncipe em relação a animais e mulheres, bem como rumores de que era estéril. No final, desvairado de loucura, o príncipe conspirara contra o pai e tiveram de o encarcerar, acabando por morrer na prisão, apenas com vinte e três anos.

A segunda esposa de Filipe, Maria, Rainha de Inglaterra, não lhe dera nenhum filho e pensava sempre nela com repúdio: como fora capaz de acreditar que era uma grande beleza? A primeira visão que tivera dela ensinara-lhe bem a lição de como os retratos podem mentir. Maria poderia ter-lhe poupado aquela aventura arriscada se tivesse cumprido o seu dever ao dar-lhe um herdeiro. Depois da sua morte, desposara Isabel de Valois, irmã do Rei de França. Era a mãe da Infanta Isabel e da filha mais nova, Catalina Michaela.

Uma quarta esposa, Ana, sua sobrinha, dera-lhe um filho, ao qual dera também o nome de Filipe, e que até agora se revelara pouco mais do que indolente e desinteressado.

A Infanta Isabel era a sua estrela brilhante, uma jovem inteligente e de uma beleza irresistível. Tinha nas mãos a sua boneca preferida, que parecia mais um daqueles modelos de costureira do que um brinquedo, moldada segundo as feições da rainha de Inglaterra. Filipe olhou a filha nos olhos e depois espreitou pela janela, sentindo um ténue estremeção ao ver a paisagem devastada e imensas pilhas de madeira. — Cada árvore derrubada faz-me doer o coração. — Apertou as mãos com força. — É como perder uma parte de mim. Fui amaldiçoado com uma sensibilidade extrema. Sinto tudo com demasiada emoção.

O padre Robert Reston estava sentado à frente do rei e o seu rosto cintilava de prazer beatífico enquanto observava os progressos. — Vossa Majestade tem uma alma misericordiosa.

— Sacrifico as florestas do país para salvar as almas de uma nação perdida. É essa a verdadeira misericórdia. A Inglaterra foi engolida pela escuridão, padre. Cabe-me a mim levar-lhe a luz. — O cheiro do fumo infiltrou-se na carruagem enquanto os ramos, agora inúteis, ardiam em clareiras que rapidamente substituíam a floresta.

Aquelas árvores serviriam para construir naus, naus que levariam uma armada a Inglaterra para resgatar os súbditos que tinham ficado para trás quando Maria, a sua falecida esposa e rainha desse país, falecera. Isabel, a princesa, agora coroada rainha, sempre tendera para a heresia. Era uma desilusão não ter conseguido convencê-la a casar-se com ele depois da morte da irmã. O protestantismo nunca se teria tornado oficial , nem se teria posto em risco o destino eterno de tantas almas. Proferiu uma rápida oração de graças, sentindo-se abençoado por Deus lhe ter mostrado como poderia ainda salvar essas almas.

A carruagem passou perto dos fogos e a luz alaranjada das chamas reflectiu-se no rosto de Reston, encostado à janela. — A luz do fogo purificador — disse, quase inaudivelmente, olhando depois para o rei. — Chegou a minha hora, Majestade. Enviai-me para casa.

Filipe anuiu em silêncio. Reston voltaria para o seu país e uma nova rainha — uma rainha católica — ocuparia o trono de Inglaterra.

*

Maria Stuart e as suas damas tinham chegado seis meses antes à sua última prisão, numa véspera de Natal. Mais uma casa parecida com um castelo, desta vez protegida por um fosso, mais outra cela. Maria passara as primeiras quatro semanas doente e confinada à cama em Chartley Hall. Contudo, agora o Verão chegara e com ele a esperança. Uma das suas damas, Annette, estava à espera no jardim com um pequeno *terrier* a latir aos seus pés e cujos ganidos se tornaram mais excitados assim que a lavadeira chegou, parecendo ansiosa e com um olhar tenso. Entregou a Annette uma carta bem dobrada, fez uma pequena vénia e partiu. Annette não perdeu tempo. Voltou a entrar em casa, com o cão a correr alegremente à sua frente, ambos desejosos de encontrar a sua senhora.

A ex-rainha da Escócia estava sentada numa sala mobilada com requinte, enquanto bordava um saiote de seda cor-de-rosa, rodeada por uma comitiva demasiado pequena para uma mulher que tinha sido rainha: três damas de companhia e um capelão. Maria ainda continuava bela — cabelo arruivado e olhos de um azul hipnotizante, muito digna e régia. Faltava-lhe apenas uma coroa, um trono e autoridade. Pormenores bastante importantes, mas acreditava que era capaz de os ultrapassar. Sobretudo agora.

— Isto é tão bonito que acho que vou enviá-lo de presente à minha querida prima Isabel. — Não seria o primeiro presente que enviava à rainha inglesa: saiotes e túnicas bordados com requinte, perucas, qualquer artigo encantador que pudesse agradar a Isabel. E esta também lhe retribuíra com presentes; mas, apesar dos reiterados pedidos de Maria, não aceitava ver a prima, que já se encontrava em Inglaterra havia dezoito anos.

Annette entrou na sala e ajoelhou-se perante a sua senhora com a carta na mão. — Minha rainha.

Maria pegou na carta e manteve a mão firme enquanto decifrava a mensagem. — Os nossos amigos escrevem-nos a dar-nos esperança. — Já estava habituada a que os seus apoiantes arquitectassem planos para a libertar, já esperava que os leais católicos fizessem tudo ao seu alcance para a porem no trono. Mas aquele último plano trazia-lhe uma esperança maior do que os anteriores: aqueles homens tinham conseguido o apoio de Espanha.

Annette deu um passo em frente e falou em voz baixa, com uma acentuada pronúncia francesa. — Não tarda muito para que os verdadeiros crentes de Inglaterra se revoltem contra a bastarda usurpadora Isabel, lhe cortem a garganta e a atirem para o inferno.

— Basta, Annette. — Maria parecia séria, mas os seus olhos brilhavam e havia riso nos seus lábios. — Cortar-lhe a garganta? Por favor.

— E quando a bastarda usurpadora estiver morta, a minha senhora será rainha. — O sorriso de Annette ostentava uma exuberância horrível, mas Maria apreciou aquela demonstração de lealdade, pois, se Isabel desaparecesse, as suas pretensões ao trono sobrepor-se-iam às de qualquer outra pessoa. Abriu a boca para responder, mas foi silenciada por uma aguda tossidela de aviso do seu capelão. O guardião de Chartley Hall acabava de entrar na sala. Ciente de que ele apreciava a beleza da cativa, Maria ofereceu-lhe um sorriso provocador.

— Eis que chega o meu erudito carcereiro. Como deve estar entediado, Senhor, com uma companhia tão enfadonha. — Estendeu a mão macia para ele a beijar, enquanto mantinha a outra atrás das costas com a carta para que Annette a escondesse.

Sir Amyas Paulet abriu o livro que trazia. — A beleza nunca é enfadonha, Senhora. Nas palavras do poeta — e começou a ler: *Faces como pomos / que o sol enrubesceu / Lábios como cerejas a instigar / os homens a mordê-los / O peito como uma taça / de creme imaculado...*

— Basta! — Teve o cuidado de imbuir no tom uma certa aspereza deliberada, permitindo-se apenas uma ínfima insinuação de agrado na voz. — Isso é tomar liberdades.

— Quem as tomou foi o poeta Spenser, Senhora. Não eu.

Maria baixou o olhar e manteve-se premeditadamente calada durante um instante. Depois, olhou para ele. — Mas o senhor não me permite nenhuma liberdade.

— Dai-me as vossas ordens. Sou um vosso servo.

— Desconfio que a vossa determinação é manter-me aqui para vós. — Ao reparar que ele estava prestes a responder, levou o dedo aos lábios para o silenciar. — Falai de novo com Isabel. Dizei-lhe que o meu coração dói de saudades de a ver. — Mostrou-lhe o saiote que tinha estado a bordar. — Dizei-lhe como passo o meu tempo nesta prisão solitária.

— Que encantador, Senhora. — Foi a vez de ele se manter calado, mas sem qualquer premeditação. Estava agitado. — Absolutamente encantador.

Satisfeita com a resposta dele, Maria passou a mão pela seda macia, acariciou-a e encostou-a ao peito. — Uma peça íntima tão bonita. Mas para os olhos de quem? — Sir Amyas só conseguiu gaguejar incoerentemente, enquanto a prisioneira o observava com uma malícia perversa por detrás do sorriso. Maria podia dar-se ao luxo daqueles jogos agora que homens de acção tinham iniciado o seu plano.

Numa pequena viela de Londres, John Savage sentiu o peso da pistola na mão enquanto a examinava com detalhe: as curvas suaves da madeira e o cano de metal frio com ornamentos elaborados, uma beleza artística em contraste com o seu mortífero propósito. — Mostrai-me como se carrega — pediu. Nunca tivera antes uma arma assim nas mãos. Crescera no campo, filho de um gentil-homem com título mas pobre de posses, um homem que não tivera a sensatez de esconder a sua fé, tendo sido detido e depois libertado, mas não sem que antes sofresse um brutal interrogatório. E fora o perdão complacente daqueles que lhe tinham torturado o pai que instigara Savage à acção.

O armeiro segurou na arma com as mãos ásperas, de pele descorada e articulações inchadas pela artrite, e iniciou o complexo processo de a carregar. Tirou uma medida de pólvora de um chifre e verteu-a sem derramar um único grão. — E para que propósito é, meu jovem amigo? Calculo que não seja para andar aos tiros aos coelhos — comentou, enfiando no cano a bucha e a bala de ferro do tamanho de uma avelã.

— Vivemos tempos perigosos — disse Savage, observando com atenção cada um dos gestos do armeiro, memorizando assim tudo o que precisava de fazer para preparar a arma sozinho.

— É bem verdade. Dizem que os papistas se preparam para nos matar a todos, por ordem do próprio Papa. — Ninguém em Inglaterra ignorava a violência que os protestantes tinham sofrido na Europa. Haviam morrido milhares durante o massacre do Dia de São Bartolomeu e o Papa Gregório XIII rejubilara de alegria. Gregório e o seu sucessor, Sixto V, eram ambos acérrimos apoiantes do Rei de Espanha, cujos rumores de brutalidade eram já lendários.

Corria o rumor de que Filipe ficara sentado a observar alegremente, enquanto os hereges ardiam nas fogueiras e que retirara grande prazer dessa obra sangrenta da Inquisição. E corria também o rumor de que estava preparado para trazer à Inglaterra aquilo que considerava ser a verdadeira fé, bem como fogueiras para queimar aqueles que se recusassem à conversão. Rumores. Rumores que Savage sabia serem falsos. O perigo residia nos próprios protestantes que andavam a espalhar essas mentiras.

O armeiro entregou-lhe a pistola carregada e Savage segurou-a com as mãos trémulas. — Tereis porventura medo dos papistas?

— Não tenho medo de ninguém — disse Savage. — Deixo o medo para os outros.

— Certo, certo. É isso mesmo.

— A verdade acabará por vir ao de cima. Não pode ficar escondida para sempre. O dia deles pode estar mais próximo do que julgam.

— O dia *deles*? Referis-vos a quem? — perguntou o armeiro, de músculos retesados enquanto olhava para ele. Tentou tirar-lhe a arma das mãos. — Dai-me isso.

— Preciso dela. — A voz de Savage era firme, mas o corpo denunciava-o, pois recusava-se a manter-se calmo e tremia, enquanto segurava a pistola com força junto ao peito.

— Nem pensar, primeiro faço com que vos enforquem! — disse o armeiro.

A tremer, Savage apontou-lhe a arma. O dedo, escorregadio do suor, pulsava sobre gatilho. Visualizou mentalmente o vulto do pai — a prova viva do resultado final do ódio e da violência — e soube de repente que não era capaz de disparar. Sentia-se quase a sufocar e correu para a porta.

Atravessou a rua, sempre a correr e sentindo-se culpado, mas não parou para olhar um vulto familiar, um padre jesuíta. Reston não deu sinal de ter reconhecido o fugitivo e limitou-se a entrar na loja, onde o proprietário, de corpo a tremer, estava sentado de olhos fechados e a respirar fundo.

— Quem sois? — perguntou o armeiro, erguendo a cabeça ao ouvir passos.

— Perdoai-me por isto. — Robert Reston avançou e torceu o pescoço ao homem sem a mínima hesitação. Não estremeceu quando ouviu os ossos a quebrarem-se e a cabeça do homem descaiu, inerte.

As almas dos fiéis de Inglaterra em breve seriam libertadas da garra da rainha herege.

O seu rei alegrar-se-ia.

O seu Deus alegrar-se-ia.

CAPÍTULO TRÊS

Isabel saía todos os domingos em procissão desde a Sala de Recepção até à Capela Real, onde multidões compactas se reuniam para a ver numa atmosfera de júbilo. A rainha sempre apreciara a adoração dos seus súbditos que se reuniam ora em redor de Whitehall, ora à volta do Palácio de St. James, ou onde quer que fosse. A Capela Real não estava restrita a um edifício específico, sendo composta pelos padres e pelo coro que atendiam às necessidades espirituais da rainha, servindo-a onde quer que ela se encontrasse.

Um jovem cortesão abriu caminho pelo meio da multidão até conseguir aproximar-se dela.

— Majestade, hoje estais absolutamente deslumbrante — disse ele, fazendo uma vénia com um floreado. Como sempre, Isabel escolhera a indumentária com cuidado, optando por vestidos e jóias cujo esplendor fosse visível através da multidão e atraísse os olhares de todos para a sua pessoa. Ficara particularmente satisfeita com a combinação desse dia, um impressionante vestido de cor pálida e pesadas correntes de ouro cravejadas de jóias que lhe pendiam do pescoço.

— Os nossos agradecimentos — proferiu ela, mal olhando para o jovem, até que se apercebeu de que era o Conde de Essex, o enteado de Robert Dudley, e que não teria mais de dezoito anos.

— Todos os homens de Inglaterra choram por não poderem estar ao vosso lado.

Isabel sorriu-lhe, satisfeita com o entusiasmo na voz dele. Era um entusiasmo sincero e animou-a consideravelmente. Ao ver uma rapariguinha com um ramalhete de flores nas mãos sem poder avançar devido à multidão , Isabel parou e chamou a criança para junto de si, curvando-se depois para a ouvir falar. A multidão à sua volta soltou uma aclamação, impedindo-a de decifrar as palavras da rapariguinha. Isabel ergueu-se majestosamente e pediu silêncio. Os súbditos obedeceram de imediato, reduzindo-se ao silêncio, em profunda gratificação.

Dois dos agentes de Walsingham observavam, a coberto, os espectadores enquanto estes se moviam para ver melhor. Estavam a ser cuidadosos, mas havia ali mais alguém igualmente cuidadoso. Um homem empenhado em não chamar a atenção para o saco que levava, um saco pesado apesar de pequeno.

Deus abençoe Vossa Majestade!

Deus ama-vos!

Vede como o seu rosto é belo!

O povo ajoelhou-se e tentava estender as mãos para lhe tocar quando ela se aproximava. Babington manteve-se atrás da multidão, sempre discreto, mas atento à muralha do corpo de guardas bem armados que rodeavam a comitiva real. Sabia exactamente o que esperar — ele e Savage tinham observado aquele cenário durante semanas, enquanto planeavam o curso de acção. Todavia, Reston, sem explicações, tinha-o enviado hoje sozinho, obrigando-o a deixar Savage para trás.

Viu os guardas passar, seguidos pelos cortesãos e pelas damas de companhia: os protectores da rainha quase a ocultavam por completo. A sua respiração acelerou-se assim que enfiou a mão no saco à procura da pistola. Avançou pelo meio da multidão até à frente, mas parou de repente devido a uma escaramuça. Tentou ver através da multidão cerrada, quase esperando encontrar alguém apostado numa missão tão macabra como a dele. Teria Savage desobedecido a Reston e decidido agir por conta própria?

Mas não era Savage.

Em vez disso, viu um cavalheiro, embora não estivesse vestido com o mesmo nível de fineza que os outros que rodeavam a rainha. Tinha os dedos cobertos de anéis mas não usava chapéu e a brisa fazia-lhe esvoaçar o cabelo encaracolado. O gibão, embora não fosse de pano-cru, parecia pobre em comparação com os dos homens que o rodeavam e a sua aparência carecia do verniz de um cortesão.

Porém, assim que Isabel se aproximou, deu um salto para a frente e, com um gesto rápido, arrancou a capa dos ombros e estendeu-a no chão à frente dela.

— Uma poça de água no vosso caminho, Majestade — disse Walter Raleigh com um sorriso de pleno charme a iluminar-lhe o rosto, enquanto alisava a capa no chão. Parecia não ter reparado nos guardas que corriam na sua direcção. E, de facto, não tinha nada a recear. Os guardas pararam a um ligeiro sinal da rainha.

Isabel examinou atentamente o homem à sua frente e anuiu com a cabeça em sinal de apreciação pelo rosto bem-parecido e pernas robustas. Sorriu ao olhar para o chão. Não havia sinal de qualquer poça de água. — Uma poça de água? — Olhou-o nos olhos com firmeza e passou por cima da capa enquanto abanava a cabeça. Os guardas voltaram a ocupar as suas posições e, assim que a comitiva real prosseguiu, uma das damas virou-se para olhar para o capitão-de-mar, oferecendo-lhe um sorriso que, juntamente com os olhos brilhantes, o trespassaram. Raleigh encolheu os ombros, recolheu a capa e continuou a observar a rainha até as portas da capela se fecharem.

Virou-se à procura de Calley, o qual se mantivera afastado de toda aquela excitação, e apertou-lhe os ombros. — Ela falou comigo. Tendes de reconhecer que consegui.

— Oh, e reconheço — respondeu o imediato. — A rainha falou convosco. Foi só um par de palavras, mas o facto é que falou.

— Quatro palavras.

— Sucesso total. No mínimo dos mínimos, agraciado com um ducado.

— Vistes a jovem que seguia atrás dela? — Ficou de respiração suspensa ao lembrar-se do sorriso dela. — Passei demasiado tempo no mar.

A luz trémula das velas enchia o espaço escuro dentro da capela, iluminando as altas arcadas de pedra, enquanto Isabel se aproximava do enorme altar. A mulher mais poderosa do mundo ajoelhou-se, supostamente em prece, mas os seus pensamentos estavam noutro lado. Mordeu o lábio e sorriu, murmurando com deleite: — Uma poça de água...

*

O acesso às inúmeras divisões de Whitehall dependia tanto da posição da pessoa como do favoritismo da rainha, mas qualquer cortesão podia entrar na Sala de Recepção, uma sala de magnificente esplendor, todos os dias apinhada de facções a competirem entre si, todas à espera da atenção da rainha — quase sempre em vão. Painéis de mogno dourado cobriam as paredes e o chão de mármore reluzia mais brilhante que prata. Por trás do trono de veludo castanho e cravejado de diamantes havia uma intrincada tapeçaria em forma de dossel com o brasão de armas de Isabel, com três leões *passant guardant*, flores-de-lis e o seu mote, *Semper Eadem* — Sempre a Mesma.

Aqueles que se tinham ali reunido para a ver não eram menos espectaculares que a própria sala: os cortesãos envergavam veludos de cores vivazes e recobertos de jóias, ostentando ainda anéis em todos os dedos e plumas no cabelo. O embaixador espanhol, Don Guerau de Spes, encontrava-se no meio de um grupo de compatriotas e batia impacientemente com o pé, enquanto Isabel escutava os seus conselheiros. À sua frente estava um arquitecto com desenhos.

— Tenho recebido relatórios dos tumultos em Paris. Multidões a chacinar os protestantes — declarou Walsingham, aproximando-se e informando-a discretamente. Isabel virara-se para o ouvir, mas Lorde Howard aproximou-se e tentou persuadi-la a examinar os três pequenos retratos expostos em cavaletes, enviados por futuros pretendentes à mão da rainha.

— Um príncipe francês, Majestade — disse ele. — Primo do rei.

— Disseram-me que tem mau hálito. — Virou-se de novo para o arquitecto. Os tumultos em França poderiam acarretar perigos para a Inglaterra. — Tendes os planos para as novas docas?

— Estão aqui, Majestade. — Isabel examinou os papéis que ele lhe deu, enquanto Walsingham continuava a pressioná-la em voz baixa.

— Uma aliança franco-espanhola contra nós seria um desastre. — Henrique III, Rei de França, católico, tinha cortejado Isabel com resultados desastrosos quando era Duque de Anjou. Embora não fossem abertamente hostis em termos políticos, nem um nem o outro sentiam o menor afecto a nível pessoal. Porém, se ela desposasse o primo dele, Henrique nunca poderia oferecer o seu auxílio a Filipe.

— E se os galeões do inimigo conseguissem subir o Tamisa? — perguntou Isabel ao arquitecto. — Conseguiríamos fechar as docas?

— Não, Majestade. Mas temos aqui as posições dos canhões...

Lorde Howard interrompeu-os. — O segundo retrato, Majestade. O Rei Erik da Suécia.

A rainha olhou à sua volta, ao aperceber-se repentinamente de que faltava alguém da sua comitiva. — Onde está a Bess?

Bess tinha saído furtivamente para o jardim real para ficar sozinha e estava a ler, completamente absorta pela poesia de Spenser: *Amemos então, querida Amada, como é nosso dever*. Lia em voz alta os excertos mais românticos , depois fechava os olhos e tentava imaginar alguém a escrever-lhe versos assim tão perfeitos. Os cavalheiros escreviam poemas para a rainha, mas não eram como aqueles; os versos de Spenser eram menos inibidos, mais libertos, repletos de uma paixão genuína. Enquanto assim pensava, começou a compreender a solidão da rainha. Havia algo de vazio na atenção que Isabel recebia dos seus cortesãos, cavalheiros bastante mais novos que ela e que, quando Sua Majestade não estava presente, se mostravam demasiado contentes — aliviados até — por poderem cortejar as damas da sua própria idade.

Fechou o livro, enfiou-o debaixo do braço e começou a deambular pelas veredas ladeadas de arbustos de buxo aparados em ângulos perfeitamente rectos, mas entrou em pânico ao reparar como o Sol ia já alto. Estava atrasada. Ergueu as saias e voltou a correr através dos corredores do palácio, esquivando-se às multidões de peticionários menores que ali aguardavam na esperança de conseguir aceder à presença da rainha.

Ao chegar às portas da Sala de Recepção deparou com o homem que acompanhava o cavalheiro do episódio da poça de água do outro dia. Ao seu lado estavam dois forasteiros de aspecto feroz, cuja pele escura e traços severos faziam todos à sua volta parecer doentiamente pálidos. Bess não conseguiu reter um arquejo de surpresa: ali estava o homem da poça de água, parecendo agora muito mais atraente, a tentar — em vão, pensou ela — convencer o guarda-portão a deixá-lo entrar para ver a rainha.

— Fazei de conta que não me vistes — disse Raleigh, enfiando-lhe uma moeda na mão.

O guarda-portão enfiou a moeda no bolso mas não o deixou passar. — Tereis de falar com o Fiscal do Palácio, Senhor. — O fiscal encontrava-se do outro lado das portas abertas que davam acesso ao interior; era um homem de grande porte, rodeado de pessoas tão desejosas como Raleigh de verem a rainha.

— Por Cristo nos céus. Foi-me bem mais fácil abordar um galeão espanhol de combate — disse Raleigh, e Bess quase se riu. Aquele homem era espirituoso e encantador; a rainha ia gostar dele. O guarda-portão afastou-se para o lado, mas para a deixar passar a ela e não a ele. Bess ofereceu ao forasteiro o seu sorriso mais irresistível, enquanto passava por ele de coração sobressaltado.

A jovem, uma visão loira e bela, passou por ele. — Dizei à rainha que o Novo Mundo está a bater-lhe à porta — pediu-lhe ele, mas ela não deu mostras de o ter ouvido e Raleigh ficou ali especado, do lado errado da porta. Virou-se com frustração.

— Eu tinha-vos dito, Senhor — comentou Calley.

— Não percais a fé tão depressa. — Tentou pensar noutra maneira de convencer o guarda-portão a deixá-lo entrar sem precisar de esperar, mas deu por si distraído pela recordação dos lábios sorridentes da jovem. Sentiu uma pontada no peito e ficou surpreendido. Nunca pensou que alguma coisa pudesse distraí-lo do seu propósito, nem sequer por um momento. A jovem levava um livro; perguntou-se que livro seria.

Isabel abanou a cabeça assim que Bess entrou apressada na sala e fez uma elegante vénia. — Outra vez atrasada, Bess.

— Peço perdão a Vossa Majestade — disse ela, de faces coradas. Isabel perguntou-se se seria de ter vindo a correr ou do embaraço. As pérolas penduradas das orelhas estremeceram quando o rubor carmesim se espalhou do peito até às raízes do cabelo loiro.

— Perdão concedido. Mas só desta vez.

Bess suspirou e o seu alívio era bem evidente. — O homem da poça de água está lá fora, Majestade.

— Ai sim? — O seu interesse fora espicaçado. O homem estava a demonstrar uma persistência agradável e poderia vir a revelar-se mais interessante que a maioria dos cavalheiros da corte. Ou, mais importante ainda, mais que os príncipes que competiam pela sua mão em casamento. Agarrou Bess pelo braço e virou-a para os retratos.

— Vinde. Tendes de me ajudar a avaliar os meus pretendentes. Quem tendes aí para mim, Lorde Howard, além do francês de mau hálito?

Howard, de maxilares retesados, estava agora ao lado do terceiro cavalete. — O Arquiduque Carlos de Áustria, Majestade. O irmão mais novo de Maximiliano II.

— Tem um aspecto muito doce — comentou Isabel, enquanto examinava a imagem de um jovem bem-parecido e de cabelo ruivo-acastanhado. — É mais para a vossa idade que para a minha, não achais, Bess?

— Que idade tem ele? — perguntou Bess.

— Dezasseis, talvez dezoito... creio — disse Howard.

— Ainda me tomava por mãe dele, não? — retorquiu a rainha. Olhou para Bess e ambas desataram a rir-se. Walsingham deu um passo em frente.

— Uma aliança austríaca seria como uma espinha na garganta de Filipe.

— Estais sempre pronto a agarrar a oportunidade, não é, Mouro? — Isabel olhou para a delegação espanhola do outro lado da sala: todos de rosto mal-humorado e sem tentarem ocultar o seu desagrado por os obrigarem a esperar. — Fico quase entusiasmada. Mandai-o vir — disse ela a Lorde Howard com um sorriso. Virou-se para Bess. — Acho que por hoje terminámos. Há muito que estou a precisar de algum entretenimento. E se fosseis buscar o homem da poça de água?

A jovem fez uma vénia e apressou-se em direcção à porta.

— Durante quanto mais tempo achais que vou conseguir continuar com este jogo? — perguntou a rainha em voz calma, enquanto voltava para o trono acompanhada de Walsingham.

— A virgindade é uma qualidade muito valorizada — retorquiu Walsingham.

— Em termos diplomáticos. — O rosto dela não denunciava qualquer emoção; as faces não coraram e os lábios mantiveram-se firmes. O olhar, porém, dançou-lhe imperceptivelmente. Não era sua intenção casar com nenhum daqueles homens, mas não punha nenhuma objecção a ser cortejada.

Ouviu-se uma agitação quando a porta se abriu e entrou na sala um grupo heterogéneo de pessoas, conduzidas por Bess e pelo homem da poça de água, mais bem vestido que quando o vira da primeira vez. Assim que se aproximaram do trono, o embaixador espanhol soltou um grito de indignação e avançou, desabrido, sem se preocupar em ocultar a raiva na voz.

— Majestade, este homem é um pirata bem conhecido — disse Don Guerau, apontando o dedo irado ao recém-chegado.

— A sério? — disse a rainha, satisfeitíssima com a irritação no rosto do espanhol.

O embaixador apontou para os cestos que os homens de Raleigh traziam. — Tesouros espanhóis, roubados de naus espanholas. Atacadas sem provocação.

Raleigh ajoelhou-se em silêncio perante Isabel e esta fez-lhe sinal para se levantar. — Bem. Quem sois vós?

— Walter Raleigh, Vossa Majestade. — Manteve-se de olhos fixos nela deliberadamente.

— Qual é a vossa condição? — perguntou ela.

— Um gentil-homem de Devon.

— Que pretendeis?

— A mera honra de me encontrar na presença da minha rainha, cuja beleza radiosa é o júbilo e a glória do povo inglês.

— Sim, bem, pois aqui estais. — O olhar denunciou o seu divertimento, mas manteve a voz firme. Não era imune ao lisonjeio. Aquele homem era bem-parecido, moderadamente interessante, mas teria de lhe oferecer algo mais se esperava ganhar um favor real.

— Acabo de regressar de uma viagem ao Novo Mundo, Majestade. Reclamei a fértil costa em vosso nome e baptizei-a Virgínia, em honra da nossa Rainha Virgem.

— Virgínia? — disse ela, franzindo os sobrolhos. — E se eu vier a casar? Mudaríeis o nome para Conjugia? — A comitiva real riu-se com mais sinceridade que habitualmente.

Raleigh não se deixou distrair e manteve-se de olhos fixos nela. — Peço a graciosa permissão de Vossa Majestade para regressar ao Novo Mundo com a vossa garantia real, a fim de fundar uma colónia sob as leis e a protecção de Inglaterra.

— Uma colónia?

— Uma colónia permanente, Majestade, que trará riquezas e honra à nossa nação, que expandirá o nosso império, que...

— Sim, compreendo — interrompeu ela, olhando para os indígenas ali especados com rigidez nas suas roupas europeias. — Quem são?

— Americanos, Majestade. Anseiam por ser os vossos novos súbditos. — Fez sinal a Calley, o qual fez avançar Wanchese e Manteo.

— Não têm um governante próprio? — perguntou Isabel.

— Nenhum que iguale a rainha de Inglaterra. Manteo é o chefe do seu povo, mas até ele pretende ser governado por Vossa Majestade. — O sorriso de Raleigh era irresistível. Isabel observou fascinada os dois homens e estendeu a mão. Manteo apertou-lha e os cortesãos presentes soltaram exclamações de espanto, mas Isabel aceitou a cortesia com graciosidade.

— Que pensam eles dos vossos planos para a colonização? — perguntou ela.

Raleigh aproximou-se mais dela. — Nunca encontrei indígenas mais amigáveis e prestáveis que estes. Começaram já a aprender inglês e compreendem que há muitas coisas que podemos ensinar-lhes. Uma colónia benificiá-los-ia tanto como a nós.

— Uma visão muito optimista, Sr. Raleigh.

— Um explorador tem de ser optimista, Majestade, senão nunca abandonaria a segurança do lar.

Isabel gostou do brilho nos olhos dele enquanto falava. — Estes cavalheiros são bem-vindos — disse ela. — Quero que sejam bem recebidos.

Raleigh fez sinal a Calley e este conduziu Manteo e Wanchese para fora da sala. — Trago também presentes para Vossa Majestade, do Novo Mundo. — Fez sinal aos seus homens e estes aproximaram-se com os cestos, enquanto Don Guerau os interrompia de novo.

— Os frutos da pirataria, Majestade. Bens que pertencem por direito ao reino de Espanha.

— Vejamos primeiro, sim? — propôs a rainha. Virou-se para Raleigh. — Que me trazeis?

— Lama e folhas.

— Lama e folhas? — repetiu ela, com uma leve sugestão de riso na voz. Os cortesãos soltaram uma risadinha, mas Isabel concentrou a sua atenção em Walsingham, o qual assistia à conversa com um interesse que denunciava preocupações para lá dos despojos do Novo Mundo. Queria que ela fosse cuidadosa nas suas instigações a Filipe e a Espanha.

Raleigh baixou-se e destapou o primeiro cesto. Don Guerau espreitou, com a suspeita estampada no rosto, mas depois franziu a testa, arrancando mais gargalhadas abafadas à restante audiência. Raleigh tirou um legume de aspecto terroso e sacudiu-o à frente do embaixador antes de se virar para a rainha. — *Patata*, Majestade. Para comer. Muito nutritivo. — Destapou o segundo cesto e pegou numa folha castanha, enquanto o espanhol continuava a seguir-lhe todos os movimentos. — Tabaco. Inala-se o fumo que liberta. Muito estimulante.

Os cortesãos já não se davam ao trabalho de ocultar o seu divertimento — todo ele dirigido ao embaixador — e as suas gargalhadas eram agora demasiado ruidosas para serem ignoradas. Don Guerau assumiu uma postura indignada, uma visão de orgulho irado, com profundos vincos na testa e lábios retesados com força. O seu rei nunca permitiria um tal espectáculo na corte.

— Perdoai-me, Majestade. Tenho a sensação de que o ar ficou estagnado. Sou sensível ao cheiro a esgoto. — Lançou um olhar irado a Raleigh, fez uma vénia à rainha e conduziu os seus compatriotas para fora da sala. Isabel tapou a boca com a mão, não conseguindo evitar as gargalhadas. Nunca pensara vir a deparar com tão grande entretenimento num assunto envolvendo Don Guerau. Raleigh tornava-se aos seus olhos cada vez mais apelativo.

— Continuai — disse Isabel assim que os espanhóis saíram.

Raleigh sorria agora largamente, com o olhar cheio de vida. Fez sinal aos seus homens para trazerem o terceiro cesto e tirou uma moeda de ouro que entregou à rainha. — Ouro. Para gastar. Grande satisfação.

Isabel franziu o sobrolho. Todos os sinais de humor se tinham dissipado do seu rosto, enquanto examinava a moeda com a imagem de Filipe no reverso.

— Cortesia de uma nau espanhola que não conseguiu completar a sua viagem — disse Raleigh.

Isabel deixou cair a moeda dentro do cesto. — Não posso aceitar os frutos de actos de pirataria, Sr. Raleigh.

— Filipe de Espanha não é amigo de Inglaterra, Majestade. Quanto mais ouro eu lhe tirar, mais segura Vossa Majestade estará. Ele odeia o facto de os galeões ingleses se recusarem a aceitar o monopólio mercantil que pretende impor onde quer que se ache o seu pavilhão. E, se não concordásseis comigo, duvido muito que tivésseis enviado Francis Drake para o irritar.

Filipe proibira a navegação de todas as embarcações inglesas em portos espanhóis e esse golpe paralisara o comércio. Em resposta, Isabel lançara Drake, o dilecto herói dos mares, explorador e soldado, no encalço do seu arqui-inimigo. Drake obtivera um êxito retumbante. Um êxito que, como ela bem sabia, enfurecera Filipe: não só por causa daquilo a que assistira quando Filipe estava em Inglaterra com a sua irmã, mas também devido aos relatórios dos espiões de Walsingham.

— Bem, bem. — Observou o homem à sua frente. — Um corsário dado à política. Um corsário que corta a lógica pela raiz.

— E o mais leal dos súbditos de Vossa Majestade.

Ambos se entreolharam durante um momento demasiado longo. Sim, gostava dele. Estava decidido.

— Mas não um dos mais bem vestidos — comentou a rainha. — Bem-vindo à pátria, Sr. Raleigh.

— Sr. Raleigh. — Walsingham alcançou-o num corredor depois de sair da Sala de Recepção. — Um pequeno conselho. A rainha diverte-se em mostrar-vos o seu favor e vós ireis naturalmente desfrutar das vantagens daí decorrentes. Mas não vos esqueçais de que até os assuntos privados da rainha são questões de Estado. — Calou-se. — Não peçais demasiado.

— Pensais que tudo o que quero é dinheiro — disse Raleigh.

— Espero bem que sim. — Afastou-se. Raleigh ficou a vê-lo, enquanto pensava naquelas palavras e apercebeu-se de que apreciara sobremaneira o sentido de humor e a agudeza viva da rainha.

Maquinar para ganhar o favor régio para os seus planos expedicionários estava longe de ser a tarefa que esperara.

Enquanto Walsingham desaparecia ao fundo do corredor, um grupinho de damas de companhia da rainha saiu de repente da Sala de Recepção. Os seus risos ecoaram nas paredes, bem como o som dos seus calcanhares ligeiros contra o chão de pedra. — Lama e folhas! Quase morri de riso — dizia Margaret.

— Patata! Para comer! — repetia Bess.

— Ela gostou dele. Percebi logo.

— Bem, só se fosseis cega — respondeu Bess.

Raleigh sorriu ao ouvir aqueles comentários, satisfeito por falarem de si de modo tão favorável. Dirigiu-se directamente para elas e ambas se calaram assim que o viram à sua frente. Retribuiu-lhes as cortesias com uma elegante vénia e fixou o olhar em Bess.

— Ainda bem que tenho oportunidade de vos agradecer — disse ele. — Sem a vossa ajuda, ainda continuaria a ser um perfeito desconhecido.

— Pouco fiz, Senhor. — Bess corou enquanto falava. — Vós havíeis já despertado a atenção da rainha.

— Então agradeço-vos esse pouco que haveis feito. — Continuaram de olhos presos um no outro durante um segundo, até que Margaret afastou a amiga dali. Ambas prosseguiram caminho, tagarelando e rindo num entusiasmo crescente, enquanto se distanciavam de Raleigh.

Era uma cena encantadora. Mas nas sombras havia um homem à espreita, que registara cuidadosamente a conversa, sabendo que Walsingham estaria à espera de um relatório completo. Se se apressasse poderia inteirar-se das notícias recolhidas por outros agentes, cujas tarefas consistiam em recolher informações bem mais fascinantes que as esperanças românticas de damas de companhia.

A rainha estivera a dedilhar o alaúde e a cantar durante mais de uma hora, mas Bess não prestara atenção. Voltara a concentrar-se na poesia que fora forçada a abandonar nessa tarde. A sala de música nos aposentos privados de Isabel estava cheia de cortesãos a admirá-la e parecera-lhe seguro presumir que ninguém repararia nela, instalada em silêncio num assento junto à janela. Não estava realmente concentrada nos poemas, mas absorta em profundos pensamentos.

— Que estais a ler, Bess?

— Spenser, Majestade — respondeu, sobressaltando-se ao ver a rainha parada à sua frente. Nem se apercebera de que a música tinha cessado.

— Bem, tenho de lhe fazer chegar as minhas queixas em relação à qualidade dos seus poemas — disse Isabel. — Não conseguem captar-vos o interesse.

— Eu...

— Estais distraída, Bess. Há meia hora que aí tendes o livro de pernas para o ar sem vos dardes conta e sei bem porquê.

— Distraída, eu, Majestade? Não, eu...

A rainha sentou-se ao lado dela no banco comprido. — Trata-se do nosso novo amigo, Raleigh. Consegue distrair-nos facilmente. Será que discordais?

— Raleigh? Sim... não... não o nego. Distrai-nos facilmente. — Adorava o som do nome dele e lembrava-se do seu sorriso devastador, da voz encorpada. Como conseguira ele preencher-lhe tão rapidamente os pensamentos?

— E também nos diverte, Bess. Acho que devíamos vê-lo em breve.

CAPÍTULO QUATRO

— Posso precisar que façais mais coisas — disse Walsingham, entregando uma tira de papel ao homem à sua frente numa divisão abandonada e recôndita nas profundezas dos corredores de Whitehall. Tinha contratado Thomas Phelippes para seu criptógrafo e trabalhar com ele estava a revelar-se um grande prazer. A sua perícia de criptógrafo não tinha rival na Europa inteira. Era infinitamente astuto, motivado e discreto. Tudo atributos valiosos, mas o mais importante era a discrição que rodeava a sua missão mais recente.

— Estou ao vosso dispor — disse Phelippes, pegando no papel e inclinando-se para a frente com o queixo apoiado na mão. Walsingham encaminhava-lhe todas as mensagens codificadas que os seus agentes interceptavam entre Maria Stuart e os homens que esperavam colocá-la no trono de Inglaterra. O esquema estava a funcionar sem falhas; a cifra dera aos conspiradores uma falsa sensação de segurança. Não ocultavam quaisquer detalhes, confiantes de que o código os protegeria.

Ao analisar a frequência de ocorrência de cada caracter nas cartas, Phelippes, um linguista brilhante, desmantelou por completo a privacidade da correspondência, fornecendo a Walsingham um rápido e crescente amontoado de provas contra a ex-rainha escocesa.

— As cópias que fizestes das cartas originais ficaram absolutamente impecáveis — gabou-o Walsingham. Phelippes não só decifrara as mensagens como as copiara com toda a perícia de um mestre em falsificações. Devolvera a Walsingham as cartas originais e tinham sido enviadas cópias a Maria e seus seguidores. — Temos a certeza de que não levantaram nenhuma suspeita.

— Estou muito satisfeito — disse Phelippes. — Fui extremamente cuidadoso.

— Pelo que vos agradeço sobremaneira. As coisas estão a avançar rapidamente, mas de futuro posso vir a precisar que façais algo mais.

— Claro. Tudo o que precisardes.

— Talvez precisemos de acrescentar um post-scriptum a algumas das cartas.

— Um post-scriptum?

— Só se não conseguirmos convencer a bruxa diabólica a escrever aquilo que queremos. A própria existência dela é um perigo para a rainha.

— Basta pedirdes. — Os olhos de Phelippes afundavam-se num rosto devastado pela varíola. — A minha lealdade é absoluta e farei o necessário para proteger a Inglaterra.

Walsingham olhou-o nos olhos e viu apenas sinceridade. Confiava em Phelippes, não só por instinto, mas também porque fizera cuidadosas diligências para se certificar de que não havia razões para suspeitas. Era bom saber que havia alguns homens em quem podia depositar uma fé absoluta. A lealdade era uma coisa rara.

Maria era perigosa. Há meses que os agentes em Espanha lhe enviavam um contínuo fluxo de informações preocupantes. Nada agradaria mais a Filipe que uma rainha católica a ocupar o trono de Inglaterra, e Walsingham sabia que havia traidores em Londres e noutras partes desejosos de ajudar o rei espanhol a alcançar esse propósito. Pouco faltava agora para conseguir prová-lo, mas também sabia que havia conspiradores que ainda não conseguira detectar. Conspiradores que o assombravam, que o perseguiam em sonhos e nas horas de vigília e só rezava para ter a força e a tenacidade para fazer o que fosse necessário a fim de os impedir antes de poderem desempenhar a sua missão imoral. Nada era mais importante do que manter Isabel em segurança.

Nos arredores de Londres, Savage não estava nada satisfeito com os resultados. Falhara aos seus compatriotas ao fugir do armeiro em vez de o matar. Falhara-lhes inclusive antes de desatar a fugir, quando revelara a sua raiva e despertara as suspeitas do homem. Falhara-lhes, com o horror nos olhos, depois de Reston ter despachado o homem. E agora, ali sozinho no meio das árvores, envolto pela floresta escura, estremeceu e o rosto empalideceu-lhe enquanto entoava, balbuciante, uma prece infindável.

— *Salve regina, mater / misericordiae, vita dulcedo et / spes nostra salve...*

Os outros conspiradores estavam sentados suficientemente perto para poderem observá-lo, mas ninguém olhava para ele. Olhavam fixamente a fogueira que ardia à sua frente na clareira e cuja claridade rompia a escuridão entre as árvores. Apenas um quarto homem ali especado não fazia caso da fogueira e se mantinha de olhos fixos em Savage.

— A fraqueza dele põe-nos a todos em perigo — disse Reston, já desembaraçado das vestes de jesuíta, reduzido agora à perfeita imagem de um vulgar inglês. — Não pode continuar connosco. E também não podemos deixá-lo para trás.

— É certo que não vai aguentar muito mais. — Babington olhou e viu o amigo de arma na mão, a apontar para o vazio.

— Não podemos esperar — disse Reston. — Quem de nós tem a coragem e a misericórdia de o encomendar a Deus? — O silêncio pairou em redor da fogueira e Reston observou os homens à sua frente. Ele próprio poderia encarregar-se dessa tarefa, mas chegara a altura de os outros também derramarem sangue a fim de garantirem a sua lealdade. — Preferem que ele morra como um suicida e sofra no inferno para toda a eternidade?

Babington olhou para ele, anuiu com a cabeça e desapareceu no meio das árvores. Reston foi o único que ficou a observá-lo.

Escolhera pessoalmente cada um dos homens para aquela missão. Babington, embora jovem, era um verdadeiro idealista, ao passo que o trato afável de Ramsay lhe permitia imiscuir-se facilmente em qualquer parte. Francis Throckmorton, cuja determinação era inabalável, tinha ligações na corte. Eram os três fervorosos católicos, dispostos a morrer pela missão de fazer a Inglaterra regressar à verdadeira igreja e sabiam o que aconteceria se qualquer um deles viesse a fraquejar. O martírio não era apanágio dos cobardes. A história familiar de Savage e a sua devoção a Deus tinham impressionado Reston e não era frequente as suas impressões revelarem-se erradas. Rogou a Deus que o perdoasse por não ter reconhecido a absoluta falta de coragem do companheiro.

— *Ad te clamamus, exsulaes filii / Evae / Ad te suspiramus gementes et / flentes in hac lacrimarum valle...* — continuou Savage a sua ladainha semidelirante, encostado a uma árvore; mas depois retesou-se, de olhos vidrados e fixos na arma. Encostou-a à testa, mas baixou-a e virou-se de repente assim que Babington se aproximou.

— Podeis encomendar a alma a Deus — disse Babington, tirando-lhe a pistola da mão. Savage manteve-se imóvel, de olhos subitamente límpidos. Começou a recuar.

— Não! Não me mateis. Não quero morrer. — Os membros tremiam-lhe com tanta violência como se estivesse a ser vítima de convulsões. Babington engoliu em seco e ergueu a arma, mas depois respirou fundo e apontou-a para o chão.

Foi a vez de Reston começar a rezar, numa voz forte: — *Si ambulam in medio umbrae / mortis, non timebo mala...* — Os outros, reunidos atrás dele, juntaram-se à prece e recitaram em conjunto as palavras do salmo. Babington começou a chorar assim que juntou a sua voz à dos companheiros.

— *Quoniam tu mecum es, Domine. / Virga tua et baculus tuus, ipsa / me consolata sunt...*

Como se fortificado pelas palavras sagradas, Babington ergueu a pistola e continuou a rezar em voz alta, enquanto as lágrimas lhe corriam pelo rosto. Premiu o gatilho.

Savage nunca mais voltaria a vacilar.

Francis Walsingham, com a mente ainda cheia de conspirações, regressou de Whitehall para uma casa que não era tão grandiosa como a sua posição junto da rainha faria supor. Gastava sem olhar a despesas sempre que queria e era um frequente patrono dos músicos. Todavia, o grosso da sua fortuna era aplicado no financiamento do trabalho de recolha de informações, um trabalho essencial para assegurar a protecção da rainha, uma questão que o preocupava quase tanto como a glória a Deus. Não havia nada mais perigoso que a crença na segurança; ninguém estava nunca em segurança.

Estabelecera uma extensa rede de agentes pelo mundo fora e recebia regularmente actualizações de doze locais em França, nove na Alemanha, quatro em Itália e quatro em Espanha e ainda três nos

Países Baixos. Constantinopla, Tripoli e Tânger estavam também ao seu alcance. Não havia nenhuma corte nem palácio que não contivesse pelo menos uma pessoa pronta a recolher informações. As notícias sólidas exigiam frequentemente um pagamento, mas Walsingham nunca recuava perante as despesas. A sua fortuna pessoal não era nada em comparação com a segurança do reino.

Não que a sua esposa concordasse sempre. As paredes do seu estúdio em Seething Lane estavam forradas com prateleiras de carvalho que mal tinham espaço suficiente para arrumar os livros. Com as prateleiras tão carregadas, os volumes começaram a ser amontoados em todas as superfícies, no chão ou em cima de cadeiras. A sua secretária estava coberta de papéis, cartas, mapas e livros de cifras. Tudo aquilo de que precisava para o trabalho que o consumia.

A porta abriu-se e, assim que ergueu a cabeça, os vincos no seu rosto desapareceram ao reconhecer o visitante. Ergueu os braços para o abraçar. — Estais com um aspecto terrível. Não vos dão de comer lá em Paris? — Recuou para poder olhar melhor para o irmão mais novo. — E como vão os estudos? Já aprendestes os segredos do universo?

William sorriu, cansado mas com à-vontade. — Ainda não.

— Estudais teologia e vivemos tempos perigosos para nos pormos a questionar os desígnios de Deus. Tendes de cuidar bem de vós.

— As minhas necessidades são simples.

— Mas são seguras?

— Faço o que tenho a fazer, irmão. Sabeis bem que sim.

— Ceais connosco? — perguntou Walsingham. — Ides ficar cá?

Entraram no estúdio duas mulheres: mãe e filha, ambas sorridentes e de covinhas nos rostos e envergando belos vestidos.

— William! — exclamou Mary, lançando-se nos braços do tio.

— Olhai só. Tão crescida!

— Já fiz vinte anos — disse ela com os olhos brilhantes de inocência.

Ursula, a esposa de Walsingham, aproximou-se do cunhado de sobrolho franzido e com uma pergunta subentendida nos lábios. — William. É um prazer.

— Estive fora durante muito tempo, Senhora.

Mary deu-lhe o braço e conduziu-o para fora do estúdio. — Vinde comigo, William. Há muitas coisas sobre que precisamos de conversar.

Assim que ambos saíram envoltos em risos, Ursula olhou para o marido. — Ele ainda continua a estudar? — Walsingham não lhe respondeu. Deu-lhe o braço e começaram a descer a escadaria ao encontro da voz da filha.

Mary e William estavam já confortavelmente instalados na sala, ele sentado junto da lareira e ela numa pequena mesa com a sua espineta. A rapariga começou a tocar, orgulhosa da rapidez dos seus dedos: primeiro uma alegre fantasia de William Byrd e depois uma série de canções populares. A sua voz era um doce deleite e o pai ter-se-ia contentado em ficar ali a ouvi-la em silêncio.

— Falastes com a rainha? — perguntou Ursula. Estavam sentados a uma mesa comprida do outro lado da sala.

— Falo com ela todos os dias — disse Walsingham. — Sabeis bem disso. Ou de repente decidistes mostrar-vos impressionada?

Ela não reagiu àquele leve gracejo. — Sabeis bem ao que me refiro. Já fizestes o suficiente. — A urgência na sua voz perturbou-o; não gostava de lhe causar sofrimento. — Nenhum outro homem conseguiria fazer mais.

— Ainda não posso abandonar a corte. A rainha precisa de mim. — Tinha os olhos baços, os ombros começavam a descair-lhe e os movimentos não eram tão fluidos como outrora, mas a voz era forte, autoritária. Por mais que adorasse a esposa, nunca abandonaria Isabel.

Os olhos dela faiscaram de raiva e tentou reprimir a irritação. — Preferis morrer como uma besta de carga, é isso? E em troca de quê?

Walsingham reprimiu um comentário sarcástico e tentou encontrar algo para dizer que não fosse incendiário. — Prefiro pensar em mim como um puro-sangue e não como uma besta de carga. Tendes assim uma opinião tão baixa de mim?

— Francis — disse ela, dando-lhe a mão. — Não há pessoa melhor que vós. Nunca duvidei disso. — Walsingham inclinou-se e beijou-lhe a face no momento em que Mary se aproximou deles de braço dado com William.

— E então, William — disse Walsingham numa voz deliberadamente ligeira. — Que dizem em Paris do apelo do Papa à guerra santa?

— Não falta quem tivesse dado graças por isso. — William manteve-se junto da mesa, evitando olhar o irmão nos olhos. Pôs-se a mexer na gola de rufos que lhe apertava o pescoço.

— Sentai-vos, sentai-vos — insistiu Ursula.

— Sentai-vos aqui ao meu lado, William — disse Mary.

— Não compreendo por que devemos odiar-nos uns aos outros — declarou Ursula, olhando com firmeza para o cunhado.

— A verdade sempre odiará a falsidade, Senhora — disse William, sentando-se ao lado de Mary.

— Só surgem problemas quando duas partes julgam que detêm a verdade. — Walsingham observou o irmão com atenção, tentando decifrar a sua reacção.

— Mas só uma das partes pode ter a razão.

— Há questões ainda mais divisórias que a religião — lembrou Walsingham. — Dou graças por estar do lado que luta pela verdade.

— Como podeis ter a certeza de que possuís a verdade? — perguntou William.

— Sei-o porque o coração assim mo diz. Não tenho uma única sombra de dúvida. Devotei toda a minha vida a proteger essa verdade.

— Para quê falar da guerra? — perguntou Mary com petulância. — Deveis ter novidades para nos contar, William. Já casastes?

O tio sorriu. — Ainda não.

— Então temos de arranjar-vos uma esposa inglesa linda e sensata — disse Mary.

— Não, não. — William abanou a cabeça. — Não vou ficar cá muito tempo. Tenho de voltar aos meus estudos.

O irmão olhou para ele e falou num tom comedido. — Espero que não tenhais de ir tão cedo. Todos merecem um descanso.

— E logo vós para dizer isso! — comentou Ursula, olhando para o tecto com ironia. — Quando foi a última vez que descansastes, posso saber? — Inclinou-se para William. — Nunca me ouve. Nunca pensa na sua saúde. Fazei-o ouvir, sois irmão dele. Ainda vai morrer sentado à secretária, de puro egoísmo.

Entraram servos com fumegantes travessas de galinha cozida, cavala com compota de groselha e alcachofras assadas com tâmaras e molho de xerez. Aromas deliciosos encheram a divisão, enquanto lacaios serviam vinho.

— Há piores maneiras de morrer, Senhora — declarou William, começando a servir-se.

— Não posso concordar — compôs Ursula. — Ninguém deveria ter de se consumir tanto com os assuntos de Estado. Nunca pensa em nós, só na Inglaterra.

— Minha querida. — Walsingham ofereceu-lhe um sorriso fatigado. — Ninguém duvida da adoração que tenho por vós.

— Espero bem que não — disse a esposa. — Só queria ter a certeza de assim continuar a ser por muitos mais anos, Francis. Não nos servis para nada estando morto.

— Bem verdade — concordou William, debruçado sobre a comida à sua frente com um entusiasmo pouco habitual.

— Acho que deverieis preocupar-vos mais com o meu querido irmão — disse Walsingham. — É ele quem corre o risco de perder o juízo.

— Os meus estudos não são assim tão violentos — disse William.

— Ai não? — disse Walsingham. — Será mesmo?

William engoliu um enorme pedaço de cavala. — E vós, Mary? Por que é que não casastes ainda?

O riso contagiante de Mary deleitava todos aqueles que a ouviam. — Tenho andado a apurar o gosto, Senhor, e ainda não encontrei ninguém que corresponda aos meus padrões. Talvez queirais sugerir-me um possível candidato?

Walsingham recostou-se, enquanto o irmão se entregava à tarefa de casamenteiro. Olhava-o com uma atenção deliberada e sabia que havia poucas hipóteses de vir a inteirar-se mais das implicações religiosas dos estudos do irmão, a não ser que recorresse a métodos furtivos para recolher informações.

Felizmente, ser furtivo era a sua especialidade.

CAPÍTULO CINCO

A Sala de Recepção estava mais apinhada que habitualmente pois nenhum dos cortesãos queria perder a oportunidade de ver o mais recente pretendente, o Arquiduque Carlos da Áustria, competir pela mão da rainha. Circulavam boatos de que poderia vir a ser o último pretendente, não porque a rainha fosse apaixonar-se por ele — ninguém esperava tal —, mas porque ela se aproximava rapidamente de uma idade em que já não poderia conceber. Não ter filhos significava não haver herdeiro, e a falta de um herdeiro deixaria a Inglaterra numa posição precária. Todavia, a rainha sempre desprezara as questões da sucessão. Insistia que Deus se ocuparia dessa questão, mas os cortesãos permaneciam cépticos; porém, nenhum deles ousava confessar esse cepticismo perante ela. O silêncio abateu-se sobre a sala assim que Isabel entrou.

Assombrosa e deslumbrante num sumptuoso vestido do mais fino veludo de cor creme e cravejado de jóias, mantinha as suas damas perto de si, enquanto Walsingham se colocava discretamente atrás. Do corpete erguia-se uma gola de rendas engomadas, e ametistas e diamantes amarelo-canário embutidos em ouro adornavam-lhe o pescoço e as orelhas. Sentou-se e as mãos, cobertas de anéis, permaneceram imóveis sobre os braços do trono. Toda a sua pessoa irradiava uma graça majestosa, enquanto um rapaz de dezasseis anos, tímido, esguio e trémulo, avançava para fazer uma declaração formal de amor.

Era difícil não ficar entediada naquelas situações. No início do seu reinado, Isabel ainda se divertia — vagamente — com as propostas de casamento e os galanteios de príncipes estrangeiros. Os seus sentimentos em relação ao casamento sempre tinham sido no mínimo ambíguos e os seus pretendentes raramente a atraíam. Não precisava de um marido para continuar a ocupar o trono, não precisava de nenhum homem para a orientar na governação. Aceitar um consorte iria degradar o seu poder e ter um filho poderia vir a matá-la. Francamente, parecia-lhe ser uma má opção, pois poderia vir a perder tudo aquilo que lhe era querido sem ganhar nada em troca.

Excepto o amor, claro. Talvez viesse a ganhar o amor, e isso era a única coisa que a induziria a casar. Mas não um amor vulgar: teria de ser apaixonado, duradouro, consumidor e que nunca comprometesse o seu papel como rainha. Haveria algum homem vivo capaz de lhe oferecer isso? Apesar de esperançada, estava céptica. Nem sequer o seu amado Robert conseguira dar-lhe tudo aquilo de que necessitava e não conseguia imaginar um homem melhor que ele.

Apesar dos seus defeitos.

Havia sempre defeitos.

Naquele dia, no entanto, não estava minimamente preocupada com o amor. Tinha de prestar atenção ao rapaz à sua frente e uma rápida olhada a um dos lados da sala fez-lhe assomar um sorriso aos lábios régios. O embaixador austríaco murmurava baixinho as palavras que o rapaz deveria dizer. Isabel sentiu uma pontada de simpatia e prestou atenção ao desajeitado discurso.

— A beleza de Vossa Majestade ofusca-me — recitou Carlos de Habsburgo numa voz vacilante e com a tensão patente no rosto jovem e medianamente atraente. — Vejo diante de mim a perfeição sob a forma humana. Sinto-me avassalado. Estou conquistado. Morro. Só o vosso amor, grandiosa Isabel, pode restituir-me a vida.

Os cortesãos que enchiam a sala com as suas roupas vistosas sorriram, mantendo o riso sob controlo. Já os membros da delegação espanhola não foram tão atenciosos, pois não se deram ao trabalho de ocultar a sua troça. A rainha, porém, manteve a compostura, enquanto contemplava o rapaz com uma expressão séria; simpatizou com o nervosismo dele, pois sabia que não era fácil ter de tratar em público um assunto que deveria ser inteiramente pessoal. Quando ele terminou o discurso, Isabel estendeu a mão para ele a beijar.

— Vossa Alteza concede-me uma grande honra. Podemos

proceder à ceia? Será certamente quase tão restauradora como o meu amor. — Isabel deu-lhe o braço e ambos conduziram a corte através dos labirínticos corredores de Whitehall, iluminados por milhares de velas. — Vamos cear com todo o conforto. Mas este palácio está a precisar de uma verdadeira sala de banquetes. Tenho de mandar construir uma. A arquitectura interessa-vos?

— Eu... sou praticamente um ignorante nessa matéria. — A voz ainda lhe tremia. Tinha um aspecto decente e era demasiado novo para ela, mas o seu nervosismo comoveu-a e não permitiria que a corte o torturasse. Ponderou por um momento se ele não seria mais adequado para Bess. Fariam um belo par. Contudo, ainda não estava preparada para perder a amiga.

Pouco depois estavam sentados a uma mesa alta e decorada com requinte onde havia um enorme castelo esculpido em açúcar, com os estandartes das armas de Isabel e do arquiduque a esvoaçar das torres. Os músicos e os saltimbancos aguardavam do outro lado da sala, prontos para entreter os convidados, e havia ali mais pessoas de olhos postos no grupo, ávidas de observar o espectáculo, do que aquelas que tinham sido convidadas. Entre elas via-se Walter Raleigh, que tivera o cuidado de se vestir segundo a moda mais recente da corte e parecia agora tão janota como o homem mais bem vestido do palácio. Bess Throckmorton baixou os olhos ao retribuir-lhe o sorriso. Isabel estava a observar e franziu a testa.

— Dizei-me, Sr. Raleigh. Durante as vossas batalhas no mar, como é que fazeis para afundar a nau do inimigo? — perguntou uma das cortesãs, incapaz de deixar de olhar para ele. — Calculo que lhe abris furos nos lados.

— Não, Senhora — respondeu Raleigh. — Uma nau afundada perde todo o seu valor. O objectivo é capturá-la e comandá-la.

— E como fazeis isso?

— Recorrendo à surpresa e à velocidade. — Inclinou-se mais para ela. — A uma violência irresistível.

Calley, ao lado do seu capitão, revirou os olhos com ironia.

Isabel mal conseguia ouvir as vozes deles e estava completamente distraída, enquanto observava Raleigh a namoriscar. Apreciava um homem que conseguia captar a atenção de tantas damas e cujo rosto bem-parecido era igualado por um humor vivaz e um sorriso sempre pronto a assomar-lhe aos lábios. Passou um longo momento até se aperceber de que estava a negligenciar o arquiduque, debruçado sobre o seu prato de coelho com especiarias.

— Julgo que não estais tão acostumado como eu a comer em público. Vou contar-vos um segredo. — Baixou a voz. — Faço de conta que há um painel de vidro, *eine Glasscheibe*, entre mim e eles. — Com um gesto elegante, moveu a mão à frente do rosto para indicar um painel imaginário e, enquanto o fazia, reparou que Bess, que se tinha afastado dela, continuava a olhar para Raleigh. Divertida, fez sinal à rapariga e esta aproximou-se prontamente.

— Ele interessa-me — disse ela baixinho. — Falai com ele.

— Com ele? — perguntou Bess, movendo ligeiramente a cabeça para indicar o homem em questão.

— Ele mesmo. — Não estava a ser minimamente subtil; era óbvio que estava a olhar fixamente para Raleigh. Bess anuiu com a cabeça e corou assim que se afastou para ir falar com ele. Isabel engoliu uma garfada de galinha, arroz e amêndoas e virou-se novamente para o arquiduque. — Vossa Alteza deve estar fatigado depois da viagem.

Tímido para além do aceitável, com o corpo a tremer, o arquiduque limitou-se a olhar em frente, e Isabel quase conseguiu imaginá-lo a debater-se enquanto procurava uma resposta. Não o apressou, nem deu qualquer sinal de impaciência. O arquiduque falou por fim: — Nenhum homem pode sentir-se fatigado na presença de uma rainha tão encantadora.

— Jogais muito bem este jogo, meu jovem amigo. — Quebrou um pedaço de crosta de um pastel de cogumelos e falou baixinho em alemão, esperando assim deixá-lo mais à vontade. — Mas não vos custa às vezes não vos rirdes?

O rapaz abriu desmesuradamente os olhos e depois descontraiu-se, quando Isabel lhe ofereceu um sorriso conspiratório. — Sou demasiado medroso para me rir — confessou.

— Porquê? Os pobres príncipes como nós só têm que cumprir o seu dever e esperar que tudo corra bem.

— Sois muito sensata, senhora. — Foi percorrido por um alívio grato e engoliu uma enorme garfada de coelho; depois esvaziou o copo de vinho antes de se dedicar ao resto da refeição e aceitar que lhe servissem uma grande dose de pudim de ovos ainda a fumegar e condimentada com açafrão.

*

Bess encontrava-se ao fundo da sala, junto de Raleigh. — Espero que o pirata não esteja demasiado entediado com as vaidades da corte — disse ela com os olhos a cintilar e de lábios abertos num sorriso irresistível.

— Não passo de um simples marinheiro ofuscado pelas luzes brilhantes — respondeu ele. As damas à sua volta bebiam cada uma das suas palavras com um suspiro. Não dava mostras de nenhum desprazer com a atenção de que era alvo, e também não se mostrou desapontado quando Bess o chamou ao lado.

— Se puderdes abandonar a ofuscação das luzes brilhantes por um momento...

— Atraído pela luz mais brilhante entre todas — disse ele, olhando-a demoradamente nos olhos.

Bess corou intensamente e a sua resposta veio demasiado rápida. — Só podeis estar a referir-vos à rainha.

— Não tenho a presunção de olhar tão alto. — Virou-se para a rainha e fez uma vénia rasgada, enquanto um sorriso provocador lhe assomava aos lábios.

— Afinal de contas, parece que a presunção é verdadeira — comentou Bess.

Raleigh aproximou-se mais dela. — Parece que estais determinada a pensar o pior de mim.

— Dizei-me o que realmente quereis. — A sua voz era suave, íntima, cintilante.

— Aquilo que qualquer homem quer. Dinheiro. Fama. Amor.

— Por essa ordem? — perguntou ela, olhando-o através das pestanas louras.

— Cada uma dessas coisas conduz à outra — disse ele. — O dinheiro servirá para comprar e equipar galeões para outra viagem ao Novo Mundo. O êxito da minha colónia fará de mim um homem famoso. E a fama trar-me-á o amor.

— Julgo ver rodeios a mais em todo esse percurso — disse Bess.

— Há benefícios ao longo do percurso. Afinal de contas, não é todos os dias que se escolhe um espaço vazio num mapa para se construir lá uma cidade magnificente. — O seu entusiasmo era inegável; o seu corpo irradiava entusiasmo e pulsava de energia.

— À qual dareis sem dúvida o vosso próprio nome — disse ela num tom provocador.

Raleigh sorriu. — Sem dúvida.

Bess calou-se enquanto pensava. — Pois bem. Já tenho a minha resposta.

— Posso fazer uma pergunta?

— Evidentemente.

— Como posso ganhar os favores da rainha?

— E por que deveria eu dizer-vos isso, Senhor? — Não conseguiu evitar namoriscar; Raleigh era demasiado encantador, demasiado atraente.

— Sei que tenho pouco para oferecer. Mas o que quer que eu tenha para dar... basta pedir e é vosso.

Bess ponderou por momentos enquanto lhe examinava o rosto e os vincos na testa. — O conselho que vos dou é dizer o que tendes a dizer nos termos mais francos possíveis. Todos os homens lisonjeiam a rainha na esperança de regalias. Prestai-lhe a cortesia da verdade. — Estendeu a mão e Raleigh beijou-lha demoradamente, a ponto de todo o seu corpo suplicar por mais.

— Nem sequer sei o vosso nome — lamentou-se ele.

— Elizabeth Throckmorton.

— Outra Elizabeth, como a rainha

— Todos me chamam Bess. — Desviou o olhar de repente, fez uma vénia e voltou para junto da rainha. Virou-se a meio do caminho: Raleigh continuava de olhos fixos nela.

— Que tendes para me dizer, Bess? — perguntou a rainha assim que ela chegou à mesa. — Que vos disse o nosso homem da poça de água?

— É um homem... magnético, Majestade. Hipnotizante. Encantador. — Sorriu, inclinou-se mais para a rainha e sussurrou: — O hálito dele é o mais doce que já senti.

— Que grande elogio. Estou muito satisfeita — admitiu Isabel. Agora trataria de encorajar a amizade da rapariga com ele, nem que fosse só para o manter por perto. Não esperava que ele fosse tão fascinante. Há muito que a corte precisava de um novo brilho e estava encantada por ter encontrado um candidato tão apropriado.

Bess voltou a sentar-se e a rainha, que há muito terminara de comer, sussurrou ao arquiduque em alemão e este sorriu-lhe em resposta. O silêncio abateu-se sobre a sala assim que ela se levantou.

— Sua Alteza, o Arquiduque, acaba de me informar que os meus encantos o deixam avassalado. Vai retirar-se agora para os seus aposentos privados para descansar.

Uma onda de risos encheu a sala, arrancando olhares desgostados a Don Guerau. O arquiduque engoliu uma última colherada de pudim, levantou-se e fez uma vénia solene à rainha antes de se afastar rodeado pela sua comitiva. Assim que ele saiu, Isabel fez sinal a Walsingham para se aproximar.

— É um amor — disse. — Não quero que venha a ser magoado por nenhum dos vossos esquemas. Deveis enviá-lo para casa.

— Majestade...

Não deixou que Walsingham a interrompesse. — Arranjai outra maneira de irritar Filipe.

Os aposentos privados de Isabel em Whitehall circundavam um elegante átrio onde só era permitida a entrada às pessoas mais próximas da rainha. Aqui desfrutava de alguma privacidade para se dedicar às suas paixões. O seu amor pela leitura remontava à juventude, quando os livros ofereciam consolo a uma rapariga cuja fortuna mudava tão frequentemente quanto as esposas do pai. Em adulta, mesmo quando confrontada com as exigências dos deveres da governação, tentava guardar três horas todos os dias para ler e mantinha na biblioteca uma pilha de livros à mão. Do outro lado do átrio ficava a sala de música, onde podia tocar alaúde ou espineta, cantar e compor.

Havia uma pequena divisão onde podia rezar e uma sala espaçosa com o seu enorme guarda-roupa; corria o rumor de que consistia em não menos de duzentos vestidos, muitos dos quais eram presentes de Ano Novo da parte dos abastados súbditos seus admiradores. Não parava de apurar o seu gosto e insistia em ser a mulher mais espectacularmente bem vestida de toda a corte, um feito facilmente alcançável quando a fortuna removia qualquer obstáculo. Tinha à sua disposição os tecidos, rendas e bordados mais requintados e insistia sempre em usar meias de seda em vez de pano. A sua selecção de jóias — desde colares de pérolas até fiadas de diamantes — era inigualável.

De modo a realçar a pele, que apresentava algumas leves marcas de um episódio de varíola, Isabel usava alvaiade, um creme composto de chumbo e vinagre que lhe deixava a pele lustrosa. Completava a toilete lavando o rosto com claras de ovos e aplicando um pouco de vermelhão nos lábios, com resultados de tal modo impressionantes que as suas cortesãs trataram de a imitar. Agradava-lhe que a imitassem, embora ultimamente tivesse começado a reparar numa disparidade entre si e as suas damas. Eram bastante mais jovens e, por mais espectacular que ela fosse, só lhe restava ocultar a pele cada vez mais frágil e a tez que há tanto tempo se tornara baça. Era impossível competir com a juventude.

Isso enfurecia-a. Certa vez, chegara até a ponderar a ideia de ter à sua volta unicamente damas mais velhas que ela. Todavia, achou-as demasiado enfadonhas. Não duvidava de que era capaz de enfeitiçar qualquer homem — quem conseguiria resistir à Rainha Virgem? Nem um único mortal. Não quando uma aliança com ela poderia colocar o mundo nas mãos desse homem.

E era precisamente esse o problema. Quem poderia amá-la sem querer também que ela lhe colocasse o mundo nas mãos? Pensou em Raleigh. Era já um homem do mundo, ou pelo menos de certas partes — e começara já a pensar, hesitante e cautelosamente, se ele não teria algo valioso para lhe oferecer.

— Desconfio que não passa de um conquistador profissional — disse ela a Bess, que acabava de fechar o livro que estivera a ler à rainha, sentada ao seu lado na câmara de dormir. — Não achais que tenho razão?

— É, de facto, muito encantador, minha Senhora — concordou Bess, passando a mão delicada pelo rosto. Isabel sentia-se como uma raparigu inha a sussurrar confidências a uma amiga.

— Há profissões bem mais aborrecidas — considerou Isabel. — E que espera ele ganhar com os seus encantos?

— Espera alcançar glória no seu Novo Mundo. Sonha em fundar uma cidade magnificente. — Havia na voz de Bess uma avidez que a denunciava, uma avidez também partilhada pela rainha, embora esta não pudesse admiti-lo à frente da sua dama de companhia.

— Pensar-se-ia que seria suficiente para um homem descobrir essa terra nova, só que ele quer mais. É esse o revés da América. É uma imensidão sem fim. — Calou-se. Olhou para Bess e reparou num leve rubor que lhe assomara ao rosto, bem como no modo como ela mordia o lábio. — Gostais dele, não gostais?

— Se isso for do agrado da minha senhora.

— Ah, bem. É refrescante encontrar um homem de olhos postos num mundo para lá da corte. Chamai-o novamente. — E, assim que proferiu aquelas palavras, soube que a partir de então iria procurar por ele sempre que a porta se abrisse, sempre que alguém fosse anunciado. Deu graças por esse sentimento, desejosa de distracções, porque, quando não estivesse a pensar nele, ver-se-ia obrigada a lidar com as crescentes dificuldades causadas pela prima escocesa.

O único consolo que Maria Stuart tivera desde que cometera o erro de fugir para Inglaterra residia nas damas que a rodeavam. Dependia delas. Eram a sua única companhia e valorizava cada uma delas, inclusive as criadas, como amigas, apesar de às vezes serem absolutamente incorrigíveis. Naquele preciso momento, a lavadeira estava a chorar tanto que era impossível perceber o que dizia, mas Maria tentou ser paciente.

— Diz outra vez — pediu, passando-lhe um lenço para a mão.

— Despedida. — Finalmente conseguira articular uma palavra coerente e esse sucesso pareceu acalmá-la o suficiente para poder continuar. — Fui despedida.

— Despedida? — Maria tinha *Geddon* no regaço, mas parou de afagar o pêlo macio do cãozinho. — Por ordem de quem? — Mais choro. — Tens de parar com a choradeira. — As palavras da lavadeira voltaram a soar completamente incoerentes. Maria virou-se para Annette. — Quem a despediu?

— O guardião, minha senhora — disse Annette.

— O guardião? O *meu* guardião? — Cuspira as palavras, mas virou-se de repente ao ouvir a porta a abrir-se e o seu tom mudou por completo quando Sir Amyas Paulet entrou. Dirigiu-se para ele com um olhar suave e a sua voz era toda ela sedução provocadora. — Com que então haveis despedido a minha lavadeira, Senhor. Como vou fazer agora para ter roupa limpa? Ou quereis que ande por aí nua?

— Não foi por esse motivo, Majestade — disse Paulet numa voz firme. — A vossa lavadeira foi apanhada com cartas no cesto da roupa.

— Cartas íntimas — disse Maria, inclinando-se mais para ele poder sentir o seu perfume. — Cartas privadas. Cartas de amor.

— Cartas de amor? — repetiu ele, de cenho carregado. — Segundo sei, tivestes um marido que infelizmente morreu, Senhora. E depois um segundo marido, infelizmente também já falecido.

— Sim, sim... — começou Maria por dizer.

— E um terceiro marido...

Agora sentia-se irritada e a sua voz tornou-se áspera. — Basta. Não posso ter privacidade?

— Sois rainha, Majestade — lembrou-lhe Paulet. — E uma rainha pertence ao seu povo.

— Então por que não sou tratada como rainha? Por que é que Isabel não responde às minhas cartas? Por que razão me odeia?

— A rainha não vos odeia.

Maria reparou numa certa bondade nos olhos dele. — Foi ela quem vos disse isso? Já estivestes com ela?

— Tive essa honra, sim, Majestade.

— Como é ela? É bela? — O ciúme insinuou-se nas suas palavras enquanto se perguntava, cheia de dúvidas, se Isabel poderia ser mais atraente que ela.

— Tem um ar majestoso.

— Também eu tenho um ar majestoso — insurgiu-se Maria, obrigando-se a nova lisonja. — Alguns disseram até que sou bela. — Bela, sim, mas não era apenas por isso que era conhecida. A sua voz, com a agradável inflexão escocesa, encantava, e o seu humor e ardor tinham-lhe atraído as atenções de muitos homens, nomeadamente alguns dos seus carcereiros. No entanto, enfurecia-a ter de namoriscar tais homens, tão abaixo da sua condição. Era intolerável que uma rainha tivesse chegado àquela degradação. Tentou ocultar no fundo do seu ser a raiva que sentia.

— Nas palavras do poeta, *Criança bela, gloriosa candeia de amor...*

Não conseguiu aguentar mais. — Maldito seja esse vosso poeta!

Paulet estremeceu. Maria fechou os olhos e recompôs-se, ciente de que era boa política manter o guardião sob o seu encanto. Fez sinal aos criados para saírem.

— Perdoai-me, meu amigo. — Era agora doçura, os raios prateados da Lua, a própria beleza. — Sois meu amigo, não sois?

— Um servo vosso, minha Senhora, e um vosso admirador. — Como era fácil cativá-lo.

— Não enviarei mais cartas. Manter-me-ei recatada aqui na minha prisão. Na vossa companhia. — Ofereceu-lhe um olhar demorado, pleno de promessas que nunca viria a cumprir e que só lhe relembravam que fora Isabel quem a colocara naquela situação tão degradante. Era imperdoável. Havia alturas em que pensava que poderia haver uma solução pacífica para os seus problemas, mas acreditava nisso cada vez menos.

Quando Paulet saiu, ajoelhou-se no chão áspero e uniu as mãos numa prece de graças, primeiro pelos amigos que estavam a ajudá-la e depois pedindo a Deus uma rápida resolução dos seus planos. Não pediu misericórdia para a prima. A própria Isabel que a pedisse.

CAPÍTULO SEIS

A escuridão infiltrou-se pelas janelas de vidro chumbado da Sala de Recepção, mas a rainha estava extasiada e não toleraria nenhuma interrupção enquanto o seu novo preferido a presenteava com histórias das suas aventuras. Raleigh, entusiasmado, observava a sala enquanto falava, mas o seu olhar demorava-se sobretudo em duas mulheres: Isabel e Bess, embora esta última desviasse abruptamente o olhar sempre que ele a contemplava, concentrando-se antes na rainha. Isabel precisara de uns bons dez minutos até se aperceber desse comportamento, mas não estava preocupada. Bess sabia qual era o seu lugar. Nenhum mal adviria de a deixar namoriscar um pouco.

À medida que as horas passavam, ouviu murmúrios abafados entre as suas cortesãs, que começavam a perguntar-se quando lhes seria permitido comer. Claro que isso só servia para a fazer atrasar ainda mais a refeição, mas achava que elas não se importariam. As histórias de Raleigh eram tão fascinantes, a sua personalidade tão magnética. A refeição poderia esperar.

— Tudo começa com uma viagem. É preciso atravessar um oceano. Conseguis imaginar, conseguis sentir o que é atravessar um oceano? — Calou-se enquanto a audiência, enlevada, anuía com a cabeça. — Durante semanas não há mais nada a não ser o horizonte. A toda a volta. A nau é um pequeno e minúsculo pontinho nessa imensidão. Vivemos com o medo, ficamos presos nas garras do medo: medo das tempestades, medo de doenças a bordo, medo da imensidão. E se nunca mais conseguirmos escapar dali? Como escapar? Não há lugar algum para onde ir. Há que combater o medo, prendê-lo no fundo do estômago e estudar as cartas, manter-se atento ao compasso e rezar por ventos favoráveis... e ter esperança — continuou, de olhos fixos na rainha. — Uma esperança nua e frágil, quando todos os nossos sentidos nos gritam: *Estamos perdidos! Perdidos!* Imaginem só. Dia após dia, sempre de olhos postos a oeste, com o Sol nascente nas costas, com o Sol poente nos olhos, sempre com esperança, com esperança...

Sir Christopher Hatton aproximou-se lentamente de Isabel. — Majestade, a corte está à espera.

— Que esperem, Pestanas.

— Creio que...

— Podem esperar. — A voz aguda traiu a sua irritação e ocorreu-lhe que Pestanas, o seu favorito de sempre, pudesse estar com ciúmes por ter sido substituído por outro.

O seu tom era todo ele doçura assim que voltou a dar a sua atenção ao explorador. — Continuai, Sr. Raleigh. Dizíeis que a esperança nunca vos abandonara.

Parecia que Hatton estava prestes a acrescentar algo, mas a rainha lançou-lhe um olhar austero. Hatton fez uma vénia e saiu com um vinco de preocupação na testa.

Raleigh continuou, olhando directamente para Isabel. Pareciam entreolhar-se com intrepidez. Ao aperceber-se disso, Isabel sentiu um calor agradável no peito e assomou-lhe aos lábios um sorriso que lhe iluminou o rosto e lhe franziu os cantos dos olhos. — De início não há mais que uma neblina no horizonte, uma neblina fantasmagórica a corromper a pureza dessa linha. Mas as nuvens fazem isso, assim como as tempestades. E temos de estar sempre atentos, muito atentos.

Poderia continuar a ouvi-lo durante uma eternidade. A sua voz era hipnotizante, mas até ela acabou por sentir as pontadas da fome. — Acho que vamos ter de parar para ir cear, Sr. Raleigh. — Pegou-lhe na mão, a mão mais forte e mais calosa que alguma vez sentira, e conduziu-o para fora da Sala de Recepção, ignorando as regras de precedência.

A refeição, pronta há mais de uma hora, sofrera com a espera. Não sabendo quando a rainha e a sua comitiva chegariam, os servos não tinham devolvido a comida às cozinhas e, em resultado disso, a sopa estava fria e os molhos da carne tinham solidificado.

— Não me lembro da última vez que tive uma refeição tão satisfatória — disse Raleigh.

— Sois o único a não se queixar por estar tudo frio. — Isabel fez sinal aos servos para servirem mais vinho.

— Os vossos cortesãos nunca viveram a bordo de uma nau. Desconhecem como a comida pode ser tão má.

— E, no entanto, preferis a vossa nau ao palácio?

— Não pelo conforto, claro — respondeu ele, servindo-se de uma segunda dose de borrego.

— Pela companhia, então? Preferis conviver com marinheiros em vez de rainhas?

— Se todo o meu tempo em Londres fosse passado na vossa companhia, Majestade, teria uma visão diferente da vida citadina. Mas o apelo do mar ultrapassa qualquer desejo de conforto ou actividade. Nada supera isso.

— Talvez não — disse ela. — Mas creio que conseguimos divertir-vos o suficiente para vos convencer a passar mais tempo connosco.

— De momento, sinto-me perfeitamente feliz por estar aqui. — A hesitante ligação entre os dois tinha crescido a cada frase trocada nesse dia e Isabel não se lembrava de alguma vez se ter sentido assim tão animada na companhia de outro cavalheiro. Raleigh quase tocava nela quando lhe dirigia a palavra e mais de uma vez tentara tocar-lhe na mão ou no braço durante a refeição. O seu toque galvanizava-a.

— Acompanhai-me — ordenou ela, levantando-se assim que terminou aquela refeição de comida esfriada. — Quero dançar convosco.

Apesar de continuar a queixar-se da refeição, o resto da corte apressou-se a terminar antes de a rainha sair. A comitiva que a seguia foi-se reduzindo até chegarem aos seus aposentos privados, onde se viam músicos reunidos em redor do átrio.

Raleigh era o seu par; não o partilharia com mais ninguém. Bom, talvez, só para poder observar os seus elegantes movimentos, mas rejeitou imediatamente a ideia ao sentir os corpos de ambos moverem-se ao mesmo ritmo, depois separarem-se e voltarem a unir-se, numa cadência que lembrava o movimento da nau de Raleigh no oceano. Não tinha intenções de partilhar aquele prazer com mais ninguém.

— Não haveis acabado de contar a vossa história — lembrou--lhe enquanto dançavam. — Ficastes na parte em que observáveis o horizonte. Continuai.

— A observar, sim. — Sorriu-lhe. — Haveis-me escutado, não é verdade?

— Tendes toda a minha atenção.

— Descobre-se uma mancha, uma sombra nas águas ao longe. Durante um dia, e mais outro, a mancha vai-se espalhando lentamente pelo horizonte até começar a tomar forma... até que ao terceiro dia damos por nós a acreditar. E atrevemo-nos a sussurrar as palavras: terra à vista!

— Adorava sentir essa emoção — disse ela, de respiração agora mais arquejante.

— Terra! Vida! Ressurreição! — exclamou Raleigh, puxando-a mais para si até o ar entre ambos estremecer. — A verdadeira aventura. Sair do vasto desconhecido, sair da imensidão e entrar finalmente num porto seguro. Isso... Isso é... o Novo Mundo.

Bess, que os observava de uma das arcadas que rodeavam o pátio, aceitou indolentemente a mão que um cortesão lhe ofereceu para o acompanhar na dança seguinte. Sabia que a rainha estava cativada e que Raleigh se sentia felicíssimo — reparara numa intensidade que lhe deixava os olhos mais escuros que o habitual. Quando a música começou, Bess falhou alguns passos que já deveriam ser-lhe familiares.

Os ciúmes tinham-se apoderado dela e censurou-se por esse sentimento. Raleigh nunca poderia ser seu. Precisava de tomar mais cuidado para proteger o coração.

Dois dias mais tarde, a delegação austríaca reuniu-se na Sala de Recepção para ouvir a resposta oficial da rainha à proposta do Arquiduque Carlos. Ninguém esperava que ela o desposasse, mas ainda assim a sala estava tão apinhada que era praticamente intransitável; todos queriam ver que forma assumiria a rejeição da rainha. O pretendente teve de abrir caminho até à frente, onde se deteve de rosto pálido e nervoso, enquanto esperava pela potencial noiva. A atmosfera à sua volta estremecia como um vento tempestuoso e os estados de espírito variavam de grupo para grupo: uma espécie de amargo aturdimento da parte dos espanhóis, uma resignação suspirada de um grupo de jovens damas que admiravam o bem-parecido arquiduque, uma ansiedade urgente da parte dos cortesãos e ministros preocupados com a questão da sucessão.

Isabel entrou, resplandecente num requintado vestido de veludo branco, com o cabelo arruivado cheio de pérolas e diamantes, e sentou-se no trono. Não fizera segredo do seu agrado pelo jovem arquiduque desde que este chegara à corte. Tratara-o com um respeito cuidadoso e digno e rira-se com ele em mais de uma ocasião, mas não sentira a mínima centelha de paixão por ele, o que era um alívio.

Não que o esperasse. O arquiduque mal passava ainda de um rapaz. Se fosse alguns anos atrás, teria conseguido cativá-lo num instante, atraí-lo e mantê-lo ao seu lado, na esperança de que ele pudesse vir a merecer um beijo. Mas os beijos tão ansiados, tanto concretizados como meramente antecipados, tinham no passado conduzido apenas a propostas cada vez mais prementes. Era muito mais fácil rejeitar alguém que não a desejava, alguém que talvez estivesse apenas a cumprir as obrigações que devia ao seu país. Soltou um suspiro. Sim, era menos doloroso em muitos aspectos. Em todos os aspectos, aliás, à excepção do desconfortável pensamento de que a sua beleza já não atraía a atenção de todos os homens presentes na sala.

Carlos aproximou-se do trono e Isabel ofereceu-lhe um sorriso quando ele se ajoelhou perante ela. Era um sorriso cheio de promessas, compreensão e amizade, terno e doce, e foi rapidamente substituído por outra expressão, desta vez descontraidamente régia.

— A rainha não tem vida privada — declarou ela, olhando-o, imperturbável. — A rainha vive para o seu povo. Ireis, por conseguinte, perdoar-me, Senhor, se, depois de muito pensar e rezar, declinar a vossa proposta de casamento.

O arquiduque fez o possível por esconder o seu alívio, mas o corpo retesado e desajeitado pareceu descontrair-se. A tensão abandonou-lhe o rosto. As mãos cerradas descontraíram-se. Virou-se para o embaixador austríaco e falou na sua língua-mãe. — Já posso voltar para casa?

Isabel inclinou a cabeça, refreando o sorriso que desesperadamente teimava em assomar-lhe aos lábios. — Podeis partir, meu amigo — respondeu ela em alemão. — Não tenhais pressa de crescer. A juventude é demasiado preciosa.

O rapaz curvou a cabeça. — A vossa beleza não se restringe ao vosso rosto. — Falou num tom calmo, mas com mais confiança do que ouvira até aí na voz dele, e a sinceridade patente na sua voz trouxe-lhe lágrimas aos olhos. Contudo, recompôs-se imediatamente.

— Dareis um excelente marido — disse ela, levantando-se e dando-lhe o braço. Ouviram-se murmúrios de aprovação, desdém e desilusão no meio da multidão que se afastava para deixar passar o par, mas Isabel ignorou-os por completo. Esquivara-se com um êxito retumbante à questão do casamento, pelo menos por enquanto, e assim que o arquiduque abandonasse a corte — os preparativos para a sua partida tinham já começado —, teria mais tempo para dedicar a Raleigh. E este pensamento fez-lhe estremecer o coração de alegria.

Bess, perdida num mar de damas, saiu da sala já bastante afastada de Isabel. Ao apressar-se para alcançar a rainha, viu Raleigh caminhando na sua direcção. Sentiu o coração acelerar e o nervosismo fê-la recear não encontrar palavras coerentes para dizer, mas dirigiu-se directamente a ele. — Estais satisfeito com os favores da rainha? — perguntou, olhando-o nos olhos; depois desviou o olhar, mas acabou por voltar a encará-lo.

— A rainha ouvia-me como se me compreendesse. Falei-lhe da solidão e do vazio infinito. Algumas das coisas que ela disse... nunca pensei vir a ouvi-las de uma rainha.

— E esperáveis dançar com ela? — Uma cadência provocatória era agora perceptível na sua voz. Era fácil agradar àquele homem. Demasiado fácil. — Mais um par de danças e ainda ganhais o título de duque. Espero depois alguma gratidão da vossa parte.

Entreolharam-se demoradamente. Sorriram e o ardor que viu no sorriso dele assustou-a.

— Deveríamos apressar-nos — disse ela, começando a afastar-se. — Ficámos muito para trás da comitiva.

— Que pretendeis? — perguntou ele, aproximando-se.

— Não sei bem. — A voz não passara de um sussurro e, quando se olharam nos olhos, uma deliciosa tensão encheu o espaço à sua volta. Estava excitada e aterrorizada e certificou-se de que a rainha não conseguia vê-los. Isabel não se encontrava por perto, mas Bess sentiu uma pontada de culpa por namoriscar com o preferido da sua rainha.

— Espero vir a lembrar-me de algo — disse ele numa voz profunda que lhe causou um intenso rubor no rosto e no peito.

— Aguardarei ansiosamente até vos lembrardes, então — disse ela, afastando-se apressadamente para junto da rainha, desejosa de sair dali antes que os sentimentos que ele lhe inspirava se apoderassem do seu coração.

Isabel não perdia tempo com despedidas formais. Despachou a delegação austríaca o mais rapidamente possível, mas teve o cuidado de se despedir individualmente de cada um dos membros e beijou o arquiduque no rosto quando este abandonou o palácio. Assim que partiram, Isabel deteve-se por momentos, enquanto saboreava o pensamento de que dispunha pelo menos de meia hora antes de Walsingham e o Conselho Real voltarem a precisar dela. Virou-se para os seus cortesãos, à procura de uns cabelos encaracolados.

— Sr. Raleigh! — chamou, quando o viu um pouco afastado da multidão e não muito longe de Bess.

Raleigh aproximou-se de imediato e fez uma profunda vénia.

— Majestade. Em que posso servir-vos?

Isabel riu-se. — Antes do mais, chega de vénias. Dai-me o braço e acompanhai-me. — Raleigh obedeceu e a rainha conduziu-o para o exterior. — É tão agradável escapar à corte, não achais?

— É tão agradável encontrar-me em tal companhia quando fujo à corte — brincou ele. — Sinto-me lisonjeado.

— Como seria de esperar. — Começaram a deambular por um caminho de gravilha ao longo de um renque de árvores de fruto, passando por um relógio de sol e por uma fonte. — Não é frequente um cavalheiro conquistar tão depressa os meus favores.

— E também não é frequente uma dama conquistar tão rapidamente os meus.

Isabel franziu a testa e riu-se, enquanto seguiam para um jardim renascentista. A atmosfera circundante estava repleta de odores adocicados: santolina e manjerona, hissopo e tomilho. — Vós não sois como os outros homens da corte. Há algo mais em vós, algo diferente. Gosto das vossas imensidões. O vosso oceano parece-me uma imagem de eternidade. Esses espaços tão vastos tornam-nos pequeninos. Somos nós que descobrimos o Novo Mundo, ou é o Novo Mundo que nos descobre a nós, Sr. Raleigh?

— Falais como um verdadeiro explorador.

— Gosto de vós, Sr. Raleigh.

— E eu de vós.

— A vossa franqueza é refrescante — disse ela, sentindo o sangue a pulsar-lhe como chumbo incandescente no peito. Sentiu também uma pontada de medo, mas ignorou-a. — E já deveis saber, claro, que, quando gosto de um homem, recompenso-o.

— Já tinha ouvido dizer.

— E que tendes a dizer sobre isso?

— Recompensai a minha missão, Majestade, e não a mim.

— Por que não a vós? — A resposta dele confundiu-a e não gostou da sensação; ficou imediatamente em guarda.

— Concedei-me a liberdade de gostar de vós em troca. Pode ser essa a minha recompensa.

— Não estou a compreender. — Afastou-se dele com os olhos turvos e uma expressão austera no rosto.

— Desde que Vossa Majestade continue a ser uma benfeitora, não posso deixar de ser um pedinte — disse ele. — Não vim aqui para obter ganhos pessoais.

— Não sei a que vos referis.

— Creio que deve ser difícil para uma rainha tão grandiosa conhecer o simples prazer de gostarem dela pela pessoa que é.

Isabel ficou chocada com aquelas palavras. Raleigh aproximara-se incomodamente da verdade, e os desconfortos, por mais pequenos que fossem, não eram algo que ela alguma vez viesse a tolerar bem. De facto, geralmente fazia questão de não os tolerar em absoluto. Como se atrevia ele a chamar-lhe a atenção para as dificuldades da sua situação? Era uma liberdade que não deveria ter-se permitido.

Raleigh deveria ter-se ajoelhado para lhe agradecer. Isabel poderia voltar para o palácio e encontrar num instante uma centena de homens que suplicariam para poder estar na posição dele e que nunca ousariam referir-se à sua vulnerabilidade mais íntima. Todavia, desconfiava que nenhum deles tinha os meios — ou a aptidão — para descobrir isso. E foi esse pensamento, mais que qualquer outro, que a perturbou e a apavorou.

— Agora haveis-vos tornado enfadonho — disse ela. Afastou-se e deu um pontapé num tufo de cravos roxos enquanto caminhava. Assim que ficou fora do campo de visão dele, começou a correr, com lágrimas quentes escorrendo-lhe pelo rosto. Correu até ficar sem fôlego e sentou-se num banco de pedra. Precisava de ser mais cuidadosa com aquele homem. Seria perigoso deixá-lo aproximar--se mais do seu coração.

Whitehall estava mais silencioso nessa noite do que Bess esperara. E mais escuro também. Contudo, não saberia explicar por que tivera tanta fé nas suas expectativas. Nunca andara sozinha pelos corredores do palácio a meio da noite e nunca se tinha aventurado assim numa missão clandestina. Levava os sapatos na mão, pois sabia que os tacões soariam assustadoramente alto no chão de pedra, e avançou em silêncio pelos corredores, mantendo--se junto das paredes.

Parecia-lhe ser o método mais seguro, mas, quando pensava nisso, não conseguiria ocultar-se se aparecesse algum guarda ou outra pessoa. Ouviu um ruído pouco depois de sair dos seus aposentos — talvez madeira a ranger, ou uma maçaneta a rodar, ou o roçagar de saias — e parou de imediato, receosa de que a encontrassem ali. Ocultou o rosto debaixo do capuz da capa e avançou encostada à parede, sentindo-se um pouco menos visível. Fosse racional ou não, decidiu que as paredes eram a sua melhor protecção.

Não surgiu ninguém para a confrontar. Continuou, assombrada pela inquietante sensação de que alguém a observava. Calçou os sapatos assim que saiu para o exterior e depois de abandonar os terrenos do palácio entrou num mundo que lhe era completamente desconhecido. Não podia arriscar-se a levar uma das barcas reais; alguém poderia vê-la e teria de subornar o barqueiro. Quem a esperava pensara nisso, claro, e tratara de arranjar um barco, e um remador anónimo que nunca saberia que ela viera de Whitehall, para o esperar numa doca ali perto.

O remador não falou com ela durante a curta viagem. Quando pararam, Bess consultou o bilhete que tinha na mão antes de se aventurar pelas ruas escuras, cheias de mendigos cujos corpos adormecidos eram obstáculos no seu caminho. Quem a esperava prometera-lhe que não lhe aconteceria nada de mal, que aquelas vizinhanças não eram tão perigosas como pareciam e que os seus companheiros estariam a vigiar das sombras, prontos para intervir se alguém a incomodasse.

Se parasse para pensar bem no que estava a fazer, o terror tê-la-ia paralisado. Em vez disso, imaginou que Raleigh estava ali ao seu lado. Primeiro imaginou que ambos tinham tropeçado um no outro ao sair de Whitehall. Uma agradável coincidência. Depois, sentindo-se mais ousada, imaginou que ele a seguira deliberadamente. Conseguiu assim alhear-se dos horrores da escuridão, enquanto inventava as palavras da conversa que teriam tido caso estivessem juntos. Talvez ele fizesse algum comentário sobre as estrelas, talvez ela lhe perguntasse sobre a poesia que ele escrevia. Fosse qual fosse o tópico, não duvidava de que a conversa teria sido agradável, amena, perfeitamente satisfatória. Uma sensação de doce conforto percorreu-lhe o corpo.

E depois deu por si a perguntar-se se ele alguma vez pensaria nela. Tentou suprimir esse pensamento, mas era demasiado tarde. Era uma pergunta fútil e sentiu de repente o coração afundar-se. Raleigh era o favorito da rainha e ninguém na corte duvidava de que esse sentimento era mútuo. Raleigh adorava Isabel. Como podia não a adorar? A rainha era tudo — beleza e poder — e poderia satisfazer todos os desejos dele. Bess não tinha nada para oferecer a não ser a sua própria pessoa.

Aqueles pensamentos dolorosos dilaceraram-na e ficou enfurecida consigo mesma por desejar Raleigh e por deixar a realidade arruinar-lhe a fantasia. Imaginou os olhos dele e fê-los sorrir-lhe, enquanto ele se virava para dizer... dizer o quê? A fantasia já não resultava. Já não conseguia imaginar as respostas hipotéticas dele e as ruas pareceram-lhe mais sombrias e inseguras.

Os seus pensamentos tornaram-se tão desolados como as vielas ventosas e começou a pensar no homem que lhe pedira para se encontrar com ele, o seu primo Francis Throckmorton. Tinham brincado juntos amiúde quando eram crianças, mas à medida que cresceram, começaram a ver-se cada vez menos.

Francis nunca conseguira alcançar uma posição na corte. Depois de ter saído de Oxford havia três anos, instalara-se na propriedade do pai na tranquilidade do campo. Agora dizia que precisava dela e fizera-a sair a meio da noite — um mau sinal — mas a lealdade familiar impedira-a de recusar. Quando chegou à morada indicada, voltou a ler o bilhete para se certificar de que estava no lugar certo antes de bater à porta de madeira gasta.

— Bess! Deus vos abençoe — disse Francis ao abrir-lhe a porta. Entraram numa sala mobilada modestamente, longe dos padrões que ele ou Bess teriam esperado enquanto cresciam.

— Que fazeis aqui, Francis? Tendes de ser mais cuidadoso. — Mostrou-lhe o bilhete. — E se isto tivesse caído nas mãos erradas? — Queimou o papel na chama de uma vela e deixou cair os restos carbonizados ao sentir o calor nos dedos.

— Não posso mandar um bilhete à minha própria prima?

— O vosso pai é um papista bem conhecido...

— Não passa de um idoso!

— ...e um dos defensores de Maria Stuart...

— O meu pai, sim, não eu. — Tinha razão, mas qualquer ligação a Maria, por mais ténue que fosse, era perigosa. E Bess sabia muito bem que ele era um fervoroso católico, apesar de o primo ter o cuidado de ocultar esse facto. — Ouvi, Bess. Sei que a Inglaterra mudou. A velha fé desapareceu e não vai voltar. Se quero um futuro para mim, também eu vou ter de mudar. — Olhou para ela com uma súplica nos olhos. — Quero um lugar na corte.

— Nunca confiarão em vós na corte, Francis. Sabeis bem que não.

— Porquê? Todas as pessoas da corte têm um papista na família. Tal como vós.

— A rainha sabe que lhe sou leal. — Ao dizer isto, voltou a lembrar-se de Raleigh. Não havia nada de leal nos seus sentimentos por ele, sentimentos aos quais não tinha direito, pois ele pertencia à rainha.

— E se ela descobre que vos encontrastes comigo aqui esta noite?

— É uma ameaça, Francis? — Gotas de suor acumularam-se na sua testa e a preocupação fê-la esticar os lábios. Agira imprudentemente ao ir ali daquela maneira. A rainha confiava nela, mas sabia bem como a opinião régia podia mudar rapidamente e estremeceu ao pensar na ideia de ser expulsa da corte.

— Ajudai-me a conseguir os favores da rainha. Depois já não serei um perigo para vós.

Bess falou numa voz abafada e trémula: — Estais mesmo empenhado em consegui-lo.

— Ajudais-me, então?

— Não sei. Dai-me algum tempo para pensar.

Pela manhã, Bess quase se convencera já a abraçar a ideia de Francis vir para a corte. Podia converter-se, renunciar à fé papista do pai. Conseguia ser um homem charmoso quando queria — talvez a rainha o achasse divertido. Mas mesmo enquanto pensava nisso, havia algo que a perturbava, algo que não a deixava acreditar que o primo estava a ser honesto com ela, que os motivos dele para querer juntar-se à corte não eram verdadeiramente inocentes.

Margaret e várias das outras damas de companhia tinham vindo chamá-la. Todas deveriam acompanhar a rainha, que iria executar na espineta uma nova peça que tinha composto. Enquanto se dirigiam para a sala de música, Bess reconsiderou os possíveis motivos de Francis e a ansiedade voltou a consumi-la. Tinha chegado à corte uma exagerada série de rumores — rumores de conspiração, de homens terríveis apostados em matar a rainha para depois sentar no trono a tal escocesa —, mas de certeza que Francis nunca se envolveria em nada tão dramático. Não era irrealista, porém, pensar que ele pudesse estar à procura de alcançar uma posição que lhe permitisse recolher informações. Seria um espião?

Sorriu perante essa ideia e lembrou-se de que, já quando eram crianças, o primo nunca conseguia esconder-se bem durante uma simples brincadeira. Margaret puxou-lhe pela manga e, ao levantar a cabeça, Bess viu Walsingham parado à sua frente. Todas lhe fizeram uma vénia e, durante todo esse tempo, Bess sentiu que ele a olhava com uma intensidade feroz.

— Não acredito que se tenha dado ao trabalho de nos prestar a mínima atenção — comentou Margaret assim que ele se afastou.

— Nunca foi particularmente sociável — acrescentou Jane, uma das outras damas. — Uma vez falou com todas nós, quando começou a suspeitar de que a Lettice Knollys tinha um caso com o Robert Dudley, mas dificilmente se pode chamar a isso ser sociável. — O caso, e o casamento secreto do par, fora descoberto há seis anos, mas a rainha continuava a recusar-se a receber a Condessa de Leicester.

— Bem, percebe-se por que a rainha ficou tão indisposta — disse Margaret. — Sempre teve uma adoração por ele. E a Lettice Knollys é realmente muito parecida com a rainha: julgo que mandou até fazer perucas especiais parecidas com as dela. Até imita a maneira de caminhar de Isabel. É revoltante. E, aliás, acho que foi mau gosto do Leicester ter escolhido uma esposa tão parecida com a mulher que adora, como é do conhecimento geral.

— Que tolice tentar enganar a rainha — lembrou Jane. — Mas acho que tudo se resolveu no fim. Ouvi dizer que o guarda-roupa da condessa quase rivaliza com o da rainha e que foi tratada como se fosse da realeza quando viviam nos Países Baixos.

Bess ficara de respiração suspensa. — Estou surpreendida por o Walsingham achar que tudo isso era digno da sua atenção.

— Ele intromete-se em tudo, Bess. Não caias no erro de pensar que, lá por não falar connosco, não deixa de reparar no que fazemos. — Jane virou-se novamente para Margaret. — Sabes, eu era muito íntima da Lettice antes de ela se casar...

Bess deixou de as ouvir e voltou a sentir-se consumida de preocupações. Se Walsingham descobrisse que ela tinha saído do palácio a meio da noite, iria contar à rainha. E que aconteceria depois? Estava a suar, o corpete do vestido começou a irritar-lhe a pele e o seu maior desejo era poder desaparecer, passar o dia sozinha, tudo menos ficar à espera que Walsingham viesse confrontá-la.

Tinham chegado à sala de música. Margaret e Jane sentaram-se junto da janela, ainda a trocar coscuvilhices. Bess manteve-se afastada, enquanto observava a rainha e Raleigh, sentados perto um do outro. A rainha estava sentada à frente da espineta com uma expressão encantadora no rosto descontraído. Há anos que não parecia assim tão jovem e Bess soube imediatamente que era por causa dele; sentiu o coração afundar-se ainda mais naquela confusão que ameaçava tornar-se permanente.

— Estou perdoado, então? — perguntou Raleigh. A rainha deixou de olhar para as teclas, cativada pelo sorriso dele.

— Eu não esperaria tanto — disse ela, recomeçando a tocar.

— Não era minha intenção ofender-vos. Pensava que iria agradar-vos saber que não procurei o favor da nossa amizade para conseguir recompensas pessoais.

— Em vez disso, procurais recompensas que vos levarão para longe de mim. E vós... — Calou-se, hesitando em continuar.

— Sim?

— Não preciso de dizer mais nada — concluiu ela. — É um dos privilégios da realeza.

— Receio que as minhas palavras no jardim vos tenham magoado. — Pousou a mão sobre a dela, impedindo-a de continuar a tocar. — Só vos queria dizer que o meu grande desejo é gostar de vós pela pessoa que sois.

— Presumis de mais — disse, sem olhar para ele, começando a sentir uma vez mais o favor inicial que nutria por ele. — Sou uma rainha, essa condição faz parte de mim. Não podeis separar isso do resto.

— Mas o vosso coração pertence-vos, não é verdade?

Isabel olhou para a mão dele sobre a sua e ponderou a resposta. Queria confiar nele, revelar-lhe o seu íntimo, mas era demasiado difícil, demasiado assustador. — Contai-me mais coisas sobre esse vosso Novo Mundo.

Animado, Raleigh ofereceu-lhe um sorriso acompanhado de um pequeno gesto de cabeça. — Sempre sem querer confidenciar nada sobre a vossa pessoa, não é?

— A Virginia, Walter. Quero saber mais. — Recomeçou a tocar, desta vez uma melodia alegre, algo que recordasse Raleigh das danças que tinham partilhado.

— A terra é a mais fértil que já vi, Majestade, e a variedade de peixe que se pode pescar ao largo da costa ultrapassa a imaginação. Não é uma costa como a nossa, não há falésias como as de Dover, apenas uma praia arenosa. Iríeis achá-la verdadeiramente encantadora.

— Tenho a certeza que sim. Talvez devesse visitar essa vossa colónia, assim que estiver convenientemente civilizada. Afinal de contas, sou a regente dessa terra, não é verdade?

— Eu próprio vos levarei lá. Receio, porém, que não fosseis apreciar os confortos a bordo do *Tyger*. Talvez devêsseis considerar a possibilidade de mandar construir algo mais régio.

— Não me provoqueis, Walter — avisou a rainha, voltando a adoptar a informalidade que crescera entre ambos. Perdoara-o já, não conseguia resistir-lhe, nem queria tentar, aliás. — Não há nada que eu gostasse mais de fazer.

— Então por que não o fazeis?

Isabel ofereceu-lhe um sorriso contido e os dedos compridos e esguios pararam sobre as teclas. — Muito bem. Farei isso. — Raleigh pestanejou mas não respondeu; o seu rosto era todo ele uma expressão de surpresa. Isabel riu-se. — Mentiroso! Não me quereis nada a bordo do vosso navio.

Ergueu a cabeça e viu Bess à entrada, afastada de Margaret e Jane, que tinham entrado primeiro. — Levai a Bess se quiserdes — sugeriu, fazendo sinal à rapariga. — A mim não. Gostaríeis de viajar pelo mar, Bess?

Bess sentou-se no banco mais afastado de Raleigh, enquanto este abanava a cabeça. — Receio bem que isso não seja possível. As mulheres dão má sorte a bordo de uma nau.

— A sério? — perguntou Isabel com incredulidade. — E porquê?

— Cem homens fechados num espaço mais pequeno que esta sala, durante meses seguidos. — Raleigh inclinou-se para a frente, com uma centelha de provocação no olhar. — Os homens têm necessidades. Uma mulher bela como a nossa rainha iria deixar-nos todos loucos.

A rainha sorriu e riu-se com prazer. — Os homens têm necessidades? — Olhou Raleigh nos olhos e depois afastou o olhar, enquanto ponderava se queria iniciar um contacto tão íntimo. Voltou a olhar para ele e falou num tom neutro e claro. — Então que permaneçam em terra para poderem satisfazer as suas necessidades.

— A vossa presença torna a estadia em terra mais suportável, mas... — calou-se quando a rainha se virou para Bess, interrompendo-o.

— Aqui o Sr. Raleigh está ansioso por partir para a sua futura colónia, Bess. Temos de o convencer a permanecer cá um pouco mais, não achais?

Bess não respondeu. Limitou-se a oferecer um leve sorriso, de olhos fixos no chão. Isabel soube de imediato por que razão a sua dama favorita estava tão silenciosa. Reconheceu o rubor, a hesitação, a atenção enlevada sempre que Raleigh lhe dirigia a palavra. E quando ele se calava, reparara que Bess se punha a observá-lo fixamente, com um brilho nos olhos que se parecia perigosamente com amor.

A escuridão abateu-se sobre Londres, voltando a silenciar as ruas e as vielas sombrias e expondo aos perigos dos bairros qualquer um que se aventurasse pelo meio das sombras. Francis Throckmorton sabia que os seus amigos velariam para que nada acontecesse a Bess, mas mesmo assim estava preocupado. Bess estava a arriscar demasiado ao vir assim ao encontro dele, e mais perigos correria se concordasse em o ajudar.

Não se sentia bem por estar a enganá-la, por a deixar acreditar que apoiava a rainha e que estava pronto para se fazer passar por protestante. Todavia, as suas hipóteses seriam nulas se tivesse de lhe contar a verdade. Rezou para que fosse perdoado por aquelas mentiras — mentiras inevitáveis, como acreditava do fundo do coração.

E rezou para que os perigos que enfrentava não recaíssem também sobre a prima.

Sabia bem o que o esperava se fosse descoberto: a impiedosa tortura na roda ou na cegonha e depois a morte dos traidores. Mas como podia um homem resistir à vontade de Deus? E se conseguisse resistir, o castigo que o esperava no além não seria infinitamente pior que tudo o que poderiam fazer-lhe na terra?

Alguém bateu à porta e o susto repentino arrancou-o daqueles pensamentos. Espreitou pela janela para se certificar de que era ela. Viu o capuz e o cabelo loiro por baixo e abriu o ferrolho da porta, aliviado por ela ter aceitado aquele novo encontro.

— Bess?

Mas não era a prima. Não tinha reconhecido a mulher, a qual continuara de cabeça coberta e começara a afastar-se até desaparecer na noite. Nem teve tempo de a chamar, pois dois homens irromperam pela porta e agarraram-no com força. Esbracejou e esperneou para tentar soltar-se, mas em vão; a luta terminou assim que o imobilizaram com uma violenta pancada na cabeça. Quase sorriu enquanto perdia os sentidos. Estava prestes a enfrentar todos os horrores que se poderia sofrer na terra e só esperava estar certo: que fossem insignificantes em comparação com a infindável agonia depois da morte.

CAPÍTULO SETE

Guilherme, o Conquistador, tinha construído o palácio em Windsor como uma fortaleza, repleta de pátios, fossos e torreões, tendo escolhido uma posição facilmente defensável no topo de uma colina sobrejacente ao Tamisa. Quinhentos anos depois, continuava a ser um lugar seguro para os monarcas de Inglaterra, um refúgio onde Isabel regressava com frequência. Desfrutava aí de mais privacidade que em Londres, de mais espaço e mais oportunidades de recreação. Os terrenos palacianos compreendiam um parque enorme, uma extensão de milhares de acres de terra para a caça ao veado, onde Isabel adorava passear montada a cavalo, quando ansiava pela liberdade de sentir o vento nos cabelos, envolta no estrépito dos cascos velozes.

Dois cavalos de crinas esvoaçantes corriam pelos terrenos arborizados do palácio. Os cavaleiros, de rostos reluzentes, riam-se enquanto se abandonavam à velocidade estonteante do momento. Isabel esporeou o corcel quando o seu adversário a ultrapassou — primeiro por uma cabeça... ainda o podia apanhar... logo por um comprimento... a sua hipótese diminuía... até que Isabel acabou por o alcançar depois de ele parar.

— Ganhei! — gritou Raleigh.

Isabel, sem fôlego, abanou a cabeça. — O vosso cavalo é mais resistente.

— O vosso traz uma carga mais leve. — Desmontou e estendeu a mão para a ajudar a desmontar.

— E uma cavaleira melhor. — Passou-lhe as rédeas e Raleigh prendeu ambas as montadas a uma árvore. — Só ganhastes por causa do cavalo.

— Não posso concordar — disse ele.

Isabel começou a caminhar à frente dele enquanto contemplava as enormes extensões de terra à sua volta. A paisagem não era particularmente impressionante, mas era um cenário bucólico e pastoral.

— Sim, lembro-me bem deste lugar. — Tinham cavalgado por uma comprida vereda afastada dos relvados cuidadosamente aparados e o castelo quase ficara reduzido a um pontinho no horizonte atrás deles. Depois tinham seguido sem rumo certo, subindo e descendo colinas e atravessando bosques até um lago num vasto prado, parando finalmente junto de ruínas antigas reduzidas a um amontoado de rochas gastas. — Costumava vir aqui quando era criança.

A infância, embora complicada, tinha sido uma época razoavelmente feliz. Adorava o pai, apesar de ele ter executado a mãe, Ana Bolena, quando Isabel tinha apenas dois anos e meio. Não se lembrava disso, claro, mas quando essas histórias macabras lhe assombravam os sonhos a meio da noite, quando o luar tentava infiltrar-se através das cortinas da cama, acordava de repente, incapaz de respirar.

Raleigh olhava-a fixamente. Isabel não pintara os lábios de vermelhão nessa manhã e agora pareciam pétalas pálidas e macias. Todos os sinais de altiva realeza lhe tinham abandonado o rosto.

— O que vos levou para tão longe de mim? — perguntou ele. — Vejo que perdi a vossa atenção.

— Estava a pensar na minha mãe. E no meu pai. Lembro-me de ter feito um livro para ele quando era uma rapariguinha. Um livro cheio de orações que eu própria traduzi e escrevi com a minha melhor caligrafia. E fiz um bordado na capa.

— Ele gostou?

Isabel virou-se para ele de olhos semicerrados. — Claro que gostou. Era meu pai. E a minha caligrafia é espectacular.

— Já vi os vossos bordados.

— Ai sim?

— Faço questão de admirar os vossos talentos.

— A sério? — admirou-se ela, grata pela atenção.

— Mas com certeza. Além dos bordados, apreciei também os vossos talentos para a dança e para a música e reparei que sois uma linguista habilidosa. Mas ainda não vi a vossa caligrafia. Talvez devêsseis enviar-me uma carta.

— Talvez o faça, mas só se me escreverdes primeiro.

— Já o fiz. Não vistes o meu verso?

— Que verso?

— Gravei-o no vidro de uma janela nos vossos aposentos em Whitehall. Tereis de o procurar.

— Que diz o verso?

Raleigh sorriu. — Tereis de o procurar.

— Numa janela? E gravaste-lo como?

Raleigh tirou um anel do dedo e passou-lho para a mão. — Um diamante. Consegue cortar vidro, como sabeis, embora não muito bem. Ainda não é um método muito eficiente.

— Vou descobrir esse vosso verso, Walter. — Olhou para os lábios dele e pensou como seria beijá-los. De repente ocorreu-lhe que podia, *de facto*, beijá-los. Estavam ali sozinhos. Quase se convencera a inclinar-se apenas o suficiente para lhe dar a entender o que queria, mas ele sorriu e Isabel voltou a controlar-se. — Por que sorrides?

— Porque vós sorrides também.

— Estava a pensar como é raro poder estar sozinha.

— Mas não estais sozinha. Estou aqui eu.

— Quero dizer, sozinha mesmo... sem ninguém. — Caminhavam agora em direcção às ruínas, tão juntos um do outro que as mãos se tocavam constantemente — Adoro Windsor. É simultaneamente majestoso e prático. Conseguia resistir a um cerco. Não há lugar onde me sinta mais segura e mais afastada do perigo.

— E isso dá-vos a liberdade de serdes uma simples mulher?

— Não sei se alguma vez poderei ser assim. Mesmo que pudesse ver-me dessa maneira. Não me parece que alguém consiga fazer isso. É um esforço inglório.

— Deixaríeis que alguém pudesse ver-vos apenas como mulher? — Olhou-a nos olhos. — Alguma vez o deixastes?

Isabel lembrou-se de Robert, claro, do amor profundo que sentira por ele durante a juventude, um amor que ainda albergava no coração. Tinham partilhado mais que uma simples paixão, mas mesmo assim Robert sempre soubera que ela era — primeiro que tudo — uma rainha. Olhou para Raleigh, para aqueles olhos acolhedores e sorriso cativante. — Conseguiríeis ver-me dessa maneira?

Raleigh hesitou mais do que ela teria gostado. — Sois a minha rainha.

— Mas se não fosse vossa rainha. — Era um erro, era sempre um erro, deixar alguém aproximar-se tanto dela. Semicerrou os olhos com força e teve consciência de como era parecida com o pai enquanto esperava por uma resposta que não chegava. — Pelo sangue de Cristo! Não é preciso pensar tanto.

— É preciso, sim. Estou a tentar imaginar-vos sem serdes rainha. É difícil.

A voz era tão franca que Isabel não resistiu ao seu encanto. Respirou fundo. Reagira demasiado depressa, acreditara demasiado depressa que ele não passava de mais um cortesão calculista. A sua voz suavizou-se. — Gostava de ser, digamos, como a Bess. — Olharam-se nos olhos e tudo se tornou indistinto.

— Oh, muito bem, se fosseis como a Bess, eu... — Calou-se. A tensão entre os dois tornara-se palpável.

Isabel desejou guardar aquele momento para sempre, nunca esquecer o modo como o coração lhe latejava, como o âmago do seu ser tremia deliciosamente. — Tentaríeis, não é verdade?

— Sim, tentaria — admitiu ele numa voz entrecortada.

Agora trataria de o provocar. — Posso não querer que o façais. Só que... talvez sejais mais capaz que a maioria dos homens. Talvez sejais... — Não completou a frase. — Não sei bem. Talvez sejais o quê?

— Aventureiro. Surpreendente. — Ofereceu-lhe um sorriso inequivocamente malicioso. — Talentoso.

Isabel riu-se com um misto de nervosismo e deleite. Deu-lhe a mão e levou-o para um antigo banco de pedra no meio das ruínas. — A única coisa que acho surpreendente é ainda não vos terdes casado.

— Tenho andado no mar. Não se encontram jovens casadoiras no mar. — Recostou-se no banco de pedra. — Sou livre de viver e amar como me aprouver.

— E como vos apraz? — perguntou ela. — Como vos apraz amar, quero eu dizer. Que tipo de mulher conseguiria conquistar o vosso coração?

— Oh, peço os requisitos habituais. Tem de ser bela e inteligente. E se possível rica.

— E dócil e obediente e sem vontade própria? — Deu-lhe uma palmadinha no braço.

— Não. Não quero uma mulher que pareça uma almofada.

— Mas não iríeis gostar que ela se pusesse a dar-vos ordens.

— Não, isso também não. Quero uma amante que goste de mim pelo que sou.

Isabel reflectiu naquelas palavras. — Quereis uma amiga em pé de igualdade. Quereis alguém para partilhar a vossa alegria quando estais feliz. Alguém que chore convosco quando vos sentis triste. Alguém com quem falar quando não há nada para dizer. Alguém que possa estar ao vosso lado quando acordais a meio da noite. Alguém que se lembre de como éreis quando começardes a envelhecer. — Sorriu-lhe. — Vedes? Sei essas coisas todas. Baixou a cabeça e respirou fundo durante alguns momentos. Aquilo era perigoso, aquele sentimento que começava a apoderar-se dela, e não sabia bem se deveria permiti-lo — Pronto. Já descansei o suficiente.

Estendeu mão para ele a ajudar a levantar-se, mas depois não lha largou.

— Que mão quente, Walter — disse, quase não ousando olhar para ele.

— A vossa também. — Um sussurro arquejante.

Isabel olhou-o nos olhos e inclinou-se para ele de lábios abertos, mas depois afastou-se. Raleigh aproximou a mão da face dela mas não lhe tocou. Continuaram em silêncio, flutuando num calor encantador, sem esperar nada um do outro. De momento, teria de ser o suficiente, mas pairava no ar uma promessa inefável de que um dia poderia haver algo mais.

— Devíamos ir — lembrou ela, largando-lhe a mão e afastando-se para que ele não reparasse no coração a latejar-lhe no peito e na música que lhe preenchia a alma. Agarrou nas rédeas do corcel. — Desta vez vou vencer-vos.

Montou primeiro que ele e esporeou o corcel com força. Mas em vão. Raleigh galopou velozmente atrás dela e Isabel adorou quando ele a ultrapassou. Raleigh tratava-a em pé de igualdade e não como sua rainha; em vez de a deixar ganhar, desafiava-a. A excitação que sentia era intoxicante.

*

Bess tinha aceitado juntar-se ao piquenique, embora estivesse mergulhada num estado de espírito muito melancólico. Durante dias sentira-se paralisada sempre que Walsingham passava por ela e ficava sobressaltada sempre que uma mensagem era entregue; receava que fosse de Francis, a pedir-lhe mais coisas, mas já tinha decidido não o ajudar mais. Tinha de encontrar uma solução melhor para lidar com as suas emoções.

Ouviu o estrépito de cascos sobre as ervas e viu dois cavalos a galopar a uma velocidade vertiginosa. Os cavaleiros abrandaram quando se aproximaram dos cortesãos sentados à sombra de uma árvore enorme. Assim que se tornou óbvio que um dos cavaleiros era a rainha, todos aqueles que rodeavam Bess se levantaram de imediato. Um cortesão correu para junto de Isabel para lhe guardar o corcel. Raleigh, o cavaleiro que a acompanhava, não se juntou aos outros cortesãos e manteve-se afastado do animado coro de conversas e coscuvilhices que competiam pela atenção da rainha.

Bess não resistiu a olhar para ele. Viu o rosto corado do exercício, o cabelo em desalinho e os olhos de um verde mais brilhante que as folhas das árvores. Olhou para a rainha, cuja pele reluzia como não se lembrava de a ver e sentiu uma pontada de ciúmes desesperados, embora não tivesse direito de reagir assim. Raleigh não era dela, nunca seria. As damas de companhia precisavam da permissão de Isabel para serem cortejadas e a rainha não deixaria a sua dama preferida cortejar alguém que não fosse a sua régia pessoa. Bess teria de se contentar com olhares furtivos e desejos agridoces; só encontrava a felicidade quando dormia e, mesmo assim, só quando ele lhe aparecia em sonhos.

Calley estava encostado a uma árvore, afastado do grupo. Raleigh aproximou-se dele com um sorriso. — Não vos divertem as frivolidades de um piquenique da corte?

— Não sei por que vim. Não sou nenhum cortesão. — Exalou uma baforada de cachimbo. — Mas a vossa amiga Bess tem sido incrivelmente gentil comigo.

— A Bess?

— Está caidinha por vós, é o que parece.

— É uma bela rapariga — disse Raleigh.

— Doce, também.

— Lá isso é.

— Que pena andardes a desperdiçar o vosso tempo com a rainha — comentou Calley.

— Não ando a desperdiçar o meu tempo.

— Andais, sim, se pensais que isso vos vai levar a algum lado. Ela não vai casar convosco.

— Quem disse que quero casar com ela?

— Bem... — Calley bateu com os dedos no cachimbo. — Haveis dito que vínheis aqui para conseguir uma autorização. Só que isso parece que deixou de ser uma prioridade. Não estou a queixar-me, atenção. Nem os rapazes, aliás. Estamos todos felizes por poder passar algum tempo em casa.

— Vereis como consigo a autorização.

— Claro que sim. Mas que pretendeis realmente dela? — perguntou Calley. — Não estaremos a ficar demasiado moles, Senhor?

O Castelo de Windsor era uma fortaleza sólida, mas o interior estava equipado com todos os luxos. Tapeçarias de seda bordada a fio de ouro pendiam das paredes, bem como pinturas, muitas delas retratos que Holbein fizera da família real. Requintada mobília de castanheiro enchia as salas: mesas com embutidos de madrepérola ou encimadas por mármore vermelho, pesadas cadeiras de espaldar alto, com assentos de veludo. Na câmara de dormir da rainha havia uma enorme cama de dossel de postes graciosamente esculpidos e cortinados com cenas da mitologia clássica.

Isabel e Raleigh tinham cavalgado durante horas e a rainha tinha-se recolhido aos seus aposentos privados para descansar os músculos doridos que lhe exigiam um banho. O vapor cobriu os espelhos venezianos que rodeavam a banheira quando ela submergiu o corpo na água quente e se abandonou aos cuidados das suas damas. Manteve-se de olhos fechados durante alguns momentos enquanto revia os pormenores dessa tarde maravilhosa e recordava cada uma das expressões e palavras de Raleigh.

Pensou na acusação anterior dele — de facto, sentira-o como uma acusação —, de que não a apreciavam pela pessoa que ela era. Robert, o amor dos seus olhos, tinha-a apreciado. Tinha a certeza disso. Amara-a antes de ela ser rainha. Porém, não podia negar que ele queria ser rei. Escorreu-lhe água pelo pescoço e sentiu um agradável formigueiro no peito e nos braços. Se não fosse rainha, teria casado com ele, mas teria sido uma coisa impensável; a monarquia estava-lhe demasiado entranhada nas profundezas do ser para poder ignorá-la ou esquecê-la. A pergunta que fizera a Raleigh era impossível.

Bess segurava-lhe o cabelo fora da água e começara a acariciá-lo gentilmente. Isabel abriu os olhos e deparou com o rosto de Bess no espelho. A rapariga parou de lhe afagar o cabelo, com a confusão estampada no rosto.

— Não, continuai— disse Isabel. — É tão bom. Em que pensais, Bess? Achais que nunca conheci o simples prazer de gostarem de mim pela pessoa que sou?

— Não vos sei dizer, minha Senhora — respondeu Bess, continuando a acariciá-la levemente.

— É possível gostar de alguém só pela pessoa que se é? Já sentistes isso? — perguntou, continuando a olhar para ela através do espelho e concluindo que também Bess era detentora das qualidades capazes de colorir as opiniões dos homens. — Não me parece. Os homens gostam de vós porque sois bonita. E porque sois confidente da rainha.

— Sem dúvida, minha Senhora. — Houve na voz de Bess uma tonalidade que Isabel não apreciou. A resposta foi demasiado contundente, demasiado rápida, e sentiu uns ciúmes inquietantes, enquanto se perguntava se Bess estaria em posição de experienciar algo que ela não podia. E enquanto aquela sensação desagradável a perturbava ainda mais, pensou em todas as vezes em que se apercebera do afecto da jovem por Raleigh.

— Até ele — disse Isabel. — Gosta de vós porque quer os meus favores. Tendes consciência disso, não tendes?

— Sim, minha Senhora. — A voz tremeu-lhe e o ritmo da mão que acariciava o cabelo da rainha tornou-se irregular.

— E também quer a outra coisa, claro — disse Isabel. — Mas isso todos os homens querem. Os desejos dos homens não fazem distinções. — Bess não disse nada e Isabel estendeu as pernas, voltando a tapar os joelhos com a água. Não fora intenção dela ser tão áspera com a jovem. — Invejo-vos, Bess. Sois livre de ter aquilo que eu não posso ter. Sois a minha aventureira. Não tenhais medo. Acaba tudo num instante.

Nem ela própria sabia bem o que estava a pretender dizer. Nunca entregaria o seu Walter a Bess, nunca por completo. Mas que mal faria deixá-los brincar, desde que pudesse vigiá-los? Não passaria de um inofensivo namoro e assim teria Raleigh sempre por perto. Desejar Raleigh para si própria só lhe traria complicações. Adorava-o, mas que podia esperar dele, quando só podia oferecer-lhe uma parte de si? Deixou-se afundar na banheira até a água lhe chegar ao queixo e perguntou-se como seria sentir as mãos dele no corpo. Fechou os olhos. Era fácil perder o controlo ao permitir-se aqueles pensamentos, mas de momento estava disposta a abandonar-se completamente.

Em Londres, um homem deu uma dentada num pastel de carne já frio e desejou que a carne de borrego não fosse tão dura, enquanto pensava nos seus planos para essa noite, sem prestar a mínima atenção ao vulto agachado e seminu que tremia descontroladamente em cima de um banco manchado de sangue. Não precisava de lhe prestar atenção, e muito menos vigiá-lo ou manietá-lo. O homem tinha o corpo tão quebrado que não conseguia protestar nem resistir ou pensar sequer numa maneira de escapar. O torturador continuou a comer sem distracções até Francis Walsingham entrar e se aproximar do prisioneiro.

— Ainda não tendes nada para me dizer, Sr. Throckmorton? — Walsingham nunca iria acostumar-se ao cheiro que o rodeava naquela sala, um cheiro a desespero e medo: excrementos misturados com sangue e podridão. A tortura era uma coisa necessária, uma coisa à qual não podia opor-se, mas aceitar esse facto não era o mesmo que defendê-la.

Francis Throckmorton tentou levantar a cabeça. — A minha alma em breve será livre. — A sala ficava num subterrâneo mal iluminado, mas a escuridão não era suficiente para esconder as manchas de sangue fresco e suor espalhadas pela roda.

— Gostastes dos tempos que passastes na solitária? — perguntou Walsingham. A famigerada cela era minúscula, pouco mais de um metro e meio quadrados, impedindo assim o ocupante de levantar-se ou sentar-se. Throckmorton ficara aí encarcerado durante dias antes de o terem amarrado à roda. — Estou a par da Missão e agora preciso de nomes. Mas se não quiserdes ajudar-me, talvez o vosso pai o faça. — Fez sinal ao torturador e este desapareceu numa sala contígua. — Foi interrogado, tal como vós. Preciso de saber nomes.

A lei inglesa não permitia a tortura. Mas aquilo que acontecia nas entranhas da Torre não era estritamente ilegal. Era conduzido por agentes reais aos quais fora concedida imunidade real e, embora não recorressem amiúde a esses métodos, a sua frequência aumentara face às divisões entre protestantes e católicos, independentemente da facção no poder. O fervor religioso conduzia por vezes os homens ao mais fundo da sua barbaridade.

O torturador voltou a entrar, arrastando, com a ajuda de um guarda, o corpo quebrado mas ainda vivo de um homem idoso cujas articulações tinham sido esticadas para lá do ponto de luxação.

— Não! — gritou Francis quando o pai levantou a cabeça com os olhos vazios de tanto sofrimento. — Parai! Quereis um nome, eu dou-vos um nome.

— Estou à espera. — Walsingham aproximou-se mais. Throckmorton engasgou-se com a saliva e o sangue que lhe sufocavam a garganta, mas conseguiu dar ao espião-mor a informação que este tanto queria saber. Walsingham não deu sinal da mínima reacção, mas o choque era bem visível no rosto do torturador.

Do outro lado de Londres, na Sala do Conselho, a papelada quase ocultava a alta secretária de madeira de castanheiro atrás da qual estava sentada a impaciente rainha, envergando um impressionante vestido de púrpura régia. Isabel suspirou. Não parava de olhar para o tecto com tédio e de vez em quando passava a mão pelas têmporas ou pela superfície de madeira lisa, mas, por mais que ansiasse terminar rapidamente aquela tarefa, precisava de examinar com atenção o documento que Sir Christopher Hatton pusera à sua frente, insensível ao facto de ela querer dar o trabalho por terminado. Raleigh, o seu queridoWalter, esperava-a e Isabel estava a gastar muita energia para não deixar esse pensamento consumi-la.

— Sim, sim. — Outro suspiro enquanto lia o documento. — É preciso arranjar os fundos necessários. — Assim que assinou o papel, Hatton substituiu-o imediatamente por outro.

— De Maria Stuart, Majestade. Pede para vos ver.

— Outra vez? — Leu a carta, pensando em voz alta enquanto lia rapidamente. — Dizem que todos os homens que a vêem ficam logo apaixonados por ela. Qual será o segredo do seu charme, Pestanas?

— A falta de uma ocupação útil? — sugeriu Hatton, arrancando um sorriso à rainha.

— Então a futilidade é um atractivo?

— Para mim não. Sabeis muito bem que prefiro uma dama com a mais séria vocação. — Ambos sorriram. Isabel estava-lhe grata pelas recordações da altura em que ele a cortejara. Mais grata viria a ficar, porém, pela amizade que viria a desenvolver-se depois. Continuaram muito íntimos e Hatton nunca se tinha casado. Isabel encarava isso como sinal da sua dedicação e fazia questão de o recompensar.

Devolveu-lhe a carta. — Recusado. — Hatton tentou colocar-lhe outro documento à frente, mas Isabel pousou a pena e ergueu a mão. — Basta.

Avassalada pela excitante expectativa do novo amor que sentia, teve de fazer um esforço para caminhar lentamente e manter a dignidade. Não era fácil; não queria atrasar o encontro com Raleigh mais que o necessário. Quando saiu da Sala do Conselho para o átrio, abrandou as passadas para recobrar o fôlego e caminhou depois com toda a dignidade real. Quando lhe abriram as portas da biblioteca, Isabel era a imagem deliberada da serenidade.

— Sr. Raleigh, fiz-vos esperar — disse ela. O rubor nas faces contrastava com o resto da sua aparência calma.

— De momento, nenhum outro assunto me ocupa a não ser servir-vos.

— Estive ocupada com vários assuntos. Mas também estive à espera. Tornais as coisas difíceis.

Raleigh aproximou-se mais dela e falou baixinho, num tom íntimo. — Haveis encontrado o meu verso.

— Sim. *Gratamente subiria, receio cair, porém.* E vistes a minha resposta? — perguntou ela.

— Evidentemente. *Se o coração vos falha, não subi, pois.* Muito sugestivo. — Sorriu-lhe, e Isabel apreciou a admiração que viu nos olhos dele.

— Tínheis razão acerca dos diamantes. Horrivelmente lentos.

— Bem vos avisei.

— Pois foi.

— Majestade. — Walsingham interrompeu-os com uma profunda vénia.

— Sim? — Isabel virou-se para ele de lábios retesados e irritada.

— O traidor acabou por falar, Majestade. O traidor Throckmorton.

— Desculpai-me, Walter — pediu Isabel, olhando-o nos olhos. — Como vedes, o meu tempo não me pertence.

— Lamento imenso — disse ele.

Isabel avançou directamente para Walsingham e, embora mal conseguisse ouvir as palavras que ele lhe murmurou, o seu rosto enfureceu-se. — Não podemos... — começou por dizer, mas ele interrompeu-a prontamente.

— Eu sei.

— Majestade? — disse Raleigh.

— Tenho de ir — declarou ela, preparando-se para sair com Walsingham, mas parou e virou-se para Raleigh, agarrando-lhe na mão — Perdoai-me. Podeis esperar até eu voltar?

— Não há nada que possa recusar-vos — asseverou ele.

Na Torre, o torturador, acabado o seu serviço, estava parado junto à entrada e preparava-se para esvaziar a bexiga. Ouviu passos enquanto desapertava as calças, mas não estava em posição de se virar para ver quem era. — Harry? — perguntou, julgando que era o amigo. — Nem vais acreditar no que ouvi...

Praticamente nem sentiu o punhal na garganta. Um golpe rápido e ágil e tombou contra a parede. O agente de Walsingham esperou um segundo para se certificar de que estava morto. O sangue começou a escorrer, misturando-se com a urina no chão de pedra.

CAPÍTULO OITO

Depois de Francis Throckmorton ter falado, a atmosfera no palácio mudou por completo. Havia guardas em alerta máximo e archeiros nos corredores com as bestas prontas. Os jardins estavam vazios e os cortesãos mantinham-se no interior, observando todas as pessoas com atenção. Ninguém sabia ao certo o que estava a acontecer, mas em cada canto e recanto ouviam-se rumores sussurrados de traição e ameaças do estrangeiro, conspirações e insídias.

Isabel estava a conferenciar com os seus conselheiros. A agitação que sentia impedia-a de permanecer sentada e não parava de deambular em redor da mesa. — E haveis descoberto isso tudo quando lhe revistastes a casa? — perguntou.

— Foram encontrados papéis, Majestade — disse Walsingham. — Com os nomes de portos a serem atacados em primeiro lugar por uma invasão espanhola: a Missão de Inglaterra, como lhe chamam. Havia também uma lista de simpatizantes católicos que juraram o seu apoio.

— E que medidas foram tomadas?

— Prendemo-los a todos — informou Hatton. — Estão agora a ser interrogados.

— Uma coisa é clara. Maria Stuart é o centro desta conspiração. Sem ela, os católicos não teriam um ponto de convergência. É ela quem mais tem a ganhar com esta conspiração. É ela a responsável por esta situação. — O tom de Walsingham era sério.

— Não há provas de que sabia destes planos, e muito menos de que tomou parte neles — disse Isabel. — Não a mandarei prender sem provas. — Reparou que Walsingham e Hatton trocaram um olhar em privado. Burghley e Howard continuaram sentados em silêncio.

— Podemos confirmar que os espanhóis estão envolvidos, e sabeis que Filipe colocaria Maria no trono se pudesse — disse Walsingham. — Não podeis deixar que ela...

— Da Espanha encarrego-me eu — declarou Isabel, avançando para a porta antes que alguém falasse. O requintado vestido preto, bordado a fio de ouro e coberto de laços, esvoaçou atrás dela enquanto saía da Sala do Conselho para a Sala de Recepção. Os conselheiros apressaram-se a segui-la. Não se sentou no trono. Em vez disso, dirigiu-se directamente ao embaixador espanhol.

— Que sabeis acerca da Missão de Inglaterra, Embaixador?

— A Missão? — Don Guerau era um diplomata experiente e Isabel esperava que ele mentisse com facilidade. Falou com um à-vontade amigável. — Não estou a compreender, Majestade...

— É um plano para a invasão do meu país — disse ela. — Dois exércitos que vão desembarcar nas costas do Sussex e...

— Norfolk. — Walsingham terminou a fase por ela.

— E Norfolk — continuou a rainha, mantendo a voz calma e autoritária, apesar da raiva que sentia. — Pretendeis libertar Maria Stuart e colocá-la no trono de Inglaterra. E assassinar-me. Nada disto vos soa familiar?

— Desconheço quaisquer planos de invasão — disse Don Guerau. — Temo que os vossos conselheiros tenham sido induzidos a acreditar em disparates.

— Talvez julgueis que é sensato fingir ignorância, Senhor, e lamento que a vossa débil mente não consiga pensar em mais nada — disse ela.

— Ninguém está a planear qualquer invasão — insistiu ele.

— Chamei a esse plano a Missão de Inglaterra. Mas talvez fosse melhor chamar-lhe *la Empresa di Inglaterra*, já que se trata de um plano espanhol. Um plano para atacar o meu país, o plano do vosso rei, outrora meu cunhado, um homem que recorreu a esquemas para tentar casar comigo depois da morte da minha irmã.

— Atacar? — repetiu o embaixador. Estava irado; Isabel viu-o nas faces coradas, no modo apressado como cuspia as palavras. — É o meu país que está a ser atacado! Os vossos piratas atacam as nossas naus mercantes todos os dias. Credes que não sabemos donde vêm essas ordens? O mundo inteiro sabe que os piratas navegam pelo Tamisa acima até à cama real.

Furiosa, Isabel reagiu agressivamente, de olhos semicerrados, lábios firmes e os ombros direitos. Ninguém se atreveria a dizer uma coisa daquelas na presença do seu pai, nem perante nenhum rei. E no entanto, ela, uma mulher, podia ser humilhada à frente da sua corte por se atrever a dar o coração a um homem?

— Saí da minha presença, Senhor! Voltai para Espanha. — Avançou para ele e ergueu a mão como se fosse esbofeteá-lo. — Dizei a Filipe que não tenho medo dele, nem dos seus padres, nem dos seus exércitos. Dizei-lhe que se quer levantar o punho contra nós, estamos prontos para lho morder com tal violência que vai desejar ter escondido as mãos nos bolsos.

Don Guerau endireitou as costas, cheio de orgulho e desdém. — Vedes uma folha tombar e julgais saber para que lado o vento sopra. Mas vem aí uma ventania que vos varrerá o orgulho para longe, Senhora. — Fez uma vénia e saiu, mas as furiosas palavras da rainha perseguiram-no.

— Também eu posso comandar o vento, Senhor! — gritou ela. — O furacão que há dentro de mim deixará a Espanha arrasada se vos atreverdes a desafiar-me! — Tremendo de raiva, Isabel virou-se e deparou com Raleigh, cuja testa vincada e lábios retesados a irritaram ainda mais. Era como se ele estivesse prestes a repreendê-la.

— Estais a olhar para onde? Baixai os olhos. Sou a rainha. — Passou por ele altivamente, sem se dignar olhá-lo. Não era sua intenção magoá-lo, mas tinha de se mostrar forte agora para não parecer estar sob a mínima influência dele. Os homens eram demasiado falíveis, demasiado fracos. Censurou-se por ter andado a namoriscar quando deveria ter prestado mais atenção à Espanha. Não podia permitir que essas distracções a fizessem negligenciar o amante que nunca a desiludiria: a Inglaterra.

Raleigh viu-a partir. A dor que lhe dilacerava o peito disparou pelas veias. Adorava-a, mas o temperamento dela, a sua natureza imprevisível, aquela necessidade de controlo absoluto sem crítica, perturbavam-no. A sua magnífica colónia continuaria a não passar de um sonho se permanecesse na corte. Abandonaria esse sonho de boa vontade, se ela se lhe oferecesse em troca e juntos poderiam procurar novos sonhos. Sabia, porém, que ela nunca consideraria essa hipótese, por um único momento que fosse. Olhou para o tecto e ponderou as suas opções, fingindo que dispunha de opções. Já sabia o que tinha a fazer.

Em Espanha, a mágoa de Filipe pela perda das florestas começou a dissipar-se enquanto respirava o ar límpido que cheirava a madeira acabada de cortar. Via enormes pilhas de troncos para onde quer que olhasse e o barulho de serras e martelos, em vez de uma cacofonia, soava como um harmonioso coro de anjos a anunciar a construção dos esqueletos de naus enormes. Assim que as naus estivessem concluídas, a sua frota — a maior alguma vez construída, com cento e trinta embarcações — estaria pronta para a sua divina missão, a sua cruzada.

Todavia, nem todas as notícias eram boas. O herético Walsingham, o astuto e cauteloso espião-mor de Isabel, fizera uma descoberta muito incriminatória e o ministro de Filipe, de rosto transformado numa máscara de austeridade, baixou a cabeça perante o rei enquanto o informava do que acontecera a Throckmorton.

— Não se pode negar que perdemos a vantagem do elemento surpresa. Grande parte dos nossos planos é agora do conhecimento deles.

— O jesuíta ainda continua em liberdade? — perguntou o rei. A brisa trouxe-lhe o cheiro intenso do mar, um cheiro que se misturou com o da madeira.

— Cremos que sim, Majestade.

Filipe tinha uma fé absoluta em Reston, cuja devoção à obra de Deus igualava a sua. — Ele sabe o que faz. Ainda nada está perdido.

— Claro, Majestade — concordou o ministro, acompanhando o ritmo das passadas do rei.

— Reston compreende o que está em jogo e sabe bem como o seu trabalho é crucial. Tudo isto que estamos a fazer é ao serviço de Deus. Temos de derrotar os ingleses e trazer o povo de volta à Igreja. Não é meu desejo ser governante de hereges.

Filipe continuou a caminhar enquanto inspeccionava os progressos dos seus construtores navais. Quando o monarca se aproximou, os trabalhadores pousaram as ferramentas e ajoelharam-

-se perante ele. Mas não era obediência que Filipe queria deles.

— Dizei aos carpinteiros para continuarem a trabalhar. Ninguém deve parar por minha causa. A frota tem de estar pronta para navegar daqui a um mês.

O ministro estremeceu. — É impossível, Majestade.

— Se isto é obra de Deus, então Deus fará com que seja possível.

— Só com um milagre...

— Um milagre, então — murmurou Filipe. Deus não abandonaria o seu filho mais sagrado. — Assim seja.

Isabel não parava de andar de um lado para o outro em redor da secretária no seu estúdio privado. Não iria tolerar mais problemas. Não bastava já ter de lidar com os problemas diários do país, ocupar-se das relações diplomáticas e pensar numa solução para a ameaça espanhola? Como podia agora dar também atenção a problemas pessoais?

Recebera a carta de Raleigh há mais de uma hora e ficara perturbada, muito perturbada, depois de a ler. Uma onda de emoções indesejadas consumia-a agora: ciúmes, desilusão, raiva. Mas o pior era a sensação de que deveria ter agido de outra maneira, que deveria ter sido mais cuidadosa a proteger o coração, que fora ela quem permitira que aquilo acontecesse. Por mais que quisesse desprezar Raleigh, não conseguia odiá-lo. Simplesmente não conseguia, porque se tratava de Raleigh.

Não era sua intenção dar-lhe aquilo que ele pretendia, e sabia que teria de fazer algo para atenuar o golpe. Dar-lhe-ia outra coisa. Sentiu uma dor na parte de trás do pescoço e amaldiçoou a gola rígida que a impedia de esfregar o ponto dorido. Tudo se resumia àquilo, a fazer de rainha perante homens que adorava. Queria brindá-los com boas coisas, queria dar-lhes alegria, mas essa generosidade só os fazia esperar mais benesses ainda, até acabarem por decidir que só o estatuto de rei os deixaria felizes. E como Isabel não podia — nem queria — dar-lhes isso, era ela quem ficava de coração destroçado. Quisera manter Raleigh afastado dessas ciladas, mas talvez isso estivesse para lá do alcance de uma rainha.

Continuou a andar de um lado para o outro com a carta na mão, à espera que ele chegasse. Ouviu uma voz no átrio e ficou irritada com os risos das suas damas que competiam pelas atenções dele. Obrigou-

-se a controlar-se. Apresentar-se-ia a Raleigh como uma governante serena. Ocultaria todas as suas emoções privadas, dar-lhe-ia o que decidira e só esperava que o coração não sofresse dilacerações. A porta abriu-se e Raleigh entrou. Isabel mostrou-lhe a carta.

— Pedis-me autorização para partir — disse ela.

Reparou de imediato na irritada frustração dele: era evidente na voz tensa, na postura rígida. — Concedei-me a autorização — pediu ele. — Aqui não há mais nada para mim. No mar sei o que devo fazer, conheço os riscos, que recompensas esperar. Aqui... — Calou-se e baixou os braços.

— Estais muito errado. Sois necessário aqui. Decidi nomear-vos capitão da minha guarda pessoal.

— Capitão da vossa...

Uma estranha sensação apoderou-se dela, uma ténue suspeita de que ele não ficara suficientemente grato. Não queria zangar-se com ele e não lhe deu tempo para falar. — Ajoelhai-vos — ordenou na sua voz mais firme. Raleigh obedeceu mas não olhou para ela, o que a feriu. Isabel pousou a mão no ombro dele. — Levantai-vos, Sir Walter Raleigh.

Raleigh voltou a obedecer-lhe, mas manteve-se de olhos fixos no chão e Isabel não quis continuar a ocultar as suas emoções.

— Por que olhais para o chão? — perguntou numa voz que soava como uma facada. — Qualquer outro homem desataria a gritar alto para que todos ouvissem a novidade. — Raleigh não olhou para ela e virou-lhe costas. Isabel refreou o impulso de o obrigar a voltar-se e esbofeteá-lo. — Agora olhais para a parede. Sou assim tão odiosa que não conseguis olhar-me nos olhos?

Raleigh continuou calado durante um doloroso momento e Isabel só ouvia o ritmo do seu próprio coração acelerado. Por fim, ele virou-se e aproximou-se dela, olhando-a nos olhos. — Por que falais como uma tonta quando sois precisamente o contrário?

— Como uma tonta! — Atirou-lhe as palavras numa voz cheia de veneno. — Por favor, não tendes nada melhor para dizer? — Os seus olhos faiscaram e Raleigh manteve-se calado. Isabel afastou o olhar, temendo perder-se nos olhos dele.

— Certa vez pedi à Bess para me ajudar a conquistar o vosso favor. Ela disse-me: «Prestai-lhe a cortesia da verdade». Assim o fiz.

— A Bess dá bons conselhos — admitiu ela, voltando a olhar para ele. — O meu favor foi conquistado.

— Mas não me haveis prestado a cortesia da verdade.

— O título de cavaleiro não é suficiente? Uma nomeação régia? Que mais favores pretendeis? — Já sabia a resposta. Não valia a pena continuar a ouvi-lo. Virou-se para sair do estúdio.

Todavia, a voz dele assumiu uma intensidade delicada que a fez parar. — Tudo o que é vosso.

— E que me ofereceis em troca? — disse num tom indiferente, mas sentiu voltar-lhe a simpatia que nutria por ele, pequenos sinais de uma esperança que lhe dizia que ele não era como os demais, que a desejava pela pessoa que ela era.

— Tudo o que é meu.

Não a teria aturdido mais se a tivesse esbofeteado. Isabel sentiu o coração bater com força, o corpo percorrido por uma doçura, e estava tão estupefacta que quase não conseguiu falar.

— Meu amigo, perdoai-me — pediu, pegando-lhe na mão. — Sou uma mulher vaidosa e tonta. Na corte tudo são jogos. Gosto de ser admirada. Exijo-o. Habituei-me a isso. Mas é tudo tão pouco. Vós chegastes aqui como se viésseis de outro mundo e eu... — Ofereceu-lhe um sorriso tão carregado de emoção que pareceu tornar-lhe os lábios mais cheios. — Tivestes verdadeiras aventuras, viajastes até aos confins dos mapas. A minha vontade era seguir-vos até esses lugares, se pudesse. Tendes de acreditar em mim.

— Sois a rainha. Podeis fazer o que quiserdes.

— Nunca. Como podeis dizer isso? Este palácio é a minha prisão. Se quisesse escapar... se quisesse fugir para esse lugar onde... onde poderia dar-vos tudo o que é meu e tudo aquilo que sou... — A voz tremeu-lhe de emoção. — Acreditai em mim, não costumo cortar o coração e oferecer dele pedaços. Teríeis tudo o que é meu. Possuiríeis a minha pessoa e a rainha e a Inglaterra inteira.

Uma ternura delicada apoderou-se das palavras dele, enquanto aproximava a mão do rosto dela. — Não quero a rainha. Não quero a Inglaterra.

— Sou as três coisas, uma trindade indivisível.

Amor, admiração e outras emoções avassaladoras apoderaram-se de ambos enquanto continuavam de olhos presos um no outro, ambos desejando que aquele momento durasse para toda a eternidade. Isabel sentiu a alma abrir-se e perguntou-se, por um breve segundo, se deveria abandonar-se a ele, deixá-lo entrar no seu mundo e confiar que ele não a desiludiria. Não, ainda não. Mas talvez viesse a fazê-lo em breve.

— As nuvens de tempestade começam a acumular-se, meu amigo — disse ela, pousando a mão sobre a dele. — Não me abandoneis agora, por favor.

CAPÍTULO NOVE

O calor abrasador do Verão abatia-se sobre Londres e pairava no ar um pesado fedor a podridão, mas nem os cheiros, por mais fortes que fossem, nem o sol, por mais que escaldasse, impediria o povo de assistir enquanto a justiça da rainha era aplicada. Os lugares pagos da bancada improvisada estavam já ocupados e todo o espaço à volta da forca de Tyburn enxameava de pessoas que tinham vindo ver as execuções públicas desse dia. A forca de Tyburn era um famoso patíbulo permanente na zona oeste de Londres, em forma de triângulo e suficientemente grande para enforcar vinte e quatro infelizes almas de uma só vez.

A audiência daquele dia iria ter direito a mais que os enforcamentos habituais. Havia um traidor entre os criminosos. Um traidor que seria enforcado e estripado — mostrar-lhe-iam as entranhas antes de as queimarem — e cujo corpo seria depois esquartejado. Os restos sangrentos seriam exibidos nos lugares principais por toda a cidade, um lembrete não muito agradável de que era preferível ser leal à coroa.

Francis Throckmorton parecia indiferente ao nó que lhe apertava o pescoço, enquanto a multidão uivava. A tortura destruíra-lhe o corpo e deixara-lhe o rosto numa massa sangrenta, mas manteve-se de cabeça erguida, pronto a receber a morte.

Deus estava à sua espera.

Não temia nada, rezava apenas.

Senhor, tende misericórdia da alma deste servo que dá a vida pela vossa eterna verdade...

A carroça que o suportava afastou-se e Francis começou a espernear, mas o pescoço não quebrou. Nem se esperava que quebrasse. Os carrascos deixaram-no baloiçar durante alguns segundos, enquanto ele estrangulava, mas depois prosseguiram com o seu trabalho, começando a cortá-lo ainda vivo.

A multidão, inebriada de sede de sangue, rugiu, ávida de ver o traidor entregue ao seu macabro destino.

Não muito longe de Tyburn, numa divisão iluminada a velas numa cave secreta, os co-conspiradores de Throckmorton ajoelharam-se enquanto Reston proferia uma prece. — Que possa entrar no céu como um soldado que regressa a casa vitorioso depois da guerra...

Babington, o único que não baixara a cabeça, mantinha-se de olhos vazios e fixos à sua frente. Sentiu as palavras de Reston queimarem-no e não conseguiu aguentar mais. — Por que não atacamos? Por que é que ele teve de morrer? Isto faz parte do vosso plano?

Reston olhou para ele em silêncio. Babington voltou a baixar a cabeça, acobardado com a intensidade que ardia nos olhos de Reston.

O jesuíta continuou a rezar.

— Senhor, acompanhai-nos agora que o fim está próximo. Não fraquejaremos no nosso dever. De olhos postos na eternidade, para além da morte.

Raleigh estava no convés do seu galeão, ancorado não muito longe da sombra da Igreja de São Nicolau, onde os marinheiros se tinham reunido para ouvir a missa e rezar por uma viagem segura antes de se fazerem ao mar. As obras de reparação do *Tyger* estavam praticamente concluídas. Era como se o santo patrono dos marinheiros tivesse dedicado um interesse especial à embarcação, que em breve estaria em condições de navegar. Não passara realmente de uma manutenção e de consertos menores e as obras tinham progredido sem obstáculos ou atrasos. Menos certo, porém, era saber quando o capitão estaria pronto — ou disposto — a partir de Inglaterra.

Parte dele queria partir de imediato, para estar o mais longe possível dos encantos sedutores e frustrantes de Isabel — a parte dele que aceitava o facto de ela nunca poder ser realmente sua. Isabel queria possuí-lo, mas não estava disposta a retribuir-lhe na mesma moeda. A ideia de ficar sem ele fê-lo desejar continuar ali para toda a eternidade, contente por jogar o jogo dela, confiante de que, com o tempo, pudesse pressioná-la ainda mais do que Isabel julgava possível. Mas obrigou-se a abandonar esses pensamentos, sabendo que só lhe restava partir e que todo um novo ciclo recomeçaria.

No entanto, havia algo mais. Oculto no fundo do seu ser havia algo completamente diferente, algo que o atormentava quando pensava em partir. Um sorriso secreto e pensamentos proibidos: Bess. Tivera de fazer um esforço consciente para não a deixar preencher todos os seus pensamentos, mas conseguira, por mais difícil que fosse. Era necessário. Em circunstâncias normais, tê-la-ia cortejado abertamente, mas dificilmente o poderia fazer, dados os laços emocionais que o prendiam à rainha.

No entanto, não podia apagar Bess por completo, nem suportar a ideia de não voltar a vê-la. Os olhos dela, os lábios, o aroma a flores e a almíscar que a envolvia. Bess era como um sonho, mas permitir-se pensar no seu humor vivo e no sorriso encantador seria como estar a cortejar o perigo. Por conseguinte, mantinha esses pensamentos enterrados no fundo da mente e fazia o possível para ignorar o cantinho do seu coração que reclamava por ela.

— O meu capitão está nas nuvens — disse Calley. — É a terceira vez que lhe digo que temos uma visita. — Um trejeito irónico no sorriso do seu imediato obrigou Raleigh a seguir-lhe o olhar até à doca, onde viu Bess. Sentiu o coração saltar-lhe no peito e depois afundar-se. Ficou irritado, pois só poderia haver uma razão para ela ter vindo ali.

— Presumo que a rainha vos tenha ordenado que viésseis ver-me — disse ele, indo ao seu encontro, enquanto ela subia a bordo. — Estou ocupado com as reparações do meu galeão, não vou partir já. Podeis dizer-lhe que não partirei sem a permissão dela.

— Achais que tudo o que faço e digo é por ordem da rainha?

— Não. Mas acho que foi a rainha quem vos enviou.

— Bem, foi ela, sim. — A sua voz era mais forte, mas desaparecera aquela cadência suave que ele se acostumara ouvir com agrado nas conversas anteriores. — Sou serva dela. Claro que obedeço às suas ordens. Tem o poder da vida e da morte sobre mim e prefiro a vida à morte. Pode não ser particularmente corajoso e aventureiro, mas sou assim.

Raleigh aproximou-se mais dela, preocupado e estupefacto com a agitação da jovem. — A rainha foi indelicada convosco?

— Não, não. A rainha é a própria encarnação da bondade. — Afastou o olhar, mas não sem que ele reparasse nas lágrimas que se acumulavam nos olhos da cor do mar alto. — Enforcaram hoje um homem. Um traidor. Conhecia-o bem. Era meu primo. Morreu porque lhe dei certas informações. Informações para lhe provar a minha lealdade, porque estava assustada.

Raleigh estendeu a mão para lhe tocar e a confortar, mas deteve-se, sem saber se ela acolheria bem esse gesto. — A necessidade a isso obrigou. É assim o mundo em que vivemos.

— Trairíeis um primo para salvar a vida?

Raleigh não hesitou. — Sim. E faria pior até. Somos mortais, Bess. Somos pecadores. Estamos todos destituídos da glória de Deus. Até a rainha que vos enviou aqui.

— Até a rainha. — Virou-se para ele com uma lágrima a correr-lhe pela face.

— Pronto. — Um sussurro rouco. Não resistiu a tocar-lhe. As mãos ásperas limparam-lhe a lágrima e afagaram-lhe o rosto.

— A rainha também me toca assim — disse ela.

— Gosta muito de vós. — Agarrou-lhe o rosto com ambas as mãos. Bess olhou-o nos olhos e Raleigh já não teve dúvidas dos sentimentos dela. Bess pegou-lhe na mão, aproximou-a dos lábios e beijou-lha, sempre de olhos fixos nele. Raleigh ficou de respiração suspensa quando ela voltou a beijar-lhe a mão, dessa vez enfiando a ponta do polegar na boca. Raleigh abraçou-a e beijou-a, de início com hesitação, mas depois com avidez e urgência, libertando finalmente toda a paixão que sentia.

Quando pararam, olharam um para o outro com um misto de desejo e confusão. — Não devíamos — disse ela.

— Não. Claro que não. — Beijou-a outra vez, rapidamente, mal lhe tocando nos lábios.

— A rainha...

— Eu sei. Seria uma loucura continuar — disse ele, incapaz de pensar em qualquer questão prática, ciente de que cinco minutos antes nunca teria achado possível que aquela união fosse inevitável. — Mas também nunca tive muita paciência para cobardes.

— As nossas vidas seriam para sempre uma confusão. E...

— Poríamos tudo em risco.

— Sim. E não sei... — Bess calou-se e fechou os olhos, mas depois beijou-o com sofreguidão, com lábios que lembraram a Raleigh o gosto da canela. — Valerá a pena arriscar tanto?

— Talvez.

— Seria mais sensato ficar em segurança — disse ela. — Deveria regressar ao palácio e nunca mais voltar a ver-vos.

— Mas voltareis a ver-me. E quando isso acontecer, continuareis a desejar isto, como eu.

— Nunca pensei vir a desejar uma coisa ilícita. Uma coisa tão contrária aos desejos da rainha.

Raleigh tocou-lhe no rosto. — Não regresseis a Whitehall. Vinde antes comigo.

— É uma loucura.

— Sim. — Sorriu-lhe e encostou a testa à dela. — Uma loucura deliciosa.

O beijo que ela lhe deu disse-lhe que Bess sabia exactamente o que fazer.

Tiveram o cuidado de não atrair as atenções enquanto se afastavam do galeão em direcção à casa de Raleigh na marginal. A casa, magnificente, erguia-se sobre o rio e seria mais do que aceitável para um príncipe exigente, apesar de ter sido construída para um bispo havia duzentos anos. Porém, os bispos católicos tinham deixado de ser necessários na Inglaterra protestante e, depois de o bispado de Durham ter sido dissolvido, a Casa de Durham acabou por passar para a posse de Isabel, que a manteve para si até decidir dá-la a Raleigh.

Ambos atravessaram o portão para um pátio grandioso. Raleigh conduziu-a pela mão até ao vestíbulo e depois através de corredores compridos e sinuosos até à escadaria de pedra que dava acesso às divisões sobrejacentes ao rio. Abraçou-a pela cintura e levou-a para o aposento onde dormia. Fechou a porta e beijou-a, ansioso por lhe explorar a boca, o pescoço e cada centímetro do corpo. Não parou sequer para fechar as cortinas das janelas donde se via Whitehall e Westminster.

Os dedos calosos percorreram-lhe os seios por cima do brocado macio e Bess suspirou. Abraçou-se ao pescoço dele e puxou-o mais para si. Raleigh começara já a desapertar-lhe o corpete, mas parou e levou-a para a cama alta de madeira de castanheiro. Pousou-a com ternura e, ao baixar-se sobre ela, Bess pediu-lhe num sussurro que a possuísse.

A mentira reinava por toda a parte em Inglaterra.

Aquela estirpe em particular tinha sido já suficientemente exercida ao longo de vários meses até se aperfeiçoar numa ciência precisa e necessária. Sem ela, Maria Stuart nunca teria conseguido enviar a sua correspondência privada, uma situação impensável para ela.

Dois cavalos puxavam a carroça do cervejeiro, cuja tinta há muito que escamara. Atravessaram a ponte velha sobre o fosso e os barris de cerveja empilhados atrás embateram uns nos outros, quando pararam junto dos portões. Burton, o cervejeiro, um homem enorme e feio, olhou à sua volta com uma expressão de profundo aborrecimento e com um vago sorriso. A mentira era uma arte e ele dominava-a. Ramsay, um dos homens de Robert Reston, estava sentado ao lado dele, rezando em silêncio para que não os descobrissem.

— Bom dia! — gritou Burton ao guarda. Limpou o suor da testa com a manápula gordurosa. — Mais um dia medonho nesta terra fedorenta de Deus.

— Bom dia — respondeu o guarda, avançando para eles juntamente com outra sentinela. Revistaram meticulosamente a carga e o espaço por baixo da carroça. Essa parte deixava sempre Ramsay de estômago tenso. Ficava muitas vezes de respiração suspensa e isso só o fazia temer ainda mais que fossem descobertos. Precisava de aprender a imitar a descontraída apatia de Burton.

Como sempre, porém, os guardas deixaram-nos passar e pouco depois estavam já a rolar os barris para dentro de uma porta-alçapão onde havia uma conduta para a cave da mansão. Os barris eram pesados. Ramsay começou a suar, embalado pelo ritmo do esforço. Era a parte do trabalho que mais apreciava, a parte em que sentia a confiança voltar-lhe.

— Já vistes a escocesa? — perguntou a um dos guardas que os observava. — Pouca sorte estardes aqui de serviço aos portões, com ela tão perto.

O guarda cuspiu para as ervas. — Nunca a vi. É raro deixarem--na sair.

— Nem me agrada nada tê-la aqui em Inglaterra sequer — disse Ramsay, continuando com o seu jogo. — Ou que continue viva.

— Não deve ser por muito mais tempo — vaticinou o guarda.

— A sério? Ouvistes dizer alguma coisa? — Descarregou outro barril da carroça e enfiou-o pela conduta.

O guarda encolheu os ombros. — Teve sorte por a rainha não a acusar da traição do Throckmorton. Mas quem sabe se Isabel não vem a mudar de ideias?

Ainda bem. Nada de novo. Ramsay sorriu. — Só nos resta rezar por isso! — Continuou a ajudar Burton até esvaziarem a carroça.

— Último barril! — gritou Burton.

Dentro da cave, o despenseiro agarrava em cada um dos barris que caíam pela conduta e despejava a cerveja em enormes dornas abertas, atirando depois os barris vazios para uma fogueira.

— Nada a não ser cerveja. Satisfeito? — perguntou o despenseiro com um sorriso rude ao guarda.

No interior da mansão, Annette parou à porta dos aposentos privados de Maria Stuart, à espera que o guarda a destrancasse. Conversou com ele e até lhe sorriu, mas assim que a porta se fechou atrás dela, pôs de lado quaisquer pretensões de calma e apressou-se pelos corredores fora chamando por Maria, enquanto tirava papéis amarrotados de debaixo da roupa interior para entregar à sua senhora.

Maria agarrou-os com avidez e sentou-se a uma mesa. Devorou rapidamente o conteúdo da missiva, mas a decifração do código demorava sempre mais tempo do que gostaria. Levantou a cabeça e olhou entusiasmada para Annette. — Os cavalheiros estão prontos. Já falta pouco.

Eram as notícias por que tanto esperara, pelas quais suplicara de joelhos enquanto pedia a intervenção divina. Ficara devastada quando Throckmorton fora descoberto e receara que isso significasse o fim das suas esperanças. Mas, por mais trágica que fosse a perda de Throckmorton, no final não passara de uma ligeira perturbação. Reston informara-a de que estava tudo pronto. Isabel seria assassinada e Filipe enviaria ajuda de Espanha para a libertar daquela prisão. Finalmente dispunha de planos sólidos, planos prontos para serem postos em prática. Não haveria mais desilusões. Seria livre de governar e devolver a Inglaterra à verdadeira fé. Deus iria rejubilar.

— Abençoada Mãe de Deus, rezai por nós! — disse a aia, tendo o cuidado de abafar a voz.

— Trazei-me papel e uma pena, Annette. Esperam uma resposta minha. Depressa, depressa!

A zona sudoeste de Londres estava tranquila. John Dee encontrava-se em cima do telhado plano da sua casa sobrejacente ao rio em Mortlake. Observava o céu nocturno e a Lua através de um sextante, quando a sua atenção foi distraída pelo ruído de uma barca que se aproximava. Era um matemático, um perito na arte da navegação, um astrónomo. Mas era também o astrólogo real, a pessoa a quem Isabel recorrera para saber a data mais auspiciosa para a sua coroação. E John Dee acreditava que aquela rainha, através da conquista inglesa do Novo Mundo, era a sucessora do lendário Rei Artur da Távola Redonda.

Ouviu passos sobre a madeira húmida e viu a luz de candeias na doca em baixo. Pouca atenção prestou, até que se fez um silêncio repentino, seguido do leve ruído dos sapatos de uma mulher. Soube imediatamente quem era. Apressou-se a ir para a biblioteca.

A casa estava apinhada com os instrumentos da sua profissão, mas nenhuma divisão reflectia tão bem os seus interesses como a biblioteca. Uma parte parecia um estúdio, outra um laboratório e outra ainda o covil de um mágico; continha não só uma abundância de livros, mas também a maior colecção de instrumentos científicos de toda a Inglaterra, e possivelmente do mundo inteiro. A pesada porta de carvalho abriu-se e a rainha entrou.

— Bem, Dr. Dee — disse Isabel, sentando-se a uma mesa comprida, enquanto inalava o cheiro da poeira e dos livros. Como acontecia sempre que vinha a casa de Dee, achava esses cheiros estranhamente reconfortantes. — Aqui estamos. Vim consultar o homem mais sábio da nossa época.

— Não passo de um mero intérprete, Majestade. A sabedoria reside nos planetas e nas estrelas. — Sentou-se à frente dela e pegou numa carta astral. — O vosso signo dominante aqui é Virgem...

Isabel riu-se. — Claro que é.

— Quando Virgem entrar no ascendente, doze dias antes do aniversário do vosso nascimento — pegou noutra carta, desta vez uma carta astronómica —, haverá um eclipse da Lua: a Lua que governa as fortunas de todos os príncipes do género feminino. — Voltou a concentrar-se na carta astrológica.

— Príncipes do género feminino — repetiu a rainha com um sorriso. Olhou para Walsingham do outro lado da biblioteca, enquanto este examinava os instrumentos científicos. O conselheiro parecia não estar a ouvir, mas Isabel sabia que ele estava atento.

— Referia-me a um príncipe que também é mulher.

— Sim, Dr. Dee. Estou a ouvir-vos. E que significa isso tudo?

— Significa a ascensão de um grandioso império, Majestade. E também significa convulsões. A queda de um império.

— Que império vai ascender e qual vai cair? — perguntou ela.

— Isso não sei dizer. A astrologia continua a ser mais uma arte que uma ciência.

— Mais nada, Dr. Dee? — perguntou Walsingham. — Nenhuma calamidade específica para nos podermos precaver?

— Estais a perguntar se vou ser assassinada? — inquiriu Isabel.

— As rainhas são mortais — lembrou Walsingham.

O Dr. Dee abanou a cabeça e falou com delicadeza. — Isabel é mortal. Mas a rainha nunca morrerá.

— Estais a ver, Francis? É um mistério. — Olhou para o seu conselheiro e depois virou-se para o Dr. Dee. — Ele não tem paciência para mistérios.

— Não posso usar aquilo que desconheço — disse Walsingham.

— Mas os mistérios têm poder. Ainda não sabeis isso? — perguntou o Dr. Dee.

— Deixai-nos sós por momentos, Francis. — Tinha outra pergunta a fazer, mas requeria privacidade, uma pergunta que, embora tivesse vergonha de o confessar, era mais premente que as questões dos impérios. Walsingham saiu e a voz dela soou mais leve, como se tentasse parecer indiferente e apenas vagamente interessada. — E a vida privada deste príncipe do género feminino, Dr. Dee? Que auguram as estrelas sobre isso?

— A vida privada?

— Ou também isso é um mistério? — perguntou Isabel. Queria dizer o nome dele, da pessoa por quem estava apaixonada, ávida de qualquer oportunidade de sentir nos lábios aquelas sílabas perfeitas: Raleigh. Mas conseguiu controlar-se.

— Trata-se de questões de Estado, Majestade.

Questões de Estado. Claro. A sua vida privada nunca seria privada.

— As estrelas não auguram também sobre questões de Estado? — perguntou ela.

— Para uma previsão dessas, preciso de consultar uma carta diferente. — Essa carta era o rosto dela e aproximou-se para lho examinar, enquanto murmurava alto: — Maravilhoso... sair de um tal sofrimento, ter forjado tanta força... Ides precisar de todas as vossas forças nos próximos dias... E amor... tanto amor.

Tanto amor. Só podia estar a referir-se a Raleigh. Tinha a certeza. Não havia mais ninguém — nunca haveria mais ninguém. O doutor continuou a sondar-lhe o rosto e Isabel manteve-se de respiração suspensa, à espera que ele dissesse algo mais sobre esse amor, mas ele começou a recitar as palavras de São Paulo.

— «Porque convém que aquilo que é corruptível se revista da incorruptibilidade, e que aquilo que é mortal se revista da imortalidade». — Aproximou-se da janela e voltou a perscrutar o céu nocturno. — Não, não sou nenhum profeta. Não vejo mais que as sombras de fantasmas.

— Sombras. Compreendo. — Sentiu uma enorme desilusão. Talvez ele não quisesse dizer mais nada porque não via mais nada, ou talvez porque soubesse que essas visões não seriam do agrado da rainha. Podia obrigá-lo a dizer-lhe, mas algo a impediu, uma pequena sombra de dúvida que começou a revolver-lhe o estômago e lhe sussurrou que Raleigh nunca seria a fonte de amor duradouro que ela esperava.

CAPÍTULO DEZ

Bess não regressara ainda das docas. Enviara uma mensagem a informar a rainha de que ia ficar com a mãe, a quem decidira visitar no caminho de regresso ao palácio, e Isabel experimentara uma ligeira irritação ao aperceber-se de que sentia a falta da jovem. Era uma coisa inadmissível, na realidade. Tinha à sua disposição imensas damas de companhia para além daquela, mas com nenhuma partilhara jamais aquele tipo de amizade sincera e espontânea como a que a ligava a Bess.

Tentara jogar xadrez com uma delas, mas a mulher ou era demasiado estúpida, ou tinha demasiado medo de a vencer, e o jogo chegou rapidamente ao fim, nem por isso deixando de ser entediante. Estivera na sua sala de música, a tocar espineta, mas nenhuma voz se harmonizava tão bem com a dela como a de Bess. Passara muito tempo a olhar pela janela, na direcção de Durham House, interrogando-se sobre o que é que o seu Walter andaria a fazer. Não a viera visitar, o que era surpreendente. Ela esperara vê-lo entrar de rompante, exigindo saber por que é que mandara Bess à sua procura. Mas mantivera-se ausente. Talvez devesse ter ido ela própria.

A ideia iluminou-lhe o rosto com um sorriso. A rainha a aparecer, sem se fazer anunciar, num estaleiro? Era uma ideia sedutora que poderia despertar uma gratificante lufada de admiração espontânea. E quando ele voltasse para o mar — quando ela lhe dissesse que podia ir — recordá-la-ia a bordo do seu navio, na sua cabina, e ela permaneceria mais perto do seu coração. Isso mesmo. Estava decidido que iria fazer uma visita ao navio. No dia seguinte, talvez, se o tempo estivesse bom. Ou na semana seguinte. Um dia.

Tomada a decisão, sentiu-se, de certo modo, melhor, mas continuava inquieta. Depois de ter pegado em doze livros, no mínimo, e de os ter abandonado imediatamente, dirigiu-se para o quarto de dormir, dispensando todas as suas camareiras assim que estas acabaram de lhe limpar o rosto, despir o vestido e retirar as jóias. Uma vez a sós, deixou a camisa cair-lhe aos pés e ficou nua, em frente de um espelho alto. Fitou a sua imagem, com a luz das velas a bruxulear em seu redor, desenhando círculos contínuos entre o espelho, as paredes e de novo o espelho.

Apalpou a barriga e os braços.

A sua pele já não era firme como outrora, mas os músculos eram fortes e a silhueta elegante não temia comparações. Tentou imaginar-se a envelhecer ao lado de um homem, alguém que assistisse às alterações no seu corpo como marcos que lhe fizessem recordar os anos felizes passados juntos, que conhecesse a origem de cada cicatriz e cada pequena imperfeição, e as adorasse. Alguém que, acima de tudo, nunca a deixasse sentir-se só. Se tal coisa fosse sequer possível! Mas certamente que era.

Tinha de ser.

Reston dirigira-se à Catedral de São Paulo à procura de inspiração e, sentado a meio da nave principal, anónimo no seio do enorme edifício, sentia-se dominado pelo desejo de trabalhar para a glória de Deus. Quando ele tivesse terminado, quando a Inglaterra tivesse regressado à fé verdadeira, iria ali voltar para restaurar a ornamentação daquela igreja e fazê-la reflectir, uma vez mais, a grandeza divina.

Essa era uma grande motivação, algo de que ele precisava agora mais que nunca. A perda de Throckmorton fora um rude golpe, não apenas porque significava a perda de um elemento de confiança, mas porque significava que o seu grupo tinha sido posto em causa e ele não sabia como é que isso acontecera. Teria o herético espião-mor da rainha mandado os seus agentes seguir Throckmorton? Como tinham eles descoberto o seu envolvimento? Seria possível que a prima do homem, a tal mulher chamada Bess, o tivesse denunciado para afastar de si qualquer suspeita? No entanto, pior ainda era a ideia de que não só Walsingham teria descoberto parte do plano, mas que um dos seus homens se tinha infiltrado no grupo e que, portanto, um de entre eles não era leal.

Deixou-se cair de joelhos, suplicando a Deus que lhe enviasse um sinal da lealdade dos seus homens. Depois de rezar durante mais de uma hora sentiu-se invadir pela luz da confiança divina e soube que Deus não o abandonara, que não permitira que a sua missão fosse gravemente traída. Mesmo assim, apesar dessa certeza e da sensação de alívio, fez aquilo que qualquer pessoa na sua posição faria.

Regressou aos seus aposentos e chamou à sua presença cada um dos membros do grupo, individualmente, e interrogou-os mais a fundo do que o próprio Walsingham teria feito. Antes da noite cair dera-se já por satisfeito com a confirmação humana da mensagem de Deus e estava pronto a continuar o seu trabalho.

Mas, antes de mais, rezaria pela alma de Throckmorton.

A espera pela entrega dessa semana parecia interminável. Reston estava a tentar escrever uma carta, mas doía-lhe a mão, devido à tensão que lhe tolhia os músculos, o que tornava a escrita difícil. As velas iluminavam a cela escondida onde se encontrava, e a sua luz trémula estava muito longe de ser clara. Pôs-se de pé de um salto quando o cervejeiro entrou.

— Já a tendes? — perguntou. Burton entregou-lhe uma carta, que Reston leu e passou a outro homem, disfarçado nas sombras, com o rosto coberto por um capuz. — O que é que achais? Vós sois o especialista em lei canónica.

O companheiro abanava a cabeça enquanto lia. — Não. Não chega. Isto não é uma ordem.

Era necessário que Maria fizesse mais do que concordar com os planos deles. Ela é que era a sua verdadeira soberana — tinha de ser ela a dar a ordem para que Isabel fosse assassinada, a pôr em andamento o esquema que eles haviam montado. Quanto a esse ponto, era intransigente.

Reston concordou com um gesto de cabeça, voltou-se de novo para a mesa e despachou rapidamente uma carta. — Ela e só ela tem de dar a ordem — disse, entregando a carta, agora completa, a Burton. — Mais uma viagem, meu amigo. E depois... *consummatum est!* Está feito.

A excitação circulou-lhe rapidamente pelas veias. Estavam tão perto. Iria agora rezar e depois, quando tivesse terminado, permitir-

-se-ia começar a trabalhar nos seus planos para a Catedral de São Paulo. Muito honestamente, não havia prazer mais gratificante do que ofertar a Deus almas e glória.

A busca do prazer estava sempre ao alcance da corte de Isabel, independentemente do palácio real que ocupassem no momento. A rainha levantava-se frequentemente tarde — nunca fora grande apreciadora de manhãs — e, apesar de a maior parte do seu tempo ser ocupada pelos assuntos de Estado, não lhe eram indiferentes as artes do entretenimento. As casas que ela habitava tinham campos de ténis, sofisticados jardins labirínticos, espaços para actuações por encomenda das mais recentes peças de teatro. Dedicava-se à caça ao veado e aplaudia entusiasticamente enquanto observava os seus mastins treinados a dedicarem-se ao sangrento trabalho de localizar as presas. Mas dançar era o seu passatempo favorito, uma ocupação que permitia alguns, raros, contactos íntimos e prazer físico. Despertava-lhe sempre recordações de Robert, o seu parceiro de juventude, e apesar de essas recordações serem tingidas de laivos agridoces, davam-lhe prazer.

— Saltai! — O mestre de dança batia palmas enquanto orientava Bess, ensinando-lhe *la volta*. Era uma dança cheia de saltos, voltas e exuberante emoção, mas era o abraço íntimo exigido pela dança que fazia a sua enorme popularidade. Encontravam-se no pátio de Isabel, um terceto tocava uma música alegre, enquanto um círculo de senhoras observava Bess.

— Quando eu vos dou um impulso, assim, minha Senhora, dai um salto no ar.

— Deixai-o fazer-vos voltear, Bess — disse a rainha. — Podeis confiar nele.

Ele fez rodopiar a jovem, com os pés levantados, e ergueu-a no ar, perante os risos dos cortesãos que assistiam. — E volta... e volta e... chão! — Pousou-a. O seu rosto encantador, congestionado pelo exercício, brilhava, os olhos reluziam e os lábios entreabriam-se num sorriso sedutor. Quando começavam de novo a rodopiar, Raleigh entrou na sala.

— *La volta*, Walter — disse Isabel quando ele se dirigiu a ela, com a atenção presa nos bailarinos. — O salto. Quero que todas as minhas damas a aprendam. Estais a ver como a Bess é destemida?

Ele não conseguia despregar os olhos dela. Destemida. Bela. Doce. Vulnerável. Lembrou-se da sensação da pele de Bess contra a sua, lembrou-se do sabor doce da sua língua, e sentiu um estranho sentimento de ciúme por a rainha ter um tão total controlo sobre ela. — Gostais que as vossas damas saltem à vossa ordem?

— Às vezes. Não achais bem?

— Claro, absolutamente. Vós sois a rainha. Deveis ser obedecida.

— Para dizer a verdade, Walter, há alturas em que me sinto cansada por estar sempre no comando.

— Que disparate — disse ele, esforçando-se por prestar atenção a Isabel, quando a única coisa que desejava era contemplar embevecidamente Bess. Tinha de ter mais cuidado; não estava seguro de conseguir dissimular a sua paixão.

— O quê? — As sobrancelhas reais ergueram-se.

— Não pensais nada disso. Comandar, para vós, é como respirar.

— Assim cuidais? — perguntou ela quando a música parou e os cortesãos aplaudiram. — Bess, experimentai uma dança com o senhor Raleigh. Ele está desejoso de nos mostrar os seus talentos.

— Não poderei mostrar qualquer talento, Majestade. Não conheço os passos.

— Oh, é muito simples. — A rainha levantou-se, atravessou a sala na direcção de Bess e agarrou-a pela cintura, para demonstrar. — Com as mãos aqui, segurai assim, firmemente… e quando ela saltar, ao oitavo passo, fazei-a rodopiar — uma, duas, três vezes — e depois, de novo do princípio. Não há nada mais simples.

— Vossa Majestade conhece a dança melhor que eu — disse o mestre de dança, fazendo uma profunda vénia.

— Então, senhor Raleigh. Às vossas posições — Isabel empurrou-o para a frente. — Devo ser obedecida.

— Como desejardes, Majestade — respondeu Raleigh, com um floreado, colocando-se na posição, ao lado de Bess, dominando os sentimentos, tentando não manifestar a sua ansiedade, esperando que ela não percebesse.

— Segurai-a bem. Não quero que a deixeis cair — avisou Isabel. E depois ordenou aos músicos: — Tocai!

A dança recomeçou e eles começaram a movimentar-se. Ao princípio, o contacto de Raleigh foi demasiado hesitante, e o salto dela desajeitado, mas depois os seus olhos fitaram-se e foi como se o mundo em redor deles tivesse desaparecido. Agora moviam-se em conjunto, sem uma falha, Bess saltava, Raleigh fazia-a rodopiar sem parar.

— Gostava que estivéssemos sozinhos — sussurrou-lhe ele, quando a agarrou no ar para a fazer voltear.

— Também eu — respondeu ela, sorrindo.

— Temos de ter cuidado, Bess. — Mas por muito cuidado que tivessem, não conseguiam esconder a intensidade, a intimidade, o desejo. Era óbvio para quem quer que estivesse minimamente atento.

Isabel observava o par que dançava, meneando a cabeça ao ritmo da música. Sentiu Walsingham aproximar-se.

— Majestade, se desejardes, eu posso...

— Deixai-a, Walsingham. Quero que os deixem em paz, a ambos. — Ela não estava tão confiante quanto o seu tom de voz sugeria, mas gostava de ver a paixão nos olhos de Raleigh e descobrir o prazer que isso provocava em Bess.

As suas emoções eram um turbilhão de contradições. Seria perigoso afastá-los, quando a atracção mútua era de tal modo evidente. Era melhor deixá-los apreciarem a companhia um do outro, mantê-los juntos o máximo tempo possível, para que não se procurassem em privado. Desde que ela tivesse o cuidado de fazer com que eles nunca se encontrassem sem ser na sua presença, não havia o perigo de ele transferir completamente o seu afecto para a jovem. Para além disso, era exactamente contra aquilo que ela prevenira Bess: os homens e os seus desejos. Significavam tão pouco, eram profundamente promíscuos. Qualquer uma das suas damas poderia despertar nele a mesma reacção e não valia de todo a pena recusar-lhe os devaneios.

Ela queria-o para si só, mas sabia que tal não seria possível, a menos que lhe desse o mesmo em troca. Raleigh fez mais uma vez Bess rodopiar e a jovem riu-se de tal forma deliciada que, por um instante, Isabel foi dominada por um único desejo: o de poder rir-se também daquela forma, nem que para isso fosse obrigada a dar tudo a um único homem.

Bess teve imensa dificuldade em adormecer nessa noite e, quando por fim o conseguiu, os sonhos que a assaltaram não lhe permitiram um sono tranquilo. Via Raleigh a uma enorme distância, e sabia que o traíra, embora não soubesse como ou porquê. Estava aprisionada dentro do seu inconsciente, inquieta, angustiada, até acordar, por fim, com um estremecimento, abafando um grito com as mãos, soerguida na cama. No outro lado do quarto, Walsingham estava sentado numa cadeira de espaldar direito, a observá-la, em silêncio, sendo a sua presença mais assustadora do que o sonho, trazendo-lhe instantaneamente ao espírito imagens horríveis da execução do primo.

— Por favor! Estou inocente — exclamou. — Sempre fui uma leal servidora da rainha. O meu primo não significava nada para mim, eu nunca trairia a rainha, nunca...

— Mas já traístes, minha querida. — A sua voz era sobrenaturalmente calma. — E continuais a trair. Ambos o sabemos perfeitamente.

Ela percebeu imediatamente que ele se referia à sua ligação com Raleigh e ficou aterrada, sobretudo com a hipótese de Walsingham poder prejudicar o seu amante, impedi-la de o voltar a ver... de lhe tocar. A natureza ilícita da sua relação tornava-a alvo de todas as ameaças; ambos o sabiam, já haviam falado longamente pela noite dentro, até a luz da aurora tingir o céu de vermelho. Contudo, nenhum deles era capaz de dominar os sentimentos avassaladores que o atraíam um para o outro.

Agora que Walsingham estava ali, ela começava, contudo, a questionar as suas decisões e sentiu-se incapaz de voltar a olhar ou a falar com o homem.

A voz dele, áspera, rasgou o silêncio. — Se me mantiverdes informado, tudo correrá pelo melhor — disse ele, levantando-se. — Não gosto de surpresas.

— Eu... Eu.... — Ela gaguejava, sem conseguir responder, mas Walsingham já se tinha ido embora. Os seus passos eram silenciosos, mas ela ouviu o ligeiro som da porta a fechar-se. Sentiu como se os ossos se tivessem subitamente derretido. Deixou-se cair na cama, num novelo, aliviada, assustada, desejando apenas os braços de Raleigh a envolvê-la. Ao princípio ficara incapaz de respirar, naquele momento não era capaz de parar de chorar.

Devia usar todas as suas forças para deixar de o amar, devia recusar-se a vê-lo de novo e podia dar graças a Deus por terem chegado tão longe sem terem sido descobertos ou presos. Todavia, apenas acolheu aqueles pensamentos na sua cabeça porque sabia que era essa a forma correcta de pensar — era precisamente o que estava certo, o moralmente correcto — mas expulsou-os quando ainda mal tinham tomado forma. Fosse qual fosse o risco que corresse, o que ela sabia era que não podia estar afastada dele. Fingir que era capaz de qualquer outra coisa, seria tão mau como mentir.

Limpou os olhos ao lençol de linho e sentou-se bem direita, sentindo-se de novo forte. Esperou uma hora até sair do quarto e, encoberta pela escuridão, escapou-se para Durham House. Raleigh era a única pessoa no mundo capaz de compreender as suas emoções.

Aos olhos de qualquer observador, a religiosidade de Maria Stuart seria comovedora, de tal forma ela estava concentrada na sua oração, com a cabeça curvada, na modesta capela de Chartley Hall. Porém, a bíblia que encobria o seu rosto não era fonte de inspiração. Encoberta por ela, Maria escrevia uma carta, fora do alcance da vista dos seus carcereiros. Era um acontecimento frequente, apesar de nem toda a sua correspondência merecer tal confidencialidade. Ela achava excitante aquele jogo, as sensações que lhe provocava, as emoções extremas que lhe faziam recordar os momentos em que se apaixonara.

Naquele dia, contudo, a sua confiança era prudente. Aquela nota era mais importante que qualquer outra que tivesse escrito em toda a sua vida e tinha de estar certa do rigor de cada frase. Confiava nos seus amigos, mas era demasiado astuta para ser descuidada. Baixou ainda mais a cabeça, quase a pousando em cima da mesa enquanto escrevia, e isso chamou a atenção do carcereiro. Tendo o cuidado de não fazer gestos bruscos, meteu a folha dentro do livro no momento em que Paulet se aproximava dela, seguido de perto por três homens.

— Serei eu um perigo para a Inglaterra, mesmo quando estou a rezar? — perguntou Maria.

— Como sempre, Senhora, a minha preocupação é pela vossa segurança.

A voz de Paulet era amável, mas Maria sentiu uma diferença no seu sorriso. Fitou-a com um olhar frio. — Estou a rezar pela minha prima Isabel. Pensais que ela também reza por mim?

— Não tenho dúvidas — respondeu Paulet. — Ela é uma mulher muito piedosa.

— É? — Maria atirou a cabeça para trás e riu-se. — E, contudo, mantém sob prisão uma soberana legítima. Eu, no seu lugar, não seria assim tão pouco generosa.

— O que faríeis, no seu lugar?

— Libertar-me-ia. Para que eu pudesse encontrar o amor uma vez mais. — Soltou um suspiro irritado, incomodada por ele não ter reagido à sua afirmação. — Penso que isso é uma causa perdida.

— Estou certo de que encontrareis consolação na Bíblia.

Os homens recuaram, mas não a deixaram sozinha, permanecendo perto da porta e passando por turnos junto dela, a intervalos irregulares. O resto da carta teria de esperar.

A carta de Maria chegou muito mais tarde do que Reston esperara, tão tarde que ele começava já a preocupar-se; mas chegou, por fim. No seu esconderijo de Londres, Babington e Ramsay fitavam-no, com os rostos tensos de ansiedade, enquanto ele lia em voz alta. Durante todos os meses que haviam passado escondidos naquele buraco miserável, não haviam feito absolutamente nada para melhorar as condições em que viviam. A água escorria pelas frestas entre as pedras toscas que formavam as paredes, e o cheiro a mofo há muito que impregnara as roupas, os livros e tudo o que era constituído por substância porosa. Partilhavam o espaço com uma quantidade de criaturinhas sórdidas, a maioria das quais fugia ao mais pequeno raio de luz. Todavia, os conspiradores não dispunham de muitas velas e, a maior parte das vezes, o seu trabalho era acompanhado pelo som de dentinhos de roedores e de patinhas a correrem sobre a pedra.

«Se as nossas forças se encontram preparadas, quer dentro, quer fora do reino, então a vossa Rainha ordena que ponhais os cavalheiros ao trabalho.» Ele sorriu, com os olhos brilhantes de impiedade. — Penso que agora está correcto. — Estendeu a carta a uma figura que se destacou das sombras e que quis ver as palavras com os próprios olhos.

— Correcto — confirmou William Walsingham, baixando o capuz e revelando o rosto. — Agora está correcto.

Reston voltou-se para os seus homens. — Finalmente! Senhores, ao trabalho. — O seu coração exultava e ele murmurou uma oração cheia de alegria, ansioso por começar. A cada passo que avançavam, a partir de agora, aproximava-se mais do Céu.

CAPÍTULO ONZE

— Eu falo mais línguas que vós — disse Isabel, reclinada no banco de pedra e esticando as pernas, aspirando o bom cheiro da alfazema. Ela e Raleigh haviam passado a manhã a passear pelos jardins, e ela tinha a certeza de que tinham percorrido mais de quilómetro e meio.

— Mais, talvez, mas servem para alguma coisa? Não me parece nada provável encontrar ao longo das minhas viagens nativos que falem fluentemente o latim.

— O espanhol pode ser útil.

— É verdade — concordou ele, pegando-lhe na mão. — Posso convidar-vos para minha tradutora.

— E qual seria então o meu título oficial? — perguntou ela.

— Não sei bem, mas de certeza que seríeis mal paga e tratada de uma forma bastante desagradável.

Ela riu-se. — Desde que não me obrigueis a lavar o convés!

— Esfregar. Esfregamos o convés. — Ele inclinou-se mais para ela, falando num tom íntimo e brincalhão. — Não sois fluente na linguagem dos marinheiros.

— Podíeis ensinar-me — replicou ela. — Sou uma excelente aluna.

— Isso é que eu não acredito. Nunca poderíeis suportar que alguém vos dissesse o que fazer.

— Até podia, desde que soubessem dizer-mo da maneira certa.

— Eu sei sempre dizer da maneira certa.

— Sabeis? — perguntou ela. — Duvido.

— Posso demonstrar.

— Isso seria muito perigoso — respondeu ela, adorando a forma como sentia cada centímetro da sua pele ganhar vida sempre que ele a cortejava.

— Era capaz de valer a pena correr o risco — concluiu ele.

Raleigh não permaneceu sentado depois de Isabel o ter deixado no jardim. Como de costume, Walsingham tinha-a afastado para se ocupar de assuntos de Estado urgentes, confirmando mais uma vez que ele nunca a poderia ter só para si. Deu um pontapé na terra do caminho, enchendo os sapatos de poeira. Acabara de lhe dizer que poderia valer a pena correr o risco, e essas palavras eram terrivelmente semelhantes às que havia dito a Bess. O amor não deveria arrastar consigo um tão grande sofrimento. Como é que ele tinha conseguido a proeza de se apaixonar simultaneamente por duas mulheres tão inacessíveis?

Ele levava-as a ambas à certa, aproveitando egoistamente tudo o que podia de cada uma. Porém, limitava-se a aceitar o que lhe era oferecido de livre vontade e, pelo menos Bess sabia como os seus afectos se encontravam divididos. Quanto a Isabel... era muito pouco provável que ele alguma vez conseguisse esconder dela alguma coisa. Não sabia o que havia de fazer a não ser continuar naquelas águas turvas, esperando que, por fim, uma qualquer solução pudesse emergir subitamente e lavar toda a culpa que de momento era a sua companheira permanente.

Francis Walsingham estava atolado em trabalho, enfiado no estúdio da sua casa de Seething Lane, a ler uma carta de Thomas Phelippes, mais satisfeito que nunca pela sua decisão de fundar uma escola de criptografia em Londres, orgulhoso do seu sucesso constante, como acontecia sempre que apreciava o trabalho de Phelippes.

A entrega daquele dia, vinda do seu secretário especializado em código, culminava todo o trabalho que vinham a desenvolver. Maria tinha finalmente dado instruções específicas aos seus aliados, mostrando grande preocupação relativamente à articulação rigorosa do momento da sua libertação e do assassinato de Isabel. À margem, Phelippes acrescentara um símbolo: P. A forca. Maria não podia continuar a escapar à sua culpa. O post-scriptum nem sequer era necessário.

E tudo aquilo deveria trazer alegria a Walsingham. Ou, se não alegria, certamente satisfação, uma sensação de realização, de contentamento. Mas o seu prazer estava conspurcado. Aquele era um negócio sujo e macularа a sua alma. Espiolhar segredos podia conduzir a uma desilusão abismal. Leu de novo a carta de Maria, depois pô-la de lado, pegou numa caneta e começou a brincar com ela, enquanto reflectia na resposta provável da rainha àquela nova prova da traição da prima.

Faltava ainda uma última peça. Sabia já que os conspiradores iam passar à acção — que Isabel corria grave perigo — mas não sabia em que momento iriam atacar. Ordenara já medidas preventivas: mais soldados estavam já a caminho de Whitehall, e o número de guardas encarregados da protecção pessoal da rainha tinha duplicado. Esperava que fossem suficientes.

Ouviu uma pancada na porta. — Entrai! — autorizou, sem levantar os olhos dos papéis.

— Sou eu, o William.

Continuou de olhos baixos. — Por onde tendes andado? — perguntou Walsingham. — Há vários dias que não vos pomos a vista em cima.

— Encontrei-me com uns amigos de longa data. — William avançou, estendendo para as costas da cadeira uma mão delicada e bem tratada, enquanto mantinha a outra escondida debaixo da capa.

— De Paris, sem dúvida.

— Exacto.

— E agora estais de regresso. — Por fim ergueu os olhos. — Sabeis que ainda me lembro do dia em que nascestes? — O sorriso nos seus lábios contrariava a tristeza nos seus olhos. — Tinha eu onze anos. E vós não passáveis de uma pequena trouxa indefesa. Olhei para vós, no vosso berço, com o rostinho engelhado, e amei-vos a partir desse primeiro instante. Jurei então que havia de vos proteger. Mas falhei, não é verdade? Perdoai-me por não vos ter amado o suficiente.

Os irmãos olharam-se longamente, e entre os olhos de ambos perpassou um entendimento intenso. Com um barulho seco, qualquer coisa caiu da mão de William. O seu rosto adquirira um tom de cinza.

— Pensáveis mesmo que eu não sabia? — Walsingham olhou para o punhal no chão, depois bateu duas vezes no tampo da secretária, o que provocou a entrada imediata na sala de dois dos seus agentes. — Foi por dinheiro? Pelo menos dizei-me que o preço valeu a pena.

William abanou a cabeça. Os homens, discretos, prenderam-lhe os braços atrás das costas, executando os movimentos com um desembaraço que revelava quantas vezes tinham já imobilizado prisioneiros.

— Por quanto, então? Qual é o vosso preço para matardes o vosso irmão? — Não havia o mais leve traço de cólera a manchar a tristeza de Walsingham.

— A vida eterna.

— A vida eterna — repetiu Walsingham. A dor contorceu as suas feições, os seus olhos cerraram-se, a boca contraiu-se e as faces encovaram-se. — O suborno que nenhum homem pode recusar. De quem era o Deus que ia ficar satisfeito naquela noite?

Desde o instante em que a madrugada despontara que fora como se um sorriso divino tivesse vindo iluminar Whitehall. A luz do Sol dançava por entre as nuvens e acordava brilhos nas jóias que cobriam as roupas vistosas dos cortesãos, um oceano de vermelhos, púrpuras e azuis. Requerentes aglomeravam-se, ladeando o caminho que ia da Sala de Recepção até à Capela Real, ávidos como sempre de conseguirem vislumbrar a rainha no meio do seu magnífico cortejo.

Babington e Ramsay eram imunes ao fascínio da cena. Não se apercebiam de qualquer beleza, apenas do fedor de tantos corpos aglomerados no calor do Verão. O estômago de Babington ardia-lhe e ele olhava para o seu novo companheiro e recordava o destino de Savage, mas afastava decididamente de si qualquer sentimento de culpa. Limitara-se a fazer o que era necessário. Ramsay era mais competente do que Savage jamais fora, mais fiável. Não havia qualquer dúvida de que a sua missão iria ter êxito.

Babington ouvia o sangue pulsar dentro dos ouvidos e o coração bater com força, mas controlava os nervos e fez um rápido e discreto sinal com a mão para Ramsay, que o retribuiu com um discretíssimo aceno. De imediato começaram a avançar até à frente da multidão, precisamente no momento em que Isabel desaparecia da vista para recolher à penumbra segura da igreja.

— A rainha está nas suas orações! — anunciou um criado de libré, no momento em que as portas se começaram a fechar.

— Agora! — bramiu Babington, e Ramsay atirou-se para a frente, gritando.

— Deus por Maria! A verdadeira rainha de Inglaterra!

Nunca se vira tantos guardas e estes, ao correrem para agarrar Ramsay, abriram momentaneamente um espaço no meio da confusão, através do qual Babington se infiltrou, irrompendo por entre as portas da capela no momento em que estas se fechavam. Na luz difusa viu uma fileira de senhoras, ajoelhadas, que encobriam a figura recolhida à frente do altar.

Puxou da pistola.

— Isabel!

Ela voltou-se, alta, revelando uma confiança estudada, erguendo-se para fazer face à arma do assassino, sem qualquer sinal de temor no rosto orgulhoso. Babington ficou a olhar, hipnotizado, por um instante, depois puxou o gatilho.

Isabel não se moveu, nem sequer ao ouvir o som do tiro, mantendo-se imóvel e firme, enquanto uma onda de alívio a percorreu, ao verificar que não sentia qualquer dor, que não fora ferida. Viu que o seu agressor soltava um grito de dor e caía no chão, ferido, porém ainda vivo. Uma bala voara, mas não da arma dele, e um intenso cheiro a pólvora enchia a capela.

Nunca até então ela se sentira mais régia, mais intocável, mais magnífica. A força encheu as suas veias até que temeu que fossem rebentar. Ninguém mais dentro da capela se mantivera de pé. Ao princípio, haviam-se atirado para o chão, com medo da arma. Agora mantinham-se de rojo, suplicantes, humilhando-se perante a sua gloriosa líder.

Deus protegera a Sua rainha.

— As histórias sobre a vossa coragem obscureceram completamente toda a má-língua que corre na corte — disse Raleigh. Isabel mantivera totalmente a sua compostura após o ataque e não mostrara a mais leve fraqueza. Insistira em terminar as suas orações como se nada tivesse acontecido e regressara ao palácio de cabeça erguida. Todavia, assim que recolhera à penumbra do seu quarto, sucumbira finalmente, assustada e esmagada. Raleigh viera ao seu encontro antes mesmo de ela o ter chamado.

— Não sou assim tão corajosa, Walter.

— Eu acho que sois.

— Já não sou — respondeu com rispidez na voz.

— Se não cedêsseis a momentos de temor em privado, depois de uma tal ocorrência, não seríeis humana.

— E poderá uma rainha ousar ser humana? — perguntou. As lágrimas começavam de novo a cair e ela voltou-se para que ele não as visse.

— Nem mesmo uma rainha tem a possibilidade de escolher, num caso destes. E vós sois um ser humano, Isabel.

Ele nunca a tratara pelo nome próprio e o som da sua voz a dizê-lo era como o canto dos anjos. — Obrigada por virdes ao meu encontro. Obrigada por não me obrigardes a pedir.

Ele pegou-lhe nas mãos. — Nada seria para mim mais grato que dar-vos a certeza de que nunca necessitareis de pedir o que quer que seja.

— Se ao menos isso fosse possível.

Ele sorriu. — Vós sois a rainha. Podeis tornar tudo possível.

E naquele momento ela quase acreditou nele.

CAPÍTULO DOZE

Maria andava de um lado para o outro, impaciente, com *Geddon* a seguir-lhe os passos, sentindo as paredes do quarto exercerem uma força insuportável sobre a sua alma. Memorizara já cada fio de cada tapeçaria das paredes e contara todas as tábuas da madeira brilhante que revestia o chão, e os ponteiros do relógio pouco haviam avançado. Era como se o tempo se tivesse detido. Não conseguia concentrar-se nos seus pensamentos, nem acalmar os nervos, nem esperar um momento mais.

A imaginação tornara-se esgotante. Imaginara a sua liberdade, vira-se de novo rainha, perguntara-se qual seria a sensação de ocupar o trono inglês — todos esses pensamentos a haviam esgotado ao longo de várias semanas, e não conseguia mais suportar a tortura da espera. Moveu os lábios, rezando em silêncio, com o rosário nas mãos, tacteando primeiro o crucifixo de ouro e depois as contas e então — finalmente — o som dos sinos pairou no ar, entrou pela janela e trouxe consigo uma onda de alegria. Ouviu passos e endireitou-se imediatamente, majestática, serena. Sir Amyas investiu pela porta aberta, na sua direcção.

— Trazeis notícias? — perguntou ela. As damas de honor ladearam-na, com os rostos brilhantes de esperança.

— A rainha foi atacada...

O coração dela batia violentamente e abriu desmesuradamente os olhos. Tinha de parecer surpreendida. — Isabel? A minha prima? Não!

— O assassino foi preso...

Era insuportável. — Sim?

— A rainha não foi atingida...

— Não foi atingida? — A voz de Maria revelou uma rispidez inconfundível, ira, incredulidade, e por fim, genuína surpresa.

— E vós, Senhora — concluiu Paulet com um sorriso — estais sob prisão.

— Eu? Mas o que é que isso tudo tem a ver comigo? — perguntou, fazendo os possíveis por o enganar com a sua voz suave e olhar insinuante, enquanto o medo invadia cada célula do seu corpo.

Paulet fez um sinal e Burton, o cervejeiro, entrou no quarto. Maria soluçou ao vê-lo. As lágrimas assomaram-lhe aos olhos, mas reprimiu-as.

— É esse o problema das intrigas, não é? — perguntou Paulet. — Com tantos segredos, nunca se percebe bem quem é que está do lado de quem até o jogo chegar ao fim. — Tirou do bolso a rolha oca utilizada para esconder as cartas dela dentro dos barris de cerveja e admirou-a. — Foi invenção minha. Teatral, mas eficaz. O meu senhor tem todas as vossas cartas.

— O vosso senhor? — A voz dela perdia rapidamente confiança.

— Walsingham.

Neste momento, Maria abandonou-se às lágrimas. — Traidores. Estou rodeada por traidores. Em quem é que eu posso confiar? — *Geddon* estava aos seus pés e abanava o rabo diligentemente. — Só no meu queridinho. — Chorando amargamente, ergueu-o do chão, encostou-o à cara, perguntando-se quanto tempo lhe seria concedido para se preparar para o fim.

A água salpicou os sapatos de Walsingham quando este desceu do barco e pisou a pedra fria da rua. O guarda da Torre deixou-o entrar sem uma palavra, cumprimentando-o com um aceno de cabeça seco e respeitoso quando ele passou pela Porta do Traidor. Continuou o caminho deixando para trás a Torre Verde, sem se deixar perturbar pelas sombras e histórias de fantasmas — apesar de, como sempre, não conseguir evitar lançar um olhar para o local onde a mãe de Isabel fora executada — uma lembrança sinistra de como até mesmo uma rainha pode cair em desgraça.

Avançou até se deter em frente de um edifício parcialmente construído em madeira, que se erguia entre a Torre Beauchamp e a Casa da Rainha, para falar com o Chefe dos Guardas, que supervisionava prisioneiros e guardas. Beberam cerveja preta amarga, enquanto discutiam assuntos de Estado, não mostrando Walsingham a mais pequena pressa em seguir o seu caminho. Quando a Lua se ergueu no céu escuro, não teve pretexto para adiar mais. Aceitou uma luz que o Chefe dos Guardas lhe ofereceu e desceu às profundezas da Torre.

Todos os conspiradores, à excepção de Maria, estavam já na Torre. Haviam decidido que Maria seria mantida separada dos homens que haviam trabalhado por sua ordem. Walsingham tinha conseguido proteger a sua rainha, mas foi sem qualquer sentimento de alegria, antes acabrunhado ao peso de um sentimento de insucesso, que atravessou o corredor húmido. Manteve a luz erguida para olhar através das barras da cela para o prisioneiro que lá estava dentro.

— Pronto para morrer, segundo vejo, jesuíta — disse ele.

No rosto de Reston não transparecia qualquer temor. Era a imagem da calma e da arrogância. — Fiz aquilo que me encarregaram de fazer.

— Por que é que a arma não estava carregada? — perguntou Walsingham, mas não obteve resposta. Reston deixara-se cair sobre os joelhos e rezava. Manteve-se a olhar para o padre durante mais um momento e depois desviou a luz e descobriu os rostos pálidos de Babington e Ramsay. Observou-os atentamente, mas não disse nada, poupando as forças para encarar o que o esperava na cela a seguir. O homem que a ocupava encontrava-se acorrentado, agachado no chão. Quando a luz que Walsingham transportava iluminou a cela, William levantou a cabeça.

Walsingham sentiu na boca o sabor da bílis. — O que é que o jesuíta foi encarregue de fazer? — perguntou.

— Matar a rainha. Sabei-lo perfeitamente. Sabeis tudo — respondeu-lhe o irmão.

— Nem tudo.

— Disse-vos tudo o que sabia. Acabai com isto e matai-me. Acabai com o que resta de mim. Não me interessa nada. Vós sempre tivestes tudo e eu não tive nada em toda a minha vida. Portanto, ponde-lhe um fim. Há um mundo melhor que me aguarda. No fim todos nós seremos julgados, irmão. Até mesmo vós.

— Não sois nenhum mártir — respondeu Walsingham, sem se deixar impressionar por aquela exibição de orgulho. — Nem sequer fostes grande coisa como assassino. Voltai para França. Que eu nunca mais ouça falar de vós. — Voltou as costas ao homem que jazia no chão, impedindo-o de ver a dor daquela traição insuportável que lhe invadia o rosto. Percorreu o caminho inverso, não voltando a olhar para os prisioneiros, nem se detendo quando Reston lhe suplicou, numa voz suave, quase como um canto:

— Mandai-me para casa.

A Infanta mal prestava atenção às vozes ruidosas dos homens que a rodeavam, enquanto brincava na sala do trono no Palácio do Escorial. Escorregou do seu pequeno trono para o chão de mármore polido, com as mãos cheias de bonecas e divertida com a forma como as suas enormes saias de balão se enfunavam à sua volta quando se deixava cair. Empurrou o tecido ricamente bordado, comprimindo-o contra os saiotes duros, armados com barbatanas de baleia. Depois alinhou as bonecas. A mais alta, a que se parecia com a Rainha de Inglaterra, era a sua preferida. Tinham-lhe dito que a rainha se chamava Isabel e que o seu cabelo brilhava como fogo, num ruivo que a criança achava muito mais apropriado para uma boneca do que para uma mulher de carne e osso. As rainhas deviam ter cabelos negros, como os dela.

Atrás dela encontrava-se seu pai, Filipe, que falava com Don Guerau de Spes, um homem de quem a Infanta não gostava muito. O seu hálito cheirava a azedo e ele aproximava-se demais quando falava com ela. O pai, porém, parecia gostar dele. Franzia os olhos e os seus dedos carregados de anéis repousavam, tranquilos, no braço do seu trono dourado, sinais de que estava a ouvir com muita atenção. Estavam a falar sobre a Inglaterra, qualquer coisa acerca da necessidade de ser salva. Fez a sua boneca Isabel avançar na direcção de uma outra e atirá-la ao chão.

— Têm cartas escritas pela própria mão de Maria Stuart — dizia Don Guerau. — Toda a Inglaterra pede a sua morte — acrescentou o embaixador.

A menina prestou atenção ao ouvir o nome. Maria. Também era rainha. Agora ela não só não gostava de Don Guerau, como tinha a certeza de que ele era um tonto. Uma rainha não podia ser morta. Olhou para o pai, esperando que ele dissesse precisamente isso, mas ele limitou-se a estender a mão, afagar o cabelo dela e a fazer uma pergunta muito simples:

— Meu amor, gostaríeis de ser rainha de Inglaterra?

CAPÍTULO TREZE

— Lede-me outro — pediu Bess, espreguiçando-se na cama enorme, puxando o lençol até ao queixo e enterrando a cabeça numa pilha de almofadas macias.

— Sois insaciável — acusou Raleigh.

— Sou, quando se trata dos vossos poemas.

— De mais nada?

— Isso é o que se há-de ver — respondeu ela. — Lede!

«As paixões são comparáveis às marés e rios: / /As pouco profundas murmuram, mas as profundas são mudas; / Por isso, quando os amores falam alto, parece / Que pouco profundos se revelarão. / Aqueles que se mostram ricos em palavras, em palavras revelam / Que são pobres naquilo de que um amante é feito.

— Meu amado, vós sois rico, tanto em palavras como nas coisas de que um amante é feito. — Aproximou-se mais dele e pousou a cabeça no seu peito. — O vosso poema é uma mentira. Escrevei-me um melhor.

— Escreverei, mas não esta tarde, em que se me proporcionam ocupações bem melhores.

— Tenho de estar de volta ao palácio antes de escurecer.

— Temos tempo. — Beijou-a. — E não vos atreveis a apressar-me.

Isabel deixou a penumbra envolver o quarto, recusando-se a permitir que a criada acendesse as luzes. Alguém trouxera um tabuleiro de comida que se mantinha intocada, congelando, em cima de uma mesa. Lá fora, no átrio, os cortesãos deslocavam-se sem ruído, revezando-se em turnos à porta, escutando apenas o silêncio. Nem sequer o som dos passos quebrava a monotonia. Bess passou por eles e entrou bruscamente no quarto.

— Ordenei-lhes que não deixassem entrar mais ninguém para além de vós — disse Isabel, vendo Bess fechar a porta, mergulhando-as de novo na escuridão. — Vinde sentar-vos ao pé de mim. — A rainha estava sentada numa cadeira de espaldar alto, caprichosamente trabalhada em madeira de carvalho, destituída de tudo o que pudesse proporcionar conforto, sem uma almofada sequer no assento estreito. O pai usara-a na sua juventude e Isabel tivera sempre uma relação estranhamente sentimental com ela. Bess atravessou lentamente o quarto, enquanto os seus olhos se iam adaptando à luz fraca, e sentou-se no chão, aos pés de Isabel.

— Dizem que é mais alta que eu — disse Isabel. — O seu cabelo é castanho. Os olhos são azuis. Dizem que é bonita. Já vi o retrato, e a mim parece-me bonita. Mas os retratos mentem. Nunca a vi em toda a minha vida.

— Nem eu, Majestade.

Isabel pegou na mão de Bess, pensando em todas as vezes que Walsingham lhe trouxera provas contra Maria. Ele queria que a rainha deposta fosse julgada depois de ter sido descoberta a intriga de Throckmorton; Isabel recusara. O Conselho Real emitira, em 1584, uma proposta de lei que o Parlamento votara como lei no ano seguinte. Qualquer pessoa que reivindicasse o trono de Inglaterra e que tivesse conhecimento de uma intriga contra a rainha, perderia o seu lugar na linha de sucessão e seria condenada à morte, tornando-se o primeiro dos dois castigos irrelevante pela aplicação do segundo. A lei modificara ligeiramente a proposta apresentada pelo Conselho Real: a nova versão insistia em que o candidato fosse executado mesmo que não tivesse conhecimento de quaisquer planos para derrubar o monarca em funções. O simples facto de se candidatar seria o suficiente para provar a culpa. Mas, no caso de Maria, esta estava implicada muito mais profundamente que isso.

— Dizem que ela conspirou para vos matar.

— Sim. É verdade. Eu li as cartas.

— Dizem que tem de morrer.

— Dizem... dizem. — A rainha levantou-se da cadeira, empurrando-a com as pernas contra a parede, e dirigiu-se à janela.

— Ela é rainha, Bess. Ou foi, durante algum tempo. A minha mãe era rainha. Durante algum tempo. Eu nem sequer tinha completado três anos quando... quando lhe tiraram a vida. — Isabel fechou os olhos, lutando contra o início de uma dor de cabeça. As suas recordações de Ana Bolena vinham de histórias contadas por outras pessoas; ela nem sequer uma vaga recordação guardava. Diziam-lhe que fora uma mulher apaixonada, ardente, com uma inteligência que conquistara o rei. E que amara com todas as forças da sua alma a sua filhinha, indo visitá-la, em bebé, a Hatfield House, para onde fora enviada logo a seguir ao nascimento.

Isabel herdara a pele morena da mãe, mas não os olhos escuros, quase negros, que segundo se dizia, haviam hipnotizado o seu pai. Mas Ana fora infiel ao rei, considerada culpada de adultério e traição e executada na Torre Verde. Pedira que mandassem vir um carrasco francês, cuja lâmina bem afiada oferecia maiores probabilidades de decepar a sua cabeça num só golpe, um fim preferível aos golpes múltiplos e desastrados de um pesado machado.

Contudo, outros rumores haviam corrido. Rumores de que as acusações contra a Rainha Ana eram mentiras, que ela nunca traíra Henrique, que a sua incapacidade de gerar um filho tinha sido a sua desgraça, que a sua linda filha Isabel não fora o suficiente para satisfazer o rei.

— Oh, como eu temo este acto. Temo-o com toda a minha alma. — Isabel começara a vacilar e Bess amparou-a. — Obrigada, Bess. Não sei como viveria sem a vossa amizade. — A jovem corou e chamou uma criada para trazer chá de alfazema, mas a rainha não o bebeu, tendo sucumbido à terrível dor que se lhe apoderava da cabeça.

— Uma vez mais vindes ao meu encontro — disse Isabel, oferecendo a mão a Raleigh, que lhe fazia uma reverência.

— Eu sabia que estaríeis perturbada. Mas não podeis nem por um momento duvidar de que ela tem de ser apresentada a julgamento — disse ele.

— Não é o julgamento que eu temo, é o veredicto.

— É imperioso que se obedeça à lei.

— As rainhas não têm de se sujeitar às leis normais.

— Não penseis mais nisso — concluiu ele. — Não há nada a fazer até que o julgamento esteja concluído e, se não encontrardes nada mais com o que ocupar a vossa cabeça, ireis sem dúvida enlouquecer.

— Distraí-me, então, Walter, tornai-vos infinitamente divertido.

— Mandai chamar os vossos músicos. Quero dançar convosco.

Ela obedeceu-lhe e sentiu-se surpreendentemente excitada por aquele pequeno acto de submissão. Dançaram até estarem os dois tão cansados que já mal tinham fôlego, até os músicos parecerem prestes a desfalecer de exaustão e os cortesãos que os observavam deixarem de ter qualquer dúvida sobre o facto de a rainha se ter apaixonado.

CAPÍTULO CATORZE

O Castelo de Fotheringay erguia-se, frio e hostil, nas terras pantanosas a pouco mais de cem quilómetros de Londres, ponto de encontro magnífico para os nobres do reino que vinham assistir ao julgamento de Maria Stuart. Isabel nomeara jurados — trinta e seis — para ouvir o caso e pronunciar o veredicto. Eram oriundos das mais nobres famílias do reino, homens em quem ela confiava acima de todos os outros. Ninguém mais poderia ser responsável por algo de tal gravidade.

Maria conseguira adiar a audiência, recusando-se a participar. Ela era uma rainha, uma soberana, não se encontrava sujeita às leis de Inglaterra e insistia em que o julgamento era ilegal. Por fim, Sir Christopher Hatton persuadira-a a deixar seguir o processo e permitiu que a sua queixa fosse registada formalmente, mas, sem julgamento, nunca teria oportunidade de provar a sua inocência.

Na noite anterior ao início do julgamento, Maria encontrou uma carta da prima, discretamente dobrada, ao lado do prato, no tabuleiro do jantar. Pegou nela, sentiu a textura do papel, reparou que a letra de Isabel continuava de uma irrepreensível elegância, mas hesitou em abrir a carta. Após duas dentadas no pão e uma colherada de uma sopa sem gosto, aguada e de origem duvidosa, quebrou o selo.

Haveis atentado por várias formas e maneiras contra a minha vida e procurado destruir o meu país, provocando o derramamento de sangue. Nunca o meu procedimento contra vós foi tão cruel; pelo contrário, protegi-vos e mantive-vos como a mim própria. As vossas traições serão provadas e tornadas públicas. É, contudo, meu desejo que respondais aos nobres e pares do reino como se vos achásseis na minha presença. Por isso solicito, disponho e ordeno que respondais, pois frequentemente tenho sido posta ao corrente das vossas atitudes arrogantes.

Comportai-vos honestamente e sem reserva e cedo sereis objecto da minha generosidade.

ISABEL

As palavras da prima provocaram-lhe a cólera. Empurrou para longe a comida, derrubando um pesado copo de vinho, que se derramou, deixando uma mancha escura na mesa. Começou a andar de um lado para o outro. — Eu não a ameacei — disse, apertando *Geddon* contra o peito, enquanto com a outra mão sacudia o papel em frente das damas de companhia. — Conspirei desesperadamente para salvaguardar a minha própria segurança... para fugir a estas prisões onde tenho estado encerrada. Dei ordens para que os meus homens me socorressem. Mas nunca planeei matar uma rainha.

Pegou numa pilha de papéis que trouxera consigo de Chartley House e ordenou com um gesto que Annette se sentasse a seu lado. Ela possuía a mente mais astuta de todas as damas do séquito de Maria e era a mais indicada para a ajudar a dar os derradeiros retoques na sua defesa.

— Aqui está — disse, entregando as páginas a Annette. — Lede estas enquanto eu continuo a escrever. — Começara a trabalhar no seu testemunho no dia em que Paulet a informara do teor da acusação, e continuava a aperfeiçoá-lo todos os dias desde que fora trazida para Fotheringay.

— Não poderão considerar-vos culpada — concluiu Annette, ao fim da primeira página.

— Espero que tenhais razão — comentou Maria. — Depois de passar vinte anos como prisioneira, temia ter-me conformado. Fiz tudo o que podia para organizar a minha fuga.

— E sempre haveis sido frustrada — acrescentou Annette.

— Sim, mas mesmo quando as conspirações eram descobertas, eu nunca fui implicada, o que me deu uma perigosa sensação de segurança.

— Sabeis o que é apresentado como prova contra vós?

— Não exactamente. Presumo que serão as minhas cartas. — Tentou lembrar-se exactamente do que escrevera na última missiva. Eles haviam-lhe pedido ordens concretas para desencadear a ofensiva, e ela fizera-o... mas fora extremamente cuidadosa na escolha das palavras, não lhes dizendo nunca, directamente, para assassinarem Isabel. Era óbvio que a morte da rainha fazia parte do plano, mas como poderiam acusá-la disso? Não fora ela a autora do plano.

— Portanto, os ingleses — disse Annette — podem ser condenados à morte por fazerem parte de um atentado contra a rainha?

— Sim.

— Mas vós não sois inglesa.

— Precisamente. Talvez que, se me conseguir distanciar dos conspiradores, isso seja o suficiente. Não sou responsável pelos seus planos.

Annette acabou de ler os papéis e um riso desagradável soltou-se-lhe da garganta. — Esta gente é tão patética. Vós, Senhora, sois a mais forte candidata legal a sucessora de Isabel. Seriam eles capazes de condenar à morte a herdeira legítima do trono, quando a sua própria rainha é uma solteirona empedernida? A quem pensam eles entregar o poder quando ela morrer?

— Ao meu filho, é evidente. — Maria suspirou, pensando no pequeno Jaime, Rei da Escócia. Bom, já não era bem uma criança.

— Por que é que a rainha inglesa nunca se casou? — perguntou Annette.

— Não sei. Mas vai cair no ridículo, com a idade. É muito engraçado coleccionar homens como bugigangas, quando se é nova e bonita, mas isso não dura a vida toda. — Maria saboreou a imagem da prima, velha, abandonada e patética, enquanto os homens que declaravam adorá-la, se riam nas suas costas. Todavia, se queria estar viva para assistir a isso, tinha de terminar a sua defesa.

Na manhã seguinte, o nevoeiro estendia-se sobre os pântanos, enrolando-se como cobras nos ramos despidos das árvores e pousando nas folhas caídas que rodopiavam em montes pelo chão húmido. Maria estava encostada à janela, contornando com o dedo as divisões de chumbo que ligavam os vitrais em forma de losango, quase não sentindo o frio gélido do vidro. O frio, aliás, não a incomodava; ajudava-a a concentrar-se. Uma pancada seca na porta anunciou os criados que lhe traziam o pequeno-almoço. Não tinha fome, mas comeu tudo, declarando que estava delicioso, preocupada em transmitir satisfação e confiança.

Assim que acabou de comer, foi conduzida ao andar de baixo. Cerca de uma dúzia de cavalheiros encontravam-se sentados à volta de uma grande mesa no meio da sala. Duas filas de bancos alinhavam-se contra as duas paredes paralelas à mesa. Sir Thomas Bromley, Presidente da Câmara dos Lordes, estava sentado no primeiro, os restantes preenchidos com os Condes do reino e outros nobres. Perpendicular à mesa, de um dos lados, encontrava-se um único banco comprido, de costas altas, onde estavam sentados Sir Christopher Hatton e Sir Francis Walsingham. Dos outros quatro homens que estavam na companhia destes, só reconheceu Sir Amyas Paulet. Contra a parede, e no extremo oposto da mesa, via-se uma única cadeira, majestosa. Um trono destinado à rainha, que, tanto quanto Maria sabia, não iria aparecer.

Preparou-se, alisando o tecido macio do seu vestido preto, e manteve-se de pé, mais alta que os homens que a haviam escoltado até à presença dos acusadores. Conduziram-na a uma cadeira não muito afastada da de Isabel, que se mantinha vazia, em frente do Presidente da Câmara dos Lordes. Não se sentou, preferindo manter-se de pé enquanto usasse a palavra.

— Tantos conselheiros aqui reunidos, mas nenhum é para mim — disse ela, com um sorriso encantador. A sua voz cristalina encheu a sala cavernosa, e a doçura das suas sílabas ricocheteou contra as duras paredes de pedra.

— O meu pai foi Rei e eu sou prima da Rainha de Inglaterra. Vim para este país em busca de protecção contra os meus inimigos e os rebeldes da Escócia que me despojaram do meu trono. A vossa boa rainha prometeu-me auxílio e, em vez de o receber, fui feita prisioneira.

«Não posso reconhecer as leis do vosso país, porque eu própria sou rainha. Submeter-me à vossa justiça seria enfraquecer não apenas a minha posição, mas a de todos os soberanos em exercício no mundo. Contudo, aqui estou, entregue a mim própria, sem ninguém para falar em meu nome. Tudo o que eu possuía me foi confiscado, incluindo os meus papéis. Papéis esses que teriam sido importantes para a minha defesa.

«Não farei qualquer tentativa para negar que desejo desesperadamente a liberdade, e que fiz tudo o que estava ao meu alcance para a conquistar. Não será isso perfeitamente compreensível?

Agiria algum dos senhores aqui presentes de maneira diferente, se vos encontrásseis em circunstâncias similares? Não resistiríeis? Não vos defenderíeis?

«Tentei, com a ajuda de amigos leais, libertar-me das minhas amarras. Mas não desejei que, ao fazê-lo, qualquer mal acontecesse à vossa Rainha Isabel, nem encorajei ninguém a planear tal projecto. Contudo, sou uma rainha com legítimas pretensões ao trono de Inglaterra. Não partilho da vossa fé e, entre vós, existem vários súbditos que me preferem à minha prima. Não posso ser responsabilizada pelos actos criminosos e pela sublevação dessas pessoas.

«É pela minha fé — a fé na qual nasci — que estou a ser julgada e não tenho poderes para o impedir. Fareis o que muito bem entenderdes. E se o pior estiver para acontecer, o meu lema ajudar-me-á a superar todas as vicissitudes: o meu fim é o meu início.

Falara magnificamente e estava consciente disso. Porém, quando os membros da comissão não a deixaram ouvir as testemunhas que depunham contra si, nem permitiram que visse as cartas que exibiam como provas — cartas que, segundo insistiam, tinham sido escritas pelo seu próprio punho —, o seu coração desfaleceu. As suas intenções, o seu simples desejo de liberdade, não interessavam nada aos homens ali reunidos para a julgarem; ela não tinha qualquer dúvida sobre qual iria ser o veredicto. Ao fim do segundo dia de julgamento, disse-lhes que lhes perdoava por aquilo que agora sabia ser inevitável.

O veredicto devia ter sido pronunciado imediatamente, mas Isabel mandou que os membros da comissão regressassem a Londres, onde estavam a ser analisadas todas as provas reunidas por Walsingham e os seus homens, reunidos em Conselho Extraordinário, uma corte constituída essencialmente por Conselheiros Reais, e repleta dos mesmos homens que tinham já assistido ao caso de Maria. Foram apresentadas mais testemunhas e os próprios secretários da rainha escocesa não hesitaram em condenar a sua soberana. Dez dias depois a decisão era anunciada em Westminster: Maria Stuart fora «não só cúmplice e conhecedora da conspiração, mas também a mente que imaginara e organizara a destruição de Sua Majestade».

O Parlamento reuniu-se pouco depois e proclamou o veredicto, mas Isabel atrasou a proclamação da sentença durante mais de um mês. Que Maria seria condenada à morte, era óbvio e o documento não teria necessariamente de ser específico nesse conteúdo. Ninguém duvidava de que a execução seria rapidamente anunciada — e todo o país a exigia. Todavia, Maria não iria ser ainda libertada da sua infelicidade.

A luz na biblioteca de Isabel era fraca, insuficiente para a leitura, mas ela não se importou e não mandou acender mais candeeiros. Retirara-se para ali para ter um pouco de privacidade e ali ficara, em silêncio. Apertava as mãos uma contra a outra, sentindo o sangue pulsar, e depois afastava-as, e repetia esse gesto uma e outra vez. Não havia motivos para estar tão angustiada; Walsingham mostrara-lhe todas as provas e a culpa de Maria era inegável. Mas ninguém mais do que ela — e Maria, segundo pensava — tinha maior noção das dificuldades em aceitar que uma rainha pudesse ser culpada de um crime capital. Uma vez mais sentiu o peso do seu isolamento, estava só no meio de tantas pessoas que a rodeavam. Apenas outra rainha poderia compreender como a adoração podia ser algo de tão solitário.

Walsingham entrou pela porta aberta e fez uma reverência, antes de se sentar numa cadeira à sua frente. — Majestade?

— Existe alguma coisa de verdade nos boatos de que tudo isto não passou de uma conspiração forjada contra ela? Haveis planeado isto, Mouro?

Os olhos de Walsingham enfrentaram os dela, emanando confiança. — Vós conheceis o meu envolvimento. Limitei-me a proporcionar os meios de comunicação. Ela decidiu utilizá-los da forma como utilizou.

— E tinha ela escolha? — Isabel deixou cair as mãos no colo. — O que faria eu se me encontrasse prisioneira?

— Já haveis estado prisioneira, Majestade.

— Queria ver a minha irmã fora do trono.

— Mas não haveis solicitado especificamente o seu assassinato.

— Não. Isso não.

— Já assinastes o mandato? — perguntou ele.

— Ainda não decidi se o vou fazer.

— Majestade…

Ela levantou-se. — Nem sequer vos passe pela cabeça, Mouro, dizer-me o que devo fazer. Eu sou a rainha e como tal decidirei o destino da minha prima.

— O veredicto foi proclamado em público.

— Estou perfeitamente consciente disso. Qual é a necessidade de me pressionarem desta forma?

— Já passou mais de um mês, Majestade.

— Não me pressionem — reiterou, esfregando as têmporas. — Pensais que é tudo muito simples, não é? Que nada disto tem qualquer implicação para além das leis regulares que regem a Inglaterra? Não sois capaz de perceber o precedente que estou a abrir? Que ao ordenar a sua morte é a minha cabeça que estou a pôr em perigo?

— A vossa cabeça correrá perigo se a deixardes viver, Majestade. Até à morte dela há sempre a hipótese de uma conspiração para a libertar. Cada dia que ela permanece com vida é uma nova esperança para os católicos. Não coloqueis em jogo a vossa própria segurança.

Ela dispensou-o com um gesto da mão. Quando a porta se fechou atrás dele, ela fechou os olhos e concentrou-se na tristeza, na confusão e na ira que a dominavam. Ardia-lhe a garganta e sentia o suor a querer perpassar através da maquilhagem. Limpou a testa, depois olhou para a mão, onde ficara um espesso traço de maquilhagem branca. Com um dedo, começou a desenhar círculos no chumbo, sentindo um ligeiro conforto no movimento repetitivo.

Walsingham podia esperar. O Conselho Real podia esperar. O tempo era um privilégio que eles não lhe podiam retirar, e ela não ia assinar nada enquanto não estivesse pronta. Mas também Maria estava à espera. À espera como Isabel estivera, anos antes, na Torre, pensando se na próxima vez que a porta se abrisse a iriam conduzir à morte. Era inconcebível infligir aquele sofrimento a um outro ser humano, a uma outra soberana. Afastou-se da mesa, deitando ao chão a cadeira com o movimento trémulo das pernas. As rainhas não deviam ser assim tão mortais.

CAPÍTULO QUINZE

O Inverno tomara o lugar do Outono e Isabel continuava resistente a assinar a sentença de morte de Maria Stuart. A presença obsessiva da prima no seu espírito provocara-lhe uma ansiedade extenuante: estava nervosa, exausta, irritada. Os cortesãos haviam começado a andar pé ante pé à sua volta, mostrando-se sempre mais obsequiosos que o normal, e as suas bajulações, que ela normalmente acolhia com satisfação — e exigia —, tinham-se-lhe tornado irritantes. Ainda nessa manhã tivera de se conter para não atirar um sapato ao jovem Robert Devereux, Conde de Essex. Era um homem bastante bonito, mas de momento não estava com a mínima disposição para namoros.

Nem mesmo Raleigh a conseguia já distrair daquele estado de agitação. A decepção no rosto dele, nos seus olhos, desanimavam-na mais que qualquer outra coisa, apesar de saber que estava a ser severa para ele. Não o podia conservar na corte para sempre, mas não se sentia ainda preparada para o deixar partir para o infinito dos oceanos, principalmente agora, que o problema de Maria a atormentava de noite e de dia.

O Parlamento incitava-a a passar à acção, pedia-lhe que «fizesse desaparecer a mais malvada e desprezível de todas as mulheres». Coisas semelhantes teriam sido certamente proferidas por um outro Parlamento, mais antigo, contra a sua própria mãe. Palavras horríveis para serem aplicadas a uma soberana.

— Majestade — começou Walsingham, com a exaustão bem visível nas olheiras profundas que lhe rodeavam os olhos. Era já tarde, mas ela não o deixara abandonar a Sala do Conselho. — Não existe qualquer possibilidade de escolha, Majestade.

— Não me digais que não existe possibilidade de escolha! Eu faço aquilo que eu quiser.

— Majestade — instou Walsingham. — Não há possibilidade de perdão...

— Não preciso de sermões, velho. — Estava cansada de ouvir dizer o que tinha de fazer e começava a ressentir-se, com violência, da insistência naquele ponto. Já não o conseguia suportar. — Olhai para vós. Mal vos aguentais em pé. Ide para casa, ide ter com a vossa mulher. Ide para a cama.

— A lei tem de ser cumprida. — Ele falava calmamente, mas ela não lhe respondia da mesma maneira.

— A lei é para as pessoas vulgares, não é para os príncipes.

Ele fitou-a durante um longo momento, antes de falar, revelando uma suavidade paternal na voz. — Se existem dois rivais batendo--se por um trono, um deles tem de morrer.

— Francis — respondeu ela, num tom que se tornava mais amável à medida que se esforçava por se comportar avisadamente, regiamente —, devo-vos a minha vida, mas não a minha alma.

— Graças a Deus que viestes — disse Bess, correndo para Raleigh, assim que ele pisou o chão do átrio dos aposentos privados de Isabel. — Nunca a vi num tal desespero. Desde esta manhã que se mantém sozinha, dentro do quarto. Não quer falar com ninguém.

— Perguntou por mim? — A preocupação estava bem visível nos traços do seu rosto, mas mesmo assim não podia deixar de sorrir para Bess. Era tão difícil estar assim em público com ela e serem forçados a ignorar os seus sentimentos, fingindo que as suas almas não ansiavam uma pela outra, sempre que os seus olhares se cruzavam.

E existia ainda o seu sentimento de culpa. A culpa que provinha de deixar a rainha amá-lo, sabendo que o seu coração se encontrava tão dividido, que dera uma tão grande parte dele a Bess. Odiava pensar no que ela poderia fazer a Bess se se inteirasse da relação deles, odiava pensar no sofrimento e desgosto que isso iria trazer aos três. Ele amava-as, a ambas, a essas duas mulheres extraordinárias, tão diferentes uma da outra. Como poderia afastar-se de alguma delas?

— Não. Mas precisa de vós. Eu sei que precisa — afirmou Bess. Ele pegou-lhe na mão, discretamente, precisando que ela sentisse tudo o que ele sentia mas não podia dizer.

— Ide ter com ela. — Fez-lhe um meio sorriso, com os lábios fechados, e foi o bastante para lhe dizer que o compreendia mais perfeitamente do que ele alguma vez poderia esperar. Ele beijou-lhe a mão e deixou-a.

Quando entrou, a rainha estava retirada no seu gabinete, sentada sozinha, de costas. Raleigh fechou a porta atrás de si, hesitou por um momento e depois dirigiu-se-lhe. — Minha rainha — disse com o seu suave sotaque do Devonshire.

— Meu amigo. — Ela não se voltou para o encarar. — Também vós me vindes dizer que tenho de fazer aquilo que mais temo?

— Não. Vós não tendes necessidade que eu vos instrua no que se refere ao vosso dever.

— Será o meu dever? Não posso cumpri-lo. Desde quando é que eu estou refém de um coração tão sensível?

— Desde quando é que sentis tal temor?

Ela encarou-o então. — Sim, um enorme temor. — Falou muito lentamente. — Mas afinal, que temo eu?

Ele manteve-se em silêncio, avaliando durante um longo momento a mulher que tinha na sua frente; depois respondeu: — Que a vossa alma seja afectada. A realeza está muito perto da imortalidade. Mata-se uma rainha e as rainhas passam a ser mortais.

— Passei dois meses na Torre. Sei o que significa ser prisioneiro, temer pela própria vida. Todos os dias me perguntava se me viriam buscar, se me iriam conduzir ao patíbulo, se o carrasco estaria já à minha espera.

— Viver numa tão terrível incerteza não é fácil — disse ele, aproximando-se dela.

— Estive na Torre do Sino, numa cela horrível. A humidade infiltrava-se nos meus ossos. Estava sempre escuro, as janelas haviam sido pintadas, e pensei que enlouquecia, antes de me terem autorizado a sair para andar, no exterior. Setenta passos ao sol, quando o havia, mas nem isso conseguia secar a humidade dos meus ossos.

Ele pegou-lhe na mão e afagou-a. — Mas agora estais quente.

— Sim. Mas para me manter assim tenho de enviar uma outra rainha para um lugar muito pior que uma cela húmida.

Os seus olhos eram tão diferentes dos de Bess! Igualmente brilhantes, igualmente cativantes, mas os de Bess eram mais francos, mais convidativos, e isso entristeceu-o. Isabel tinha de estar na defensiva, mesmo com aqueles que amava.

— Quero ser-vos útil — disse ele. — Mas pouco mais posso fazer que escutar. Falai, portanto comigo, falai, minha rainha.

— Desejaria que usásseis um termo mais afectuoso.

— Também eu o desejo. — Sentiu que estava a ser tremendamente desleal a Bess ao dizer aquilo, e passou-lhe pelos olhos o clarão do ciúme que a transfigurava sempre que Isabel o levava para um canto para poderem falar a sós. — Mas vós não tomais...

— Não. Não tomo. E neste momento não posso pensar nisso, Walter. — Parecia de novo uma mulher forte. — Se eu assinar a sentença de morte, como irá reagir o filho de Maria à execução da mãe? Jaime será meu herdeiro. Pode perfeitamente decidir que prefere governar a Inglaterra agora, em vez de esperar pela minha morte.

— Ele assinou o Tratado de Berwick, não assinou? Portanto é vosso aliado.

— Se eu matar a mãe, talvez se sinta menos inclinado a agir como tal. Apesar de eu lhe conceder uma generosa pensão. — Suspirou. — E quanto aos franceses? O primeiro marido de Maria foi seu monarca durante um ano, antes de morrer, e eles ainda a consideram sua rainha. Ao executá-la, dou-lhes de mão beijada a desculpa perfeita para se juntarem à Espanha contra mim.

— Possivelmente — respondeu ele.

Ela sorriu e abanou a cabeça. — E Filipe estará certamente determinado a vingar-se.

— Contudo, se a deixardes viver...

— Estarei sempre em perigo. Não sou assim tão destituída de senso que não veja o perigo que me ameaça.

— Os boatos pululam por todo o país — disse ele, admirando a corajosa confiança que brilhava no seu olhar. — Ainda hoje ouvi rumores de que os espanhóis estão já a desembarcar em Milford, que as terras do Norte estão já em revolta e que Londres, contrariamente a toda e qualquer evidência, está a arder.

— A arder?

— Sim. E que Maria terá conseguido fugir e se dirige para norte.

— Não posso permitir que isto continue. E contudo, que dirão as pessoas se, pela segurança da sua própria vida, uma rainha virgem se satisfizer com derramar o sangue da sua própria família?

— Talvez digam que a rainha assegurou a paz do seu país. — Ele apercebeu-se da determinação nos seus olhos. — Já haveis decidido, não é verdade?

— Foi descoberta uma nova conspiração, desta vez organizada pelos franceses, por ordem de Maria, como é óbvio. Tencionavam envenenar-me, apesar de estarem em desacordo sobre a forma exacta como o iriam fazer. Portanto, impõe-se que eu assine a sentença. Por que não o fiz ainda, então?

— É o tal medo... o medo de ser tão mortal — respondeu ele.

— Como me compreendeis.

— Sempre me esforcei por isso.

— E isso significa mais para mim do que imaginais. — Os seus olhares cruzaram-se, directos e calmos, transbordantes de amor.

— Nós, os mortais, temos tantas fraquezas — declarou ele. — Sentimos demasiado, ferimos demasiado. E morremos, demasiado cedo. Mas, por outro lado, temos a oportunidade de amar.

Ela fechou os olhos. — Quem vos ensinou a dizer-me tais coisas?

— Vós, Senhora. — Ele desejava, apesar do seu amor por Bess, um amor que lhe enchia o coração e nunca o abandonava, em momento algum, poder ter Isabel. Conseguir conquistar o seu amor, pertencer-lhe, ser livre de a adorar — como poderia ele não desejar tal ventura?

Ela assentiu com um movimento de cabeça, os olhos ainda fechados. — Deixai-me, agora. O que tenho de fazer, tenho de o fazer sozinha.

CAPÍTULO DEZASSEIS

O quarto de Maria estava frio, mas a queixa era já habitual. Tinham-lhe levado o jantar, mas ela há muito que perdera a vontade de comer e limitava-se a dar bocadinhos de comida a *Geddon*, enquanto rezava em silêncio, para si. Passara quase três meses devorada pela angústia da incerteza, sabendo que ia morrer, mas ignorando quando. Escrevera a Isabel, suplicando-lhe que emitisse a ordem para a execução, mas Paulet não entregara a carta.

Era demasiado tempo para se preparar para morrer.

Mas quando nessa noite a porta se abriu e ela viu o seu carcereiro — exausto, grisalho, esgotado — sentiu um alívio percorrer-lhe o corpo, ao compreender que a sua espera tinha terminado. — Vejo-o no vosso rosto. Está decidido.

— Amanhã de manhã. Às oito. — Sir Amyas fez-lhe a cortesia de a olhar bem nos olhos ao dizer-lho. Ela inspirou profundamente e tentou identificar os sentimentos que a invadiam. Alívio, obviamente, mas que mais? Não era capaz de dizer. Esperara sentir-se atemorizada, mas o terror não se manifestara ainda, talvez porque bem no seu coração ainda não acreditava que a espera tivesse chegado ao fim.

— Agradeço-vos por me haverdes trazido tão bem-vindas notícias — disse. Fitou-o nos olhos e, pela primeira vez desde que o conhecera, não tinha necessidade de fingir cortejá-lo ou ter piedade dele. — Estou muito contente por deixar um mundo onde a minha presença não é grata.

— Eu... lamento — respondeu ele.

— Não vos sintais na obrigação de pedir desculpas. Neste mundo não resta nada para mim. Já há demasiado tempo que o sei.

Haveis sido cortês para mim até ao momento em que descobristes a minha correspondência secreta, e não vos posso censurar por vos haverdes então encolerizado contra mim.

— Rezarei pela vossa alma — disse ele. Fez-lhe uma vénia e abandonou o quarto.

Assim que a porta se fechou, Annette deixou-se cair no chão, soluçando de dor. Porém, a sua senhora manteve-se perfeitamente imperturbável, sem revelar qualquer sinal de desespero, mantendo o seu régio comportamento. — Não choreis — disse-lhe Maria. — Pretendo morrer de forma a garantir que a nossa causa viva para sempre.

Essa seria a sua herança, a garantia da imortalidade. Nada na sua vida se aproximaria da importância vital da sua morte. E quando tudo estivesse terminado, não existiram mais prisões, mais mentiras. Não teria outra missão para além de mergulhar na glória de Deus.

Passou a sua última noite a colocar as coisas em ordem, satisfeita por se poder dedicar a tal ocupação. Dormir estava fora de questão, não só por causa da ansiedade, que não podia ser posta de lado, mas também porque lhe pareceu uma terrível perda de tempo. Não queria perder um único momento de consciência, agora que tão pouco lhe restava. Havia já começado a classificar tudo: o seu último pôr-do-sol, a sua última troca de palavras com um criado de cuja existência não se apercebera até aí, a última vez que escovaria o cabelo. Tudo parecia ter mais significado do que na realidade se justificava, mas ela não podia impedir-se de sentir assim.

Sentada à mesa, escreveu uma carta final a Isabel, apertando nos dedos a pena com tanta força, a princípio, que partiu o aparo. Afiou outro e recomeçou. As palavras surgiam-lhe com fluência ao perdoar a todos os seus acusadores e suplicava à rainha que a deixasse ser enterrada em França. Mas no final foram palavras duras as que reservou para a prima:

Não me acuseis de presunção se, ao deixar este mundo e preparando-me para partir para um melhor, eu vos recordar que um dia tereis de prestar contas do desempenho à frente do vosso cargo, da mesma maneira que foram chamados a fazer os que vos precederam, e que nesse momento o meu sangue e a infelicidade do meu país serão recordados, motivo por que desde o despertar da nossa compreensão deveríamos dispor as nossas mentes de forma a que as coisas temporais se rendam às da eternidade.

Satisfeita, assinou o papel como «a vossa irmã, prima e injustamente prisioneira». A sua mão tremia de sanha contra aquela mulher que lhe recusara a simples cortesia de um encontro pessoal, que, do alto da sua insensibilidade, a condenara a morrer. Não pretendia desperdiçar tempo nenhum daquela noite com o ódio, mas era difícil não o sentir ao recordar a rainha inglesa, orgulhosamente encerrada no seu palácio, rodeada de aduladores. Suspirou e rezou, rezou para que lhe fosse concedida a graça de ser capaz de perdoar, graça que lhe traria a paz nessa derradeira noite da sua vida.

A seguir, dispôs-se a dividir as suas escassas posses entre as suas leais aias e criados. Muito pouco restava para dar, e ela tentou ser justa na divisão, sempre distraída por um único pensamento: àquela mesma hora do dia seguinte não estaria já viva. *Não estaria já viva*. Agora começava a sentir medo, o terror começava a infiltrar-se por todos os poros do seu corpo. Que importância poderia ter quem iria ficar com o seu rosário? Quem iria herdar o seu livro de orações? O seu crucifixo de ouro? Os seus bordados? Disse para consigo que tinha importância, que tinha de ter, e escreveu disposições cuidadosas que deixaria para que fossem cumpridas, sempre consciente de que não passavam de trivialidades, comparadas com o que consumia a sua mente.

Seguiram-se mais cartas, despedidas a amigos — os poucos que restavam — e depois entregou-se à mais penosa de todas as tarefas que a aguardavam. A carta para o seu filho, Jaime. Aí cedeu e chorou, ao pensar nele. Iria recordá-lo sempre como o menino de dez meses que vira pela última vez no Castelo Stirling, na Escócia, logo após ter sido obrigada a abdicar do trono. Recordava-o como então, com a cabeça coberta por um cabelinho castanho muito macio, tentando equilibrar-se em pé, com as mãozinhas agarradas ao rebordo de uma mesa. A madeira polida era demasiado escorregadia e ele desequilibrou-se e caiu, chorando ao bater com a cabeça no chão. Maria apertara-o nos braços e consolara-o. Sentia ainda o seu cheiro morno e lavado, sentia as suas mãozinhas sapudas, ouvia a sua respiração a serenar, enquanto ela o tranquilizava.

Mas isso acontecera há vinte anos, e ela nunca mais fora autorizada a vê-lo. Ele tornara-se homem sem sequer conhecer a mãe e Maria não fazia ideia do seu aspecto, do que lhe haviam dito a seu respeito, se recebera algum dos presentes que ela lhe enviara quando ele era menino. Pensamentos inúteis, especialmente num momento como aquele.

Escreveu uma carta final para Henrique, Rei de França, irmão mais novo do seu primeiro marido. «Real irmão» — começava — «... desprezo a morte e desejo apenas enfrentá-la inocente de qualquer crime, mesmo tendo sido seu alvo. A fé católica e a afirmação do direito que me foi concedido por Deus de ocupar o trono de Inglaterra são os dois aspectos pelos quais sou condenada, e contudo não me é permitido dizer que é pela religião católica que morro, mas pelo medo de que isso possa interferir com a deles.»

Estava feito. Esta seria a sua herança. Seria recordada não como conspiradora, mas como mártir. Continuou, dizendo-lhe, tal como dissera a Isabel, que desejava ser enterrada em França, perfeitamente consciente de que a rainha de Inglaterra faria com o seu corpo aquilo que muito bem entendesse. E seria muito pouco provável que fosse algo que desse satisfação a Maria. Assinou a sua derradeira carta às duas da manhã. Faltavam ainda seis horas.

Quando pousou a caneta, tentou não pensar no machado, nem se iria sentir o golpe, nem desejar que o carrasco fosse rápido. Mas não lhe foi possível evitar tais pensamentos, em breve começou a sentir como se se estivesse a afogar e essa sensação foi bem-vinda e simultaneamente repudiada. Porque sentir era estar vivo — e qualquer emoção, mesmo a mais horrível era melhor que a ausência de tudo. Mesmo assim, não conseguia impedir-se de se sentir enlouquecer. E então rezou até que finalmente a noite, que parecera simultaneamente interminável e tão curta, chegou ao fim.

O sol abriu caminho por entre espessas nuvens cinzentas, e ela escutou os sons familiares dos ocupantes do castelo que davam início às suas actividades rotineiras. Uma porta do estábulo bateu e os cavalos relincharam numa saudação ao rapaz que lhes levava a comida. Passos abafados anunciaram os criados que traziam a água. No caminho de gravilha, as rodas de carros guincharam. Naquele dia, porém, as rodas não pertenciam a carros de mercadores ou comerciantes. Pertenciam a carruagens cheias de dignitários que vinham testemunhar o espectáculo do dia, ver morrer a rainha dos escoceses.

Ela ficou a vê-los, da janela, até que as suas damas a vieram ajudar a vestir-se. Não lhes permitiu de imediato a entrada no quarto, sabendo que aqueles eram os seus derradeiros momentos a sós. Concedeu a si própria uma dádiva final: dois minutos de total pânico. Imaginou o machado a executar a sua sangrenta tarefa. Permitiu que o mais profundo desespero a invadisse, deixou cair a cabeça, arrepelou os cabelos, gritou para a almofada. A respiração era de tal modo acelerada que começou a sentir-se tonta e cambaleou, caindo contra a parede.

E, então, fez um esforço para dominar as derradeiras emoções autênticas que jamais iria manifestar. Era mais difícil que qualquer das coisas que já fizera mas, sem saber como, conseguiu que as pernas deixassem de tremer, e os músculos de se contrair. Dirigiu-se ao espelho e ajeitou o cabelo, molhou o rosto com a água da noite anterior, premiu um pano húmido contra os olhos. Não podia ainda permitir-se mandá-las entrar. Sentou-se na cama. Foi até à janela. Percorreu o quarto de um lado ao outro três vezes, dizendo durante todo o tempo Avé-Marias, em silêncio. E então, quando percebeu que não podia adiar mais, abriu a porta e revelou às suas damas a imagem da compostura piedosa.

O mesmo não se podia dizer delas. Choravam, carpiam, suplicavam-lhe que descobrisse uma forma de escapar.

— Tendes de acabar com isso, agora — disse ela, numa voz perfeitamente calma. — Tendes de me ajudar a preparar-me. — Sempre em pranto, mas agora em silêncio, elas ajudaram-na a vestir o vestido preto, simples, que Maria escolhera para a ocasião.

As oito horas aproximavam-se e ouviu passos pesados do outro lado da porta. Estava na hora. Tinham-na vindo buscar. Ninguém falou ao longo do percurso para a grande sala revestida a madeira onde fora montado um estrado rodeado de cadeiras das quais nenhuma ficara vazia.

— Por favor, ajudai-me a subir — pediu a uma criada, quando se aproximou do patíbulo. — É o último pedido que vos faço. — Caminhou com graça, com o grande vestido preto a ondular à sua volta, o cabelo castanho preso. As damas de companhia continuavam a chorar, sem tentar já ocultar o desgosto, mas a rainha dos escoceses mantinha a sua dignidade, revelando apenas um único lampejo de ira nos olhos no momento em que lhe foram oferecidos os serviços de um padre protestante. Não lhe iriam permitir um católico.

O carrasco avançou, preparado para lhe retirar o véu, mas ela afastou-se e não o deixou tocar-lhe. As suas damas aproximaram-se, tiraram-lhe o véu, as jóias e desapertaram-lhe o vestido. Quando este caiu no chão, os espectadores ficaram boquiabertos. Por baixo envergava uma camisa de seda vermelha, a cor do martírio.

O carrasco ajoelhou-se à sua frente. — Perdoai-me, Vossa Senhoria.

— Perdoo-vos de todo o meu coração porque agora, segundo espero, vós sereis o fim de todo o meu sofrimento. — Uma das damas, chorando, atou um lenço sobre os olhos de Maria. A antiga rainha ajoelhou-se e pousou a cabeça no cepo. — Nas vossas mãos, Senhor, eu entrego a minha alma.

Estendeu os braços, num sinal, rezando para que eles se mantivessem firmes, que não revelassem o terrível pavor que a dominava. Ouvia o homem ao seu lado a mover-se, as mangas da camisa a roçarem contra o corpo quando ele ergueu os braços com o machado. E depois uma pausa e um profundo silêncio. Sentiu que estava a suster a respiração e deixou sair o ar, sabendo que era a última vez que o fazia.

O machado caiu, mas o golpe não foi suficiente para decepar a cabeça, tendo-se seguido mais dois, em rápida sucessão, até tudo estar concluído. O carrasco baixou-se para pegar no troféu ensanguentado e ergueu-o para a multidão ver, mas não se apercebeu de que o que estava a mostrar era uma cabeleira. A cabeça caiu e rolou pelo chão, revelando a todos que o cabelo de Maria era ralo e grisalho como o de alguém com mais vinte anos.

Foi uma visão horrível, que se tornou ainda pior quando o público viu mexer sob as roupas da mulher morta. Do meio delas saiu o cãozinho, *Geddon*, ganindo, confuso com a visão do corpo decapitado da dona. Farejou o corpo e em pouco tempo ficou empapado em sangue, latindo. Ninguém se movia. Por fim, Annette avançou e segurou-o nos braços, ambos chorando a perda da sua senhora.

*

O embaixador de Filipe enviou notícia da execução assim que esta terminou. Maria, rainha da Escócia e de França, estava junto de Deus, como uma mártir gloriosa. Partira de forma admirável, servindo na morte a fé que honrara em vida. Se o trabalho que ocupava Filipe na terra não fosse tão urgente, tão crucial, ele poderia ter invejado o seu santo fim. Ser mártir nunca seria a sua missão, mas ele tinha a capacidade de libertar as almas de Inglaterra e devolvê-las à verdadeira palavra do Senhor. E a sua filha, a Infanta, tomaria o lugar que lhe pertencia, no trono.

Quando o som dos aplausos da multidão reunida no exterior do Palácio do Escorial o arrancou à sua meditação profunda, apertou a mão da Infanta Isabel. Vozes em uníssono entoavam uma única palavra, até ao infinito: guerra. Ele já havia rezado pela alma de Maria, já havia saudado o seu povo. Agora era a hora de abandonar a varanda e encarar os seus ministros reunidos.

— Todo o mundo cristão sabe que a minha causa é justa. Por muito que eu odeie a guerra, ela é neste momento o meu dever sagrado. — Os seus olhos brilharam intensamente. Baixou os olhos para a Infanta, que afagava o cabelo ruivo da sua boneca. Ela ajudá-lo-ia a completar o trabalho de Deus. Ela iria conduzir as almas de Inglaterra ao céu.

Em Whitehall, Isabel mal conseguia suportar o sofrimento que a consumia. Chamara a si todo o peso da dor e, embora convicta de ter feito o que estava certo — a única coisa que estava certa —, não se sentia em paz. Indignara-se quando a sua solicitação para que fosse Sir Amyas Paulet a tomar em mãos discretamente o caso de Maria — sob o pretexto do Acto de Associação — fora recusada. A resposta dele enfurecera-a: — Deus não permitirá que eu faça um tão destemperado naufrágio da minha consciência, nem que deixe à minha pobre posteridade a pesada herança de ter derramado sangue sem lei ou mandato. — Como ela gostaria de o ter podido mandar encerrar na Torre.

E agora chegara o maldito dia, o último na vida da sua prima. Isabel levantara-se antes do nascer do Sol, tentara acalmar-se, rezar, meditar, mas estava demasiado agitada. Andava de um lado para o outro. Atirou com coisas. Gritou. Por fim, não conseguiu aguentar mais tempo. Entrou de rompante na Sala de Recepção, onde toda a corte a aguardava.

— Parai! Parai a execução! Exijo que o façais! — Os cortesãos haviam emudecido no momento da sua entrada, e ela via o horror estampado nos seus rostos. Não lhe interessava nada. Que pensassem o que quisessem. Não existia forma de controlar as emoções que se digladiavam dentro dela.

— Por que esperais? — gritou mais alto. — Eu sou a vossa rainha! Ordeno-vos que mandeis parar tudo!

Ninguém se adiantou, ninguém a encarava. Olhavam para o chão, e ela sentia por todos profundo desprezo. Olhou em redor.

— Desobedeceis-me? — A sua voz era um guincho. — Vou banir-vos da corte. A todos. Vou...

Não reparara que Raleigh se encontrava na sala até ele se aproximar e se deter ao seu lado. Emudeceu, deu uma volta e enterrou a cara nas mãos, escondendo as lágrimas que corriam dos seus olhos e respirando o cheiro a tabaco que emanava das roupas dele. Ficou em silêncio — mas por pouco tempo. Às oito horas — hora em que o machado deveria cair sobre o pescoço da prima — deu um grito e deixou-se cair no chão, a soluçar. Raleigh ajoelhou-se ao seu lado e Bess juntou-se a eles, segurando-a ambos num único amplexo.

Isabel mal se apercebera do passar do resto do dia, mas quando escureceu, recuperara o controlo e voltara a ser ela própria — serena — quando Walsingham a encontrou, sozinha na Sala do Conselho. A agitação passara-lhe, com a mesma rapidez com que a atacara.

— Perdoai-me — pediu ele, de joelhos, humilhando-se perante a rainha. — Na minha fraqueza e na minha vaidade, fracassei.

— Em que é que haveis fracassado? Por que tenho de vos perdoar?

— Filipe de Espanha é um homem temente a Deus. Ele não pode travar uma guerra sem ter uma causa justa. Ele mandou o jesuíta matar uma rainha, mas não a vós.

— Não a mim? — A confusão toldou-lhe os olhos.

— A missão do jesuíta era comprometer Maria Stuart na conspiração. Ele sabia que eu lia todas as cartas dela e esperou até que ela escrevesse as palavras que confirmavam a sua culpa.

— E eu ordenei a execução. — Isabel falou lentamente. — Eu matei a rainha ungida por Deus. E agora o mais cumpridor dos filhos de Deus declara guerra santa para me castigar.

— Perdoai-me, Majestade. Deixai-me partir.

— Não, Francis. Eu não sou parva. Tive em conta esta possibilidade quando tomei a minha decisão. Sabia os perigos que as minhas acções acarretavam. — A sua voz era controlada, firme, mas começava a revelar emoções mais fortes à medida que a ira lhe dilatava as veias. — Também Inglaterra tem o seu Deus — disse. — Filipe que faça o seu pior. Veremos no fim qual dos Deuses se mantém ainda de pé.

Prismas de luz colorida brincavam nas paredes, fragmentados pelos vitrais da janela do quarto de Raleigh. — Odeio pensar na vida que poderíamos ter tido se as circunstâncias fossem diferentes — disse Bess. Estava a passar demasiadas tardes naquela cama em Durham House.

— Odiais? Porquê? — perguntou Raleigh, acendendo o cachimbo depois de ter ajeitado as almofadas atrás das costas dela.

— Porque não serve de nada. Não podemos continuar assim indefinidamente.

— Porquê?

— Ou somos apanhados, ou vós casais, ou...

Ele calou-a com um beijo. — Não gosto de ver a tristeza nos vossos olhos. Fazei-a desaparecer. — Estendeu o braço para a mesa ao lado da cama e pegou num molho de papéis. — Tomai... é um presente para vós. Um manuscrito de uma peça de um novo escritor, Christopher Marlowe. Chama-se *Tamburlaine*.

— Já ouvi falar — disse ela, reclinando-se de lado, apoiada num cotovelo. — A Margaret conhece uma pessoa que a viu representada.

— Eu vi-a representada. É magnífica.

— Estais a tentar distrair-me — disse ela. — Não está a funcionar.

— Então, tenho de me esforçar mais.

Ela pousou-lhe um dedo nos lábios para o impedir de a beijar. — Não. Tenho de vos dizer isto. Temo muito que o que estamos a fazer acabe por nos destruir.

— Desejais que paremos? — Havia na sua voz um profundo tom de seriedade.

— Não deveríamos? — perguntou ela.

— É claro que devíamos. E os pobres deviam ter comida e a Espanha devia deixar a Inglaterra em paz.

— Isso não torna certo aquilo que fazemos .

Ele pegou no rosto dela entre as mãos. — Eu amo-vos, Bess. O que faz com que isto esteja certo é o facto de termos sido feitos um para o outro, de nos compreendemos um ao outro, de precisamos um do outro. Eu nunca escolherei afastar-me de vós, custe o que custar. E não a quero magoar, tal como vós não o quereis.

— Amai-la?

— Amo. Lamento se isso vos magoa.

— Não magoa, embora não consiga compreender porquê. — Suspirou. — Amai-la e, no entanto, continuais a encontrar-vos comigo?

— Eternamente. Nem que não possamos ter mais que estas horas roubadas. Eternamente, Bess.

As noites de Isabel eram perturbadas, cheias dos horrores e tensões dos preparativos para a guerra. Sonhava com privacidade e solidão — duas coisas inatingíveis, porque mesmo quando estava sozinha, sabia que multidões de cortesãos esperavam lá fora. Retirara-se para o seu quarto de dormir na companhia de um livro, fechando a porta na cara das suas muito prestáveis mas irritantes damas. Havia apenas uma pessoa que ela desejava ver. Andando para trás e para diante em frente da janela do quarto, lia em voz alta, sabendo que ele apareceria no momento em que o chamasse e desejando não ter de o fazer.

«Pensais que existe alguma certeza nas questões da humanidade, quando se sabe que uma breve hora pode destruir os maiores de entre nós?» Voltou-se ao ouvir abrir a porta. Ao ver Raleigh, mostrou-lhe o livro. — Boethius.

— *A Consolação da Filosofia* — disse ele, aproximando-se.

— Obrigada por virdes a uma hora tão tardia. — Sentia-se bem ao pé dele. Segura. Fechou o livro e pousou-o na mesa, ao lado da cama. — Estamos em guerra. Quem sabe quando nos iremos encontrar de novo. Se nos encontrarmos de novo.

— Que Deus proteja a Rainha de Inglaterra. — O seu tom formal, frio e impessoal, decepcionou-a.

— O mesmo Deus em nome do qual Filipe trava a sua guerra santa. Filipe é um homem justo e os homens justos gostam de destruir. Queimam mundos inteiros para os purificar e deixam atrás de si as cinzas.

— Não queimará a Inglaterra.

— Pode acontecer. A sua Armada é invencível, segundo se diz. Se Londres cair, se eu for capturada, então restar-me-á apenas um percurso muito curto para fazer. Subirei as escadas que a minha mãe subiu. E depois... tudo estará terminado.

— Nunca. — A força, que tocava os limites da arrogância, na sua voz transmitiu-lhe uma espécie de conforto.

— Nunca? — Respirou fundo. — É noite e os meus pensamentos ficam obscurecidos. Nunca imaginais que um dia, e talvez que esse dia não esteja muito longe, também vós morrereis?

— Quanto mais me aproximo da morte, mais vontade tenho de viver. Mais fome de estar vivo — disse, com um brilho provocador nos olhos.

— Tendes razão, Walter — respondeu ela, afugentando a sua disposição mórbida. — Temos de viver enquanto podemos.

— Por que temer o dia de amanhã? Hoje é tudo o que temos e tudo o que sabemos.

— Hoje. Esta noite. — Os seus olhares não se desprendiam um do outro. — Agora.

— Desejo... — Ela deteve-se, sem o conseguir dizer.

— Nunca conheci uma mulher como vós — afirmou ele. Isabel viu tudo na sua expressão e soube que, provavelmente, dessa vez cometera um erro ao não se entregar totalmente.

— Numa outra época, num outro mundo, poderíeis vós ter-me amado? — perguntou ela.

— Eu só conheço um mundo. E, nesse mundo, amei-vos.

O sorriso dela foi breve e hesitante. — Então há uma coisa que podíeis fazer por mim... uma coisa que eu não sei o que é desde há longo tempo... se vos apetecesse. — Ele aproximou-se, enquanto ela falava. — Uma coisa que não será nunca referida daqui para a frente... uma coisa para ser esquecida... mas por agora, apenas... — Ela ergueu a cabeça para ele. — Um beijo?

Ele agarrou-a nos braços e juntou os seus lábios, frescos e suaves, aos dela, forçando-os a abrirem-se. Um único beijo para conter tudo o que poderia ter sido, tudo o que nunca poderia vir a ser. Quando por fim se separavam, ela afastou-se dele, com a cabeça baixa, os olhos ainda fechados, com a doçura do momento impressa no rosto calmo e na boca sorridente.

— Obrigada — disse ela. Um beijo perfeito podia tornar até uma guerra mais fácil de suportar.

CAPÍTULO DEZASSETE

O exterior da Catedral de Lisboa parecia mais uma fortaleza que uma igreja, e na sua frente aglomerava-se uma multidão cujo entusiasmo culminou num rugido avassalador à passagem do cortejo real. Na frente era transportado um pendão onde se via representada uma imagem da Virgem Maria — o pendão que iria servir como o grande Estandarte da Armada Espanhola. Logo atrás marchava o rei, uma figura sombria, à frente de uma coluna de nobres espanhóis, que entrou para a catedral passando diante da pia onde Santo António fora baptizado, e se dirigiu ao altar, onde um arcebispo a aspergiu com água benta e abençoou, fazendo o sinal da cruz. «*Exurge, domine et vindica causam tuam. Amen.*»

Filipe ajoelhou-se para beijar o estandarte acabado de benzer, antes de este ser de novo erguido bem alto, na amplidão da nave que, contrariamente ao exterior, não era despida de ornamentações. A congregação aplaudiu e chorou, pronta para a batalha e confiante na vitória, enquanto a música se erguia ressoando pela nave, fazendo eco das emoções triunfantes. Depois fez-se silêncio e começou a missa.

O ritual, que lhe era tão familiar, funcionava como um estimulante que lhe circulava pelo corpo, em centelhas, enchendo-o de esclarecimento, luz e resolução. Respirava profundamente, enchendo os pulmões com o fumo do incenso, exultando com os aromas adocicados, enquanto vibrava ao ritmo das orações em latim. Juntou-se ao coro quando começaram a cantar uma série de poderosos *ámen,* elevando a sua voz mais alto e mais forte que qualquer outra. Quando a missa terminou, ergueu-se do banco e conduziu a procissão até ao porto, para se deleitarem na glória da Grande e Felicíssima Armada.

As cento e trinta naus, altas como castelos, debatiam-se contra as âncoras que as seguravam, com as cruzes vermelhas das suas velas enfunando-se ao vento que soprava frio. Filipe apresentou o estandarte ao Duque de Medina Sidonia, Don Alonso Perez de Guzman, comandante daquela impressionante armada e de imediato ele foi içado na capitania. Os gritos triunfantes das multidões ali reunidas tornaram-se ensurdecedores, até serem completamente abafados pelos disparos dos canhões da Armada, numa saudação ribombante, acompanhando o hastear da bandeira que se destacava na floresta de mastros que enchia completamente o horizonte.

Era uma maravilha incomparável, um exemplo magistral da superioridade espanhola. Aquelas naus iriam não só espalhar a destruição entre os seus fracos rivais ingleses, como a sua simples visão trespassaria os inimigos com estocadas de pavor. E tudo isso — sem excepção — para servir a glória de Deus.

Filipe estava satisfeito.

Por toda a Inglaterra corriam histórias acerca da iminente chegada dos espanhóis. Havia rumores de que três... não, quatro... tinha-se falado em cinco... centenas de naus se aproximavam de Dover. O exército que transportavam era, para além de enorme, formado por selvagens, prontos a matar todos os adultos, homens e mulheres, de Inglaterra. E constava também que vinham a bordo sete mil amas-secas espanholas destinadas a amamentar todas as crianças inglesas que iriam ficar órfãs.

Não que Inglaterra não se encontrasse preparada. Correntes gigantescas atravessavam o Tamisa de uma margem à outra, de Gravesend a Tilbury, para impedir os barcos de se aproximarem. Lorde Howard, almirante da esquadra inglesa, dera ordens a Sir Francis Drake, o explorador, para patrulhar em redor de Plymouth, e exércitos, formados diariamente, marchavam na direcção de Tilbury, onde tinham por missão montar um acampamento e esperar pelo inimigo. O medo alastrava, mas o orgulho também, assim como o desejo temerário de entrar na batalha e expulsar de solo inglês todos os lacaios de Filipe.

Em Whitehall, homens armados marchavam ao longo dos corredores, enquanto criados rebocavam carrinhos de mão carregados de valores a caminho de esconderijos seguros: quadros, porcelanas, ornamentos de ouro. Bess andava no meio da confusão, à procura de Raleigh, sentindo uma dor profunda no peito. Perdera o fôlego após curtos momentos, e esquivava-se a soldados e cortesãos que corriam ao longo dos corredores intermináveis. Por fim encontrou-o, em frente da Sala da Guarda. Acenou-lhe, esperando enquanto ele acabava de falar com um soldado que o escutava com ar atento e circunspecto, depois conseguiu captar a sua atenção, e chamou-o para um canto escondido. Ele juntou-se-lhe imediatamente, segurando-lhe ambas as mãos nas suas.

— Bess, fui chamado para bordo do meu galeão...

Ela fê-lo calar, pousando um dedo sobre a sua boca. — Serei rápida — disse ela, com o coração a bater desordenadamente. — Tenho uma coisa para vos dizer. Mas observai que não vos peço nada. Compreendido? A vossa vida a vós pertence. Nada se alterará.

— Que se passa, Bess?

Dois oficiais da corte passaram, apressados. Ela baixou a voz e, por um momento, desejou não ter de lhe dizer. Desejou tudo o que era impossível. — Estou... — Deteve-se, mordeu o lábio, olhou para baixo e levou a mão à cintura.

— Estais grávida? — perguntou ele.

Ela assentiu. — Ninguém sabe. Já fiz os meus planos. Vou pedir à rainha permissão para deixar a corte. Irei viver tranquilamente no campo, na companhia do meu filho. A rainha não pode saber de nada.

Ele fitou-a, com a surpresa estampada no olhar, e apertou-a mais contra si. — Para onde ireis?

— Para a casa da minha mãe. — Fitou o chão e percebeu que estava já destroçada pela dor de o perder. Sentia como se o mais íntimo de si tivesse sido selvaticamente destruído e as feridas deixadas em carne viva.

— Tereis mesmo de ir?

— Eu sou protegida da rainha. Não posso ser cortejada por um homem sem autorização dela. Não posso casar sem autorização dela. Quanto a ter uma criança... — Calou-se no momento em que mais um oficial passava por eles.

— E quando partis? — perguntou ele.

Ela não esperara que ele lhe pedisse para ficar, mas nem por isso aquela simples pergunta deixou de a ferir. Engoliu penosamente. — Assim que mo for permitido.

Bess ergueu os olhos para Raleigh e viu que também ele travava uma dura luta. Levou as mãos à testa, que apertou, fechou os olhos e cambaleou ligeiramente. — E nunca mais vos verei? O que vai ser da criança? Bess...

— Silêncio! — A fraqueza dele deu-lhe forças. Levou os dedos aos lábios dele. — Não temos escolha. Sabei-lo tão bem como eu.

— A única coisa que eu sei é que nada é como deveria ser. — Raleigh apoiou a testa contra a dela e o seu calor envolveu-a.

— Por favor, escutai-me. Haveis-me dito uma vez: «Tudo o que eu tenho para dar, pedi e é vosso». Recordais-vos disso?

— É claro que me recordo.

Ela via nos seus olhos que ele falava verdade, que faria o que quer que fosse por ela e, por um brevíssimo momento, desejou que o seu amor não tivesse que ser proibido, que se pudessem entregar um ao outro, livre e completamente. Mas desejar tal, mesmo por um breve instante, apenas serviu para que o seu coração sofresse ainda mais. — Peço-vos que me esqueçais. Parti para o vosso galeão. Entregai-vos ao vosso dever. Esquecei-me.

— Não me podeis exigir tal coisa — protestou ele.

— Não tenho alternativa.

— Existe sempre uma alternativa, Bess. Às vezes é difícil. Às vezes pode magoar os outros. Mas às vezes é o que está certo. Às vezes é o que tem de ser.

— Não posso — recusou ela. — Não lhe posso fazer isso, a ela.

Raleigh não despregava os olhos dos dela. — Bess...

As damas da corte passaram por eles a correr e Margaret gritou, ao passar. — Bess! Fomos chamadas!

— Aí vou — respondeu Bess, depois voltou-se para Raleigh. — Adeus. — Quase sufocou ao pronunciar a palavra, desfeita pela dor insuportável. A garganta queimava-lhe, os olhos doíam-lhe, e sentia cada músculo do corpo rígido. Não era capaz de voltar a olhar para ele pois sabia que, se o fizesse, cairia de novo nos seus braços. Contra toda a sua vontade e o seu coração, forçou-se a voltar-se e a correr pelo corredor.

Desde a execução de Maria Stuart que a Sala do Conselho fora invadida por uma atmosfera de insuportável tensão. Todos os conselheiros de Isabel haviam sentido na pele a sua fúria, mas a maior fatia coubera a William Davison, um secretário. Ele fora encarregue de convencer Paulet a acabar com Maria pelas suas próprias mãos, para poupar à rainha a penosa tarefa de assinar a pena de morte. Quando Davison fracassou nessa missão, ela mandou-o para a Torre, ameaçando-o com a forca.

Não cumprira, obviamente, a ameaça, mas via perfeitamente que essa atitude tivera um preço bem alto junto dos seus ministros. Era evidente quando tinham medo dela — a forma como se demoravam a ocupar os seus lugares, como falavam mais discretamente que o normal. Tinham razões para a temer: toda a sua felicidade e sucesso dependiam dos favores da rainha, e ela não toleraria a mínima deslealdade. E a deslealdade, segundo ela, incluía fracassar no cumprimento do que deveria ser uma tarefa simples, como a que tinha confiado a Davison.

Mas agora ali estavam, sentados em redor da mesa, prontos a enfrentar a ameaça espanhola.

— Em que condições se encontra a nossa armada? — perguntou Isabel.

— Gostaria de ter mais embarcações, Majestade — respondeu Lorde Howard.

— Tanto quanto sei, a Armada que Filipe está a construir tem naus do tamanho de castelos.

— Naus de um tal tamanho serão difíceis de manobrar — interveio Howard. — Não penso que nos vençam.

— É evidente que não nos podem vencer — ripostou a rainha. Sabia-lhe bem ter de novo o controlo da situação, saber que iria conduzir a Inglaterra à vitória. Sorriu para os seus homens: Walsingham, Howard, Hatton e Burghley. Estava pronta para ouvir o seu conselho.

— Bess! — Raleigh afastou-a das outras damas quando abandonavam a sala depois do jantar, nessa mesma noite, e se dirigiam para os aposentos da rainha, para dançarem. — Tenho de vos falar.

— Não — respondeu ela. — Não sou capaz. Por favor...

— Não me podeis recusar uma conversa. — Os olhos dele suplicavam. — Falai comigo, é tudo. — Ela fechou os olhos e suspirou, mas não ofereceu resistência quando ele lhe pegou na mão e a conduziu para longe da vigilância dos guardas, para um jardim vazio onde há muito a geada havia matado todas as flores. Ali ninguém os veria.

— O que desejais? — perguntou ela, os olhos marejando-se de lágrimas. Raleigh estava a tornar tudo tão difícil. Bess só desejava que ele desaparecesse, que embarcasse no seu galeão para nunca mais voltar. Se o fizesse, talvez ela começasse, daí a uns cem anos, a conseguir esquecê-lo.

— Desposai-me, Bess. Desposai-me.

— Não posso. Sabeis bem que não posso. É impossível.

— Nada é impossível. Existem escolhas, recordais-vos? Escolhas difíceis? Não me podeis pedir para vos deixar, para fingir que nunca nos conhecemos. Vós sois o meu coração, Bess, e não vos deixarei fugir-me.

— A rainha nunca nos daria permissão — respondeu ela.

— Fá-lo-emos então em segredo, não diremos a ninguém. Partireis para o campo para ter o bebé, tal como haveis planeado. Mas não estareis só, Bess. Nunca estareis só.

— Porquê? Porquê tudo isto? Por que não continuarmos como estamos?

— Porque eu preciso de saber que sois minha, mesmo que ninguém mais o saiba. — Ele puxou-a para si, beijou-a, beijou-lhe o pescoço. — Ficai comigo, amai-me, guardai-me para vós.

Ela pousou a mão na sua cabeça, apertou-a contra o peito, sentiu os seus caracóis despenteados. — Suponho que não estaremos a arriscar mais do que já fizemos.

— E o que ganhamos é muito mais precioso que aquilo que podemos perder, mesmo que sejamos descobertos.

Esta conclusão fê-la rir-se. — A sério? Mais precioso que a vossa cabeça? Se a rainha nos descobrisse não tardaria muito que nos encontrássemos ambos no cadafalso.

— Ela não mandou Leicester para o cadafalso quando ele se casou com Lettice Knollys.

— Estava apaixonada por Leicester. — Um suspiro. — E está apaixonada por vós. O que torna tudo pior, não vos parece? Pensar que as nossas vidas estão protegidas porque ela vos ama.

— Não, não me parece. Ela ama-me, Bess, mas nunca me terá para si. Será então justo que me afaste de vós?

— As rainhas não têm de ser justas.

— E quando não são justas, teremos nós que obedecer às suas ordens, ainda que isso nos doa?

— Por vezes, sim.

— Desta vez, não.

— Se ela vos aceitasse, dar-lhe-íeis tudo? Ou estaríeis aqui comigo? — Ele enterrou mais a cabeça no seu seio, mas não respondeu. — Iríeis para ela, não é verdade?

— Não vos mentirei, Bess. Não sei. Não sei o que faria. Mas isso não interessa, não é a nossa realidade. A nossa realidade é esta: nós, o nosso filho. Amo-vos. Quereis-me? Quereis tudo o que tenho? A respiração dela acelerou e ela fitou-o bem nos olhos. — Quero. Quero tudo o que tendes e em troca dar-vos-ei tudo o que tenho. — Ele beijou-a e todos os seus temores se dissiparam. Iriam regressar, ela sabia-o, mas teria sempre para si a perfeição sem mácula daquele momento.

Os pesadelos de Isabel pioravam e Bess, que até então fora sempre capaz de a tranquilizar, andava demasiado perturbada para lhe ser de algum préstimo. A rainha repara já na palidez do rosto da jovem e na sua falta de apetite e preocupara-se, insistira em que ela bebesse diariamente umas soluções de sabor detestável, que pouco resultado haviam surtido. Portanto agora, quando mais precisava da sua amiga favorita, em vez de a chamar para dormir ao seu lado, preferia ficar sozinha, já que não confiava em nenhuma das outras ao ponto de as deixar vê-la tão vulnerável.

O sono teimava em não vir e quando, por fim, conseguia adormecer, um som, uma luz, algo que nem ela às vezes sabia o quê, acordavam-na. Tinha medo, fechava as cortinas da cama à sua volta e sufocava de claustrofobia. Afastava-as e sombras aterrorizadoras enchiam o quarto. Flutuavam e pairavam, com movimentos sinistros, e ela gritava, já sem se preocupar com quem é que a via ou ouvia.

— Ar! Preciso de ar! — As criadas apressavam-se a abrir as janelas. Os guardas apareciam de imediato, seguidos pelas damas de companhia nas suas camisas de dormir que ondeavam. Isabel não dava atenção a ninguém. Debruçava-se no parapeito da janela, inspirando profundamente o ar da noite, observando a Lua e sentindo-se perturbada com a sensação de que algo terrível estava prestes a acontecer.

CAPÍTULO DEZOITO

Fugir do palácio fora mais difícil que durante as anteriores aventuras nocturnas de Bess, mas ela e Margaret conseguiram passar pelos guardas sem que estes tivessem feito perguntas. Estava um barco à espera, ao fundo das escadas privadas, e elas subiram para bordo e instalaram-se apressadamente, ao lado uma da outra. Margaret deixou descair a cabeça sobre o ombro da amiga. — Tendes a certeza de que quereis fazer isto? — perguntou.

— Não há nada que eu queira mais — respondeu Bess, com o coração sobressaltado e o estômago contraído pelos nervos.

— Sabeis que vai haver consequências.

— Ninguém precisa de saber o que aconteceu.

— O bebé, Bess. As pessoas vão saber.

— Sim, acabarão por saber, mas talvez então... — a voz de Bess desvaneceu-se.

— Mas então talvez a rainha já tenha outro favorito? — Margaret abanou a cabeça. — Sabeis que não é assim tão simples. Ela nunca concordará em deixar-vos desposá-lo. Nunca. E se descobrir que já têm...

— Eu sei, Margaret, eu sei. Mas eu adoro-o. Ele é tudo para mim. Não há risco nenhum que eu não corra por ele.

— Doces palavras, minha amiga, mas o romance e a realidade não são a mesma coisa. Não estais assustada com o que pode acontecer?

— É claro que estou. Estou aterrorizada. — Bess mordeu o lábio. — Ele ensinou-me que há coisas pelas quais vale a pena enfrentar todos os riscos. — Pegou na mãos de Margaret. — Devíeis estar feliz por mim, nem que fosse apenas por esta única noite.

— Sabeis que vos desejo a maior das felicidades. É que...

— É quanto basta, por favor.

— Muito bem. — Margaret fez um sorriso, mas forçado e carregado de preocupações. — Esta noite estaremos felizes. — A barca abrandou a velocidade quando se aproximaram da doca, em Durham House e avistou Raleigh, que as aguardava. Toda a ansiedade se dissipou quando contemplou o seu belo rosto e começou a acreditar que tudo iria correr bem, que iriam conseguir, fosse lá como fosse, terem-se um ao outro sem perderem tudo o mais. Ele estendeu-lhe a mão, ajudando-a a descer do barco que balouçava. Depois puxou-a contra si.

— Perdoai-me. Não posso esperar por mais tempo para saborear os vosso lábios — murmurou, beijando-a e afastando-a de novo, quando Margaret pisou a doca. Deu um braço a cada uma das raparigas, e conduziu-as para o interior, atravessando o pátio até chegarem à capela, iluminada pela luz de centenas de velas. Um padre, segurando um livro de orações já muito usado, fê-los aproximar-se rapidamente do altar onde ficaram, diante um do outro. Margaret, a única testemunha, assistia do banco da frente.

A cerimónia foi curta, tão breve quanto o permitido pela lei da igreja, mas a atmosfera estava carregada de emoção. Ficariam unidos como marido e mulher, mas não poderiam viver juntos, teriam de continuar a esconder o seu amor. Contudo, naquela noite, nada disso importava. Naquela noite, ela afogar-se-ia no mar dos seus olhos e fingiria que não teriam de se separar quando a manhã chegasse.

«...com o meu corpo eu te venero, e com todos os meus bens terrenos eu te cubro» — disse ele, pegando-lhe na mão.

Colocou um anel no seu polegar esquerdo. — Em nome do Pai...

Mudou o anel para o indicador. — E do Filho...

E para o médio. — E do Espírito Santo.

Por fim, para o anelar. — «Ámen.»

Muito longe, a sul, o Sol levantava-se sobre o Canal da Mancha, irrompendo por entre nuvens cerradas para manchar a água encapelada com o brilho de diamantes. Nada mais havia para ver, fosse qual fosse a direcção para onde se olhasse, apenas água cinzenta, agitada como se se preparasse uma tempestade. Mas então, no horizonte longínquo, avistou-se um um movimento espectral: formas escuras que balouçavam nas ondas. Primeiro, um punhado delas, depois, a perder de vista. Ninguém, na costa, as conseguia ainda avistar. As sentinelas estariam ainda a olhar o infinito, preguiçosamente, entediadas. Mas em breve não iriam restar dúvidas: a Armada aproximava-se.

No centro do Palácio de Whitehall, por detrás de pesadas portas de carvalho guardadas por não menos que duas dúzias de homens bem armados, ficava a sala onde Isabel planeava a sua guerra. A batalha com a Espanha era inevitável — as escaramuças já travadas nos portos e no Novo Mundo, e a animosidade entre as forças religiosas dos dois países não poderiam ser resolvidas pacificamente. Por muito que ela detestasse ter chegado àquele ponto, tinha de admitir que isso lhe permitira redireccionar a fúria que sentira contra os seus conselheiros após a execução de Maria.

Ao mesmo tempo, tinha a fantástica sensação de se encontrar no dealbar de uma nova era.

Um soberbo mapa da Europa estava embutido no chão, com barcos-modelo colocados nos pontos correspondentes às armadas inglesa e espanhola, e viam-se ainda mais mapas, a cobrir a mesa que ocupava o centro da sala. Isabel, imponente, mantinha-se de pé, alta, de costas muito direitas e, com voz forte, dirigiu-se aos Lordes Howard, Hatton, Walsingham, e Burghley.

— Esta Armada Espanhola está no mar, transportando um exército de dez mil homens. — Fez um gesto, abrangendo o mapa. — Os quinze mil homens do Duque de Parma marcham já sobre Calais. Em Tilbury, temos quatro mil homens. — Parma, que comandava o Exército da Flandres, soberbamente armado, estava acampado na Holanda Espanhola e podia alcançar a costa inglesa em muito pouco tempo, desde que conseguisse chegar a Calais.

— O exército de Parma planeia atravessar o Canal em barcas, sob a protecção da Armada Espanhola — informou Walsingham.

— Mas, para já, não têm barcas em número suficiente em Calais e temos muito pouco tempo.

— Assim é. — Walsingham sorriu, com a surpresa estampada no rosto. Ela tencionara chocá-lo com aquela informação, e estava satisfeita por o ter conseguido. — Se a frota espanhola chegar a Calais em força, os dois exércitos estarão além da nossa capacidade de resistência.

— Em consequência do que — continuou a rainha — a frota espanhola não chegará a Calais.

Lorde Howard avançou. — Majestade, esta Armada é três vezes maior que a nossa esquadra. Devemos estar preparados para o pior. A corte tem de sair de Londres.

— Eu sairei de Londres, Lorde Howard — respondeu ela. — Irei para Tilbury. Juntar-me-ei ao meu exército.

— Pensais que isso é prudente? — perguntou Burghley.

— Penso que é necessário. Sou a sua chefe, a sua rainha. Devo estar ao lado deles. A menos que prefiram que eu me instale num dos nossos galeões? Talvez possa carregar os canhões durante a batalha? — Estava satisfeitíssima por saber que controlava de novo a situação. Terminada a reunião, atravessou rapidamente as salas públicas do palácio, dirigindo-se aos seus aposentos, com Walsingham ao seu lado e todo o séquito atrás.

— Como conhecíeis o número das barcas holandesas, Majestade? — perguntou ele. — Não me recordo de vos ter fornecido essa informação.

— Como podereis verificar, Walsingham, eu não vejo o meu caminho com um só olho. Nem caminho sobre uma única perna. Então, por que hei-de eu confiar numa única fonte de informação? — Retirou-se rapidamente para os seus aposentos privados, seguida precipitadamente pelas damas. Olhou para elas, e depois dirigiu-se a Margaret. — Onde está a Bess?

— Mas que distraído que estais hoje — comentou Isabel. Ela e Raleigh tinham estado a jogar xadrez. Ele deixara-a ganhar, não por respeito pela sua posição, mas por falta de atenção, o que desagradava à rainha. — Há algum problema?

— Não, Majestade. Estou cansado, é tudo.

— Suponho, então, que não queirais ir dar um passeio? Os jardins estão finalmente em flor.

— Se assim o desejais, podemos ir.

— Pensei que poderíamos ia até Windsor amanhã, cavalgar um pouco. Que achais?

— Estou, como sempre, ao vosso dispor.

Ela observava-lhe a expressão enquanto ele falava, tentando decifrar as suas emoções, mas não conseguia descobrir nada, excepto uma estranheza que nunca vira nele. — Terei eu feito alguma coisa que vos ofendesse?

Ele sorriu, mas sem muita convicção. — Certamente que não. Vamos então lá fora? Mostrai-me o vosso jardim.

— Não — contrapôs ela. — Prefiro ficar aqui, a ler. Por que não ides sozinho? É evidente que o vosso espírito se encontra algures.

Raleigh não discutiu, não protestou, limitou-se a beijar-lhe a mão, fazer uma vénia e sair da sala. Após a sua saída, a rainha inclinou-se para a frente, apoiou os cotovelos nos joelhos e enterrou a cara nas mãos. Sentia todo o corpo dorido, a cabeça estonteada e o estômago contraído. Alguma coisa correra mal, desesperadamente mal. Sentia que ele não estava já consigo, e queria saber para onde se ausentara.

— Majestade? — A porta abriu-se e Walsingham assomou. — Há algo que penso que deveríamos discutir. Posso entrar?

Ela convidou-o a entrar com um gesto e fez um esforço para se sentar direita, numa posição digna. Assim que ele começou a falar, Isabel não precisou mais de gastar a sua energia para assumir uma postura real. A fúria dominou-a e uma rainha forte e poderosa tomou o lugar da mulher ferida que há pouco se encontrava no quarto. Soube exactamente o que tinha de fazer.

CAPÍTULO DEZANOVE

Isabel estivera recolhida no seu gabinete de trabalho durante mais de uma hora, interrogando as damas da Sala do Conselho, uma após outra. Lá fora, no átrio, os cortesãos esperavam num silêncio nervoso. Apenas ousavam emitir um suspiro quando a voz da rainha se elevava num grito, que se ouvia mesmo através das espessas paredes de pedra. Uma tensão tão palpável não favorece o bom convívio. As damas olhavam umas para as outras com olhares acusadores, tentando determinar quais de entre elas teriam dado origem àquela fúria. Todas ficaram estupefactas quando Margaret saiu aos tropeções do quarto, lavada em lágrimas, e abandonou o átrio a correr, sem dirigir uma palavra às outras. Ninguém ousava entrar depois dela.

Minutos depois, as pesadas portas abriram-se bruscamente e Isabel saiu, num turbilhão, gritando, com o rosto vermelho, a voz trémula. Suspeitara, mas nunca sonhara que se atrevessem a fazer-lhe tal coisa: humilhá-la, traí-la. Ultrapassava muito o que se podia aceitar. — Bess! Bess Throckmorton!

Bess estava sentada sozinha, ao fundo da sala, com a cabeça baixa, sem se juntar às intrigas murmuradas em voz baixa. Ao ver a rainha, levantou-se. — Aqui estou, Vossa Senhoria. — Na sua voz perpassava um tom de resignação, e a rainha olhou com raiva para a jovem que se aproximava, sem se importar que a vissem borbulhar de fúria. No átrio mal se ouvia respirar e ninguém ousava falar; não que Isabel se importasse. Era importante que elas sentissem medo, que nunca mais se esquecessem de que ela era a rainha, que todas elas se encontravam ali apenas devido à sua bondade, que ela tinha o poder de banir quem quer que fosse, de um momento para o outro. As suas mãos tremiam e não conseguia controlá-las, portanto cerrou-as num punho, diante do rosto da jovem. Assim que Bess chegou ao pé dela, deu-lhe uma bofetada e depois bateu-lhe violentamente na cabeça.

— Como vos atreveis! Meretriz! Puta! É verdade? Atreveis-vos a ter segredos para comigo? É verdade? Negais? — Bess tremia, com as mãos no rosto, muda. O seu silêncio não fez mais que aumentar a fúria da rainha. Isabel fechou os punhos, enterrando as unhas nas palmas das mãos, até fazer sangue. — Dizei! Casastes? Estais grávida? Estais grávida?

Bess baixou as mãos e lentamente levantou o olhar, fitando a rainha. — Sim, minha Senhora. — A sua voz era fraca, mas firme. Isabel pensou que iria desmaiar, tão insuportável era a dor que a dominava. Começou na cabeça e percorreu-lhe o corpo todo a uma velocidade inacreditável. A fúria e a dor, companheiras de tragédia, cada uma por seu lado exigiam a sua atenção, mas a fúria ganhou a batalha e exigiu fazer-se ouvir.

— Meretriz! Puta! Traidora! — gritou. — Eu sou a vossa rainha! Sois obrigada a pedir a minha autorização para ter o cio, para casar, para procriar! As minhas cadelas usam a minha coleira. Ouvis-me? Como vos atreveis a estar grávida?

Walsingham avançou ao seu encontro. — Majestade, por favor! Dignidade... piedade...

De olhos em brasa, ela voltou-se para ele e afastou-lhe a mãos. Como ousava ele? Como ousavam todos? Rangeu os dentes e mal conseguia conter-se para não bater o pé. — Não é altura de piedade. Foi isso que me haveis dito. E eu não me esqueço. Mas vós haveis mostrado piedade, Walsingham. Ide ter com o traidor do vosso irmão e deixai-me tratar dos meus assuntos. — Ele empalideceu e ela voltou a atacar Bess. — A criança é dele? Dizei-me! Dizei! A criança é dele? Confessai! É dele?

— Sim, minha Senhora. — Bess estava calma, digna. — É filho do meu marido. — Não encarava a rainha, olhando para além dela.

Isabel esforçou-se por respirar fundo, sentindo-se rebentar de raiva por não conseguir dominar inteiramente a atenção da jovem. Voltou-se para ver o que desviava a atenção de Bess. Raleigh contemplava-as do outro lado da sala, o olhar triste, os braços cruzados. A visão dele atingiu-a como nenhuma bala de assassino conseguiria fazer. Vergonha e atrapalhação misturavam-se com a raiva e desejou apenas trespassá-lo com uma espada. Todavia, ainda conseguiu raciocinar como era bom não dispor de nenhuma.

A voz dele soou rouca, baixa, mal se ouvindo. — Esta não é a rainha que eu amo e sirvo. — O olhar dele, inflexível, cruzou-se com o de Isabel e ela sentiu que a loucura a abandonava. A fúria mantinha-se, queimando-lhe a garganta e o estômago, mas conseguiu controlá-la, concentrar-se nela, substituir a sua aparência exterior por uma régia máscara de calma.

— Haveis seduzido uma senhora posta ao meu cuidado — afirmou, desejando conseguir enterrar aquela dor, desejando ter sabido proteger melhor o seu coração. — Havei-la desposado sem o meu consentimento. São crimes puníveis por lei. — Voltou-se para Walsingham. — Prendei-o.

Deu meia-volta e desapareceu para o seu gabinete de trabalho, deixando o som do estrondo da porta a ecoar atrás de si. Apoiou as mãos trémulas em cima da secretária e baixou a cabeça. Os seus pulmões estavam paralisados; não conseguia respirar. Deixou-se cair no chão, dobrou os joelhos junto ao peito e soluçou.

No extremo de Inglaterra, na costa da Cornualha, um jovem estava de vigia. Havia semanas que se mantinha ali, fazendo os possíveis por não perder a concentração, por manter os olhos fixos no horizonte. Era um posto mortalmente aborrecido. Nunca por ali passavam barcos inimigos e o oceano começava a parecer uma mancha difusa. No dia anterior dera por si a adormecer, portanto, naquela manhã trouxera consigo uma faca e um pedaço de madeira e sentara-se a talhá-la, prometendo a si próprio que teria o cuidado de erguer os olhos amiudadamente.

Ouvira já todas as histórias acerca da Armada, acerca do Rei de Espanha, o Demónio do Sul, como lhe chamavam. Contava-se que ele dissera a um homem condenado pela Inquisição que, se o seu próprio filho, o príncipe, fosse culpado de heresia, ele próprio o conduziria pelas suas mãos ao cadafalso.

Movimentou os ombros, rodou a cabeça para um lado e para o outro e dedicou a atenção ao bocado de madeira que tinha à sua frente. Mas ao empunhar a faca, captou qualquer coisa pelo canto do olho. A faca e a madeira caíram para o chão quando fitou o mar.

Sobre o limite do horizonte surgiu a longa linha da armada espanhola, uma parede flutuante, negra e ameaçadora.

Correu pelos degraus da torre, acendeu um feixe de varas e foi-as atirando para o farol mais próximo. Assim que este se acendeu, com as chamas erguendo-se no céu, ficou atento e em breve viu um novo farol a acender-se no promontório seguinte. Depois um terceiro, um quarto, um quinto, até que toda a linha da costa ficou em fogo, para avisar toda a Inglaterra.

Era o momento. A rainha tinha de ser imediatamente informada.

— Majestade... — Walsingham hesitava. Há três dias que a tratava como um pássaro ferido. Era insuportável.

— Dizei o que tendes para dizer, velho — ordenou ela, com os olhos azuis incendiados e orlados de vermelho. Sabia que, embora nenhum dos seus cortesãos ousasse comentar, quanto mais atrever-se a um qualquer gesto de compaixão, o seu desgosto de amor era perfeitamente visível, facto que ela odiava.

— Talvez não seja sensato perder o controlo dessa forma. Os mexericos, como sab...

— Lidei com mexericos desde miúda. Pensais que eu devia tolerar a traição? O engano? A mentira? De uma Dama do Conselho Real? As regras são claras, Mouro. Nenhuma das minhas damas pode permitir a um cavalheiro que a corteje sem o meu consentimento expresso. Pretendeis que eu abra uma excepção? Porque eu gostava da Bess? Porque eu gostava do Raleigh? — Gostava do Raleigh? Ela amara-o. Amara-o. E para quê? Agora odiava o simples som dos seus nomes.

— Não, Majestade. Creio que deveríeis castigar as partes culpadas em privado. No vosso lugar, não mostraria à corte nada mais que a vossa serena e graciosa personalidade.

— Deixai-os ver-me tal como sou. Deixai-os temer a minha ira. — Uma rainha não deveria ter de lidar com aquele tipo de comportamento. Perguntou-se como se sentiria Raleigh na Torre e duvidou de que as instalações conseguissem ser suficientemente desconfortáveis.

Os outros Membros do Conselho haviam-se mantido de lado, durante aquela conversa, conservando os olhos baixos e os rostos desviados. Isabel olhou em redor, para eles, e abriu a boca para dizer qualquer coisa, mas voltou a fechá-la. Dirigiu-se para a janela. Lá fora, o último dos faróis de aviso, o que se via de Whitehall, incendiou-se e o seu coração disparou. A Armada! Todas as insignificâncias se reduziram à sua dimensão e uma grande calma instalou-se bem no centro do seu peito. Estava de novo concentrada no seu país, no seu povo. Era isso que significava ser rainha. A Inglaterra seria sempre mais importante que qualquer assunto do foro do coração humano.

— Então, começou — murmurou, enquanto a excitação e uma deliciosa expectativa se instalavam na sua alma. — Meus Senhores, os nossos barcos navegam em águas inglesas. Os nossos exércitos pisam o solo inglês. Não seremos derrotados. Acreditai em mim: eu sou a Inglaterra.

— Estais a ver, não é assim tão mau — disse Raleigh enquanto Bess olhava tristemente para a sua cela na Torre de Londres. — É pequena, é verdade, mas não estou a pensar em receber muito, aqui, e está adequadamente mobilada para um homem do meu estatuto.

— Como sois capaz de brincar? — perguntou ela. — É pavoroso.

— De forma alguma. Nem sequer existem grades nas janelas, e os guardas deixam-me andar lá fora quando o tempo está bom. Esperava muito pior. — E, instintivamente, esfregou o pescoço, satisfeito por ainda conservar a cabeça agarrada ao corpo. Bess estendeu as mãos e pousou-as sobre as dele.

— Arranjei alojamento aqui perto. O bebé e eu vamos ficar bem instalados.

— Estais bem, Bess?

— Não muito, sem vós. — Ela olhou para o chão e ele viu uma lágrima rolar-lhe pela face.

— Temos de tirar disto o melhor partido possível — insistiu ele, fitando o rosto dela e memorizando cada milímetro. — Não vos deixeis entristecer. Ambos sabíamos que isto podia acontecer.

— Tenho medo — confessou Bess.

— Não tenhais. — Puxou-a para o colo. — Se a rainha me quisesse executar, já o tinha feito. Temos de ser pacientes e rezar para que ela acabe por me libertar. Mas entretanto, não vos posso ver triste.

— Que desejais que eu faça?

— Que me agradeis. A única coisa boa das prisões é que as portas estão fechadas, e os guardas prometeram que não abririam a minha até ouvirem bater para dar o sinal de que estais pronta para sair.

— Não sei se serei capaz de vos agradar.

— Creio que sois. — Beijou-a demoradamente, saboreando o seu gosto. — Se a minha estadia aqui for de larga duração, pergunto-me se conseguirei convencer os meus carcereiros a mudarem-me para aposentos maiores, para vos ter comigo. Seríeis capaz de viver aqui na Torre, comigo, Bess?

— Eu seria capaz de viver convosco onde quer que fosse — respondeu ela, retribuindo os beijos. A prisão, como em breve iria descobrir, não era um local tão horrível como fora levada a crer.

Isabel sentiu-se ligeiramente melhor a partir do momento em que o barco deslizou pelas águas escuras. Sentia-se completamente desiludida com os seus cortesãos, com toda a gente em Whitehall. Desviavam-se do seu caminho, com medo do seu génio, sempre que ela se aproximava. Walsingham e Burghley não paravam de lhe aconselhar que se mantivesse calma e os seus Conselheiros paravam de falar sempre que ela entrava na sala. Era intolerável. Decidira, então, entrar no jogo e assumir um ar de boa disposição para esconder o seu mau génio. Todavia, junto de John Dee não sentia a necessidade de esconder nada. Esconder algo de um homem com o seu poder mental seria um esforço absolutamente inútil, ou pelo menos foi disso que ela se convenceu, contente com a desculpa para não ter de controlar as emoções.

Quando chegou à doca de Mortlake, entrou de rompante pela casa, sem esperar ser anunciada, mas conseguindo mesmo assim aguardar que lhe abrissem a porta, e deteve-se perante ele, num estado de grande ira e perplexidade.

— Majestade, mas que surpresa.

Ela fitou-o, furiosa. — A queda de um império, haveis-me dito — exclamou ela, vagueando pelas salas apinhadas de coisas, pegando ao acaso em instrumentos que lhe pareciam interessantes, abandonando-os logo de seguida. — Por que é que me sinto como o pobre Rei Creso, que tomou à letra as palavras do Oráculo de Delfos?

— Estais bem recordada de Heródoto. Excelente! Mas como já vos disse, a profecia é uma arte, não uma ciência.

— A Pitonisa disse a Creso que, se ele atravessasse o Rio Halis um grande império cairia. Não mencionou que o império seria o seu e não o dos persas.

— Creso deveria ter tido em conta essa opção — comentou Dee. — Não se pode culpar as palavras da Pitonisa.

— Eu não me guio por palavras cifradas. Dizei-me, portanto: queríeis dizer o império inglês? Porque, por Deus, a Inglaterra não cairá enquanto eu for rainha. Se é essa a vossa profecia, Senhor, fazei o favor de profetizar de novo.

— Vossa Majestade pretende que eu vos diga apenas aquilo que Vossa Majestade deseja ouvir? — perguntou Dee.

— Recuso-me a ser um joguete do destino. Não enfrentei eu a bala de um assassino e sobrevivi? — Viu a perplexidade no olhar dele e e não gostou. Suspirou e voltou a sentir a dor aguda no estômago, enquanto a ameaça de uma dor de cabeça se instalava na nuca. — Dizei-me apenas que não existem certezas. As sombras de espectros, haveis dito. Qualquer interpretação é possível. Dai-me uma esperança.

— As forças que dão forma ao mundo são maiores que nós, Majestade. Como posso eu prometer-vos que se conjugarão em vosso favor, mesmo sendo vós a rainha? — perguntou o homem. — Mas pelo menos isto, eu sei. Quando a tempestade rebenta, cada homem age de acordo com a sua natureza. Alguns ficam imóveis de terror. Outros fogem. E alguns estendem as suas asas como águias e voam ao sabor do vento.

Isabel endireitou-se. Conhecia bem a sua natureza e era nobre. Cometera o erro — uma vez mais — de amar um homem, de confiar nos amigos. Não era essa a senda em que Deus a colocara. O seu coração não passava de uma fraqueza humana e ela tinha de aprender a controlá-lo, a ignorá-lo. Fora feita para a Inglaterra, para o seu povo, para o conduzir e proteger. Para lhe trazer glória. Tinha de ver, acreditar e sentir que as traições que a haviam feito sofrer no seu íntimo não passavam de trivialidades comparadas com o dever que tinha para com o seu país. Teria de se erguer acima dessas coisas e nunca mais pensar nelas. Fechou os olhos e baniu a dor do seu coração.

— Sois um homem sábio, Dr. Dee.

— E vós, Senhora minha, sois uma grande dama.

Raleigh ouviu as chaves na porta antes desta se abrir e de o guarda deixar entrar um criado que trazia o tabuleiro com o jantar.

— Excelente — disse Raleigh. — Estou cheio de fome e a vossa comida não é nada má. Pensando bem, este alojamento não é pior que alguns que eu próprio escolhi.

O criado não respondeu.

— Mas os dias começam a ser muito aborrecidos. Penso que, se a minha estadia aqui vai ser muito longa, terei de arranjar algo com que ocupar o meu tempo. Talvez escreva um livro. Uma história do mundo. Quanto tempo é que achais que pode decorrer até eu voltar a estar nas boas graças da rainha?

— Não sei, meu Senhor — respondeu o criado.

— Veio hoje alguma carta da minha mulher?

— Ainda não.

Bess escrevia-lhe todos os dias, e visitava-o todas as vezes que os seus carcereiros o permitiam. Ele sentia mais a falta dela do que imaginara possível, sentia a sua falta mesmo antes de ela sair, quando o vinha visitar. A única coisa que desejava era tê-la de novo para si, mas teria de esperar, e esperar era uma coisa que abominava. Suspirou e mudou de assunto. — Que notícias há da costa? A nossa esquadra está no mar?

— Sim, Senhor. Que Deus os proteja.

— Quem comanda?

— Lorde Howard e Sir Francis Drake, Senhor. É tudo quanto sei.

— A Inglaterra está em boas mãos — comentou o prisioneiro, desejando estar com eles. A recordação dos salpicos do sal e do mar sem fim torturava-o. Esfregou as mãos, que estavam a ficar macias, a perder os calos, e pensou no contacto das cordas ásperas quando faziam subir as velas.

— Tendes razão, Senhor. — O criado fez uma vénia e saiu do quarto, seguido de imediato pelo rodar da chave na fechadura.

Raleigh abandonou a comida e dirigiu-se à janela, que dava para a Torre Verde. Iria Isabel poupá-lo? Ou iria a sua vida terminar ali? A confiança que demonstrava a Bess quando ela o vinha visitar não era totalmente sincera. Caiu de joelhos e rezou para que Deus o ajudasse a regressar à sua mulher e à sua esquadra.

CAPÍTULO VINTE

Nos mastros de cada nau drapejava o pavilhão espanhol, com as suas cruzes amarelas sobre o fundo vermelho brilhando nas falésias brancas de Dover, tão próximas que parecia que já tinham sido cravadas na praia. Era uma visão assustadora — mais ainda quando vistas de longe que a partir dos conveses das robustas naus. Os ingleses estavam a preparar-se para uma batalha naval, mas a Armada não era tão forte quanto se suspeitava.

As naus não estavam tão bem equipadas como poderiam ter estado e, antes de terem zarpado, as deserções e as doenças tinham assolado os marinheiros, obrigando o Duque de Medina Sidonia a recrutar todos os homens que pudesse. Os mantimentos eram escassos, os alimentos estavam deteriorados, e o duque escutara demasiados avisos de desastre proferidos por astrólogos afamados. Sofrera de enjoos praticamente desde que tinham saído de Lisboa e, até então, a sua missão nada conhecera que se assemelhasse à glória.

Porém, não desesperou. Antes de terem içado velas, um simples frade abordara-o para lhe garantir que Deus estaria com eles naquela que era a mais sagrada das cruzadas. E as suas palavras foram as mais sinceras que Medina Sidonia jamais escutara.

Optou por acreditar nelas.

A grande frota fora fustigada por tempestades durante a sua viagem até Inglaterra e as naus tinham sido afectados. Nem todas eram novas — algumas eram embarcações mercantis adaptadas, e nem todas estavam nas melhores condições. Muito dependeria de Parma e do seu exército, da invasão e do facto de a Armada servir mais como força de apoio que de ataque.

Um pequeno esquife encostou-se à nau de Medina Sidonia e um mensageiro real trepou pelo seu flanco, levando uma carta do rei. Filipe dizia-lhe que em Espanha estavam a ser rezadas missas quase incessantemente, e que se suplicava aos santos: todo o país estava em oração. O mundo esperava por aquela vitória e Deus não permitiria que a sua missão fracassasse.

A frota inglesa tinha navegado desde Plymouth e o povo de Londres não podia fazer mais do que rezar. Isabel decidira ir à catedral de S. Paulo, longe do palácio, mas perto dos seus súbditos, necessitando de ser amparada pela sua adoração, caminhando mais devagar do que era seu costume e exibindo-se com altivez. O seu séquito estava fortemente armado, com os soldados ostentando armas reluzentes, as botas troando e os escudos retinindo enquanto marchavam ao lado dela. Estava protegida por dois mil homens e, embora apreciasse a sua devoção, interrogava-se se o país não estaria mais bem servido tendo-os a combater ao lado do exército.

As Damas do Conselho Real tinham-se tornado mais insidiosas que nunca desde que Bess fora expulsa da corte, cada uma esperando vir a ser a nova favorita da rainha. Levavam-lhe doces, sapatos, livros e jóias, coisas que a deixavam particularmente indiferente. Começava a desprezar a natureza descartável dos seres humanos: perdido um, substitui-se por outro. Não se sentia bem. Não desejava uma nova dama de companhia.

Bess, pelo que ouvira dizer, fixara residência perto da Torre, desejando estar perto do marido, uma situação que Isabel achava profundamente irritante. Raleigh e a esposa — detestava o modo como a palavra soava — deviam ter-se prostrado diante dela e implorado perdão. O facto de terem partido em silêncio era exasperante. Exasperante e desgostoso, e preencheria o vazio por eles deixado no seu peito não com outra pessoa, mas com um lastro de pedra. A Armada de Filipe não podia ter chegado em melhor ocasião. Estava tão grata pela diversão que isso lhe proporcionava que se sentia aterrorizada por esse facto.

Isabel abriu bem os olhos à medida que estes se ajustavam à luz ténue, sem desperdiçar o brilhante escrutínio do sol. Encheu os pulmões com o ar frio e bafiento da catedral, inspirando-o profundamente enquanto concentrava a sua considerável inteligência, preparando-se. Já tinha o apoio incondicional do seu povo; era chegado momento de incitá-lo à acção. Começou a dar ordens.

— Que os sinos dobrem em todas as igrejas do país. Que os lavradores deixem os campos e peguem em armas. A lavoura terá de esperar.

Precisava que todos os homens aptos para combater se juntassem às tropas já reunidas em Tilbury.

— Libertai todos os presos. A Inglaterra também é o país deles.

Calou-se e fechou os olhos numa inóspita sensação de tristeza. Raleigh era um marinheiro hábil, um combatente experiente, alguém capaz de motivar os seus homens e de os convencer a segui-lo para onde quer que fosse. Após um longo suspiro, abriu os olhos e voltou-se, procurando e encontrando Walsingham.

— Libertai Raleigh. Está perdoado... Já que também eu rezo para que seja perdoada.

— Com certeza, Majestade — respondeu Walsingham, baixando a voz em seguida, de modo a que só ela pudesse ouvir. — É uma decisão difícil, bem sei, mas é a mais justa.

Ela lançou-lhe um breve sorriso.

— Deixai-me, todos vós.

O seu séquito desapareceu da nave, à excepção de um contingente de guardas com ar severo; os restantes estariam à espera para a rodear no momento em que voltasse a sair. Caminhou até ao altar e ajoelhou-se ao mesmo tempo que era inundada por uma sensação sublime de confiança. O sol abriu caminho pelo vitral, e uma luz colorida dançou no chão de pedra. Isabel ergueu os olhos para a janela e decidiu que naquele dia não baixaria a cabeça quando rezasse.

As notícias não corriam tão céleres quanto Filipe teria desejado, um facto que o deixava frustrado e com a sensação de que os músculos iam explodir através da pele. Finalmente, ao cabo de tanto tempo, as mensagens tinham chegado, mas não eram nada do que estava à espera.

— Quando desembarcarão em Inglaterra? — perguntou, enquanto passava os dedos por um crucifixo de ouro.

— A comunicação tem sido difícil, Majestade. O duque está a fazer tudo para...

— Isso não é aceitável — o rei interrompeu o seu ministro com tanto vigor que o homem se prostrou diante dele. — Quero ter notícias de invasão. De sucesso. De almas devolvidas à verdadeira igreja.

— Houve um atraso... temporário. O Duque de Parma não estava preparado. Os seus homens tiveram de esperar seis dias pelo exército. Mas em breve estarão a caminho, Majestade.

Parma, superior a qualquer outro general da Europa, arranjaria tempo logo que tivessem desembarcado. Os seus homens, os Barbas Negras, eram veteranos experientes que, numa questão de horas, seriam capazes de esmagar o mal treinado exército inglês. Ninguém podia duvidar disso, nem mesmo os ingleses.

— Deus recompensa a paciência.

Filipe fechou os olhos e rezou para que Deus lhe desse paciência, muito mais paciência do que aquela que sentia naquele momento. Era tão difícil temperar as emoções, controlar os pensamentos ansiosos, quando estava à espera que a sua grande obra fosse realizada. Uma parte de si próprio desejava comandar um navio, navegar com a Armada, mas sabia que o seu lugar era ali, com o seu povo, com os seus padres, a rezar.

Ergueu-se e percorreu silenciosamente os extensos corredores do palácio, repelindo cortesãos e criados do seu caminho. Quando chegou à sua cela, a luz de uma única vela bruxuleava no espaço despojado, enquanto o cântico dos monges, num ritmo marcial, fluía até ele ao mesmo tempo que murmurava a sua própria oração: «*Tu es Deus qui facis mirabilia solus. Notam fecistis in gentibus virtutem tuam...*»

O exército inglês estava longe de ser dos melhores da Europa. Incluía poucos soldados profissionais, sendo o grosso da sua infantaria constituído por voluntários que sabiam melhor arrebanhar ovelhas que combater numa batalha. Os oficiais davam o seu melhor para incitar os espíritos dos seus homens, mas embora ninguém ousasse dizê-lo em voz alta, havia o consenso de que o essencial era evitar que a Armada desembarcasse a sua força de invasão.

Um acampamento improvisado tinha sido estabelecido em Tilbury, onde Robert Dudley, na sua nova função de Mordomo Real e Tenente de Sua Majestade Contra a Invasão Estrangeira, organizava os homens. Nem toda a gente gostava de ver Leicester a cair de novo nas boas graças da rainha. Isabel colocara-o ao comando das forças inglesas enviadas para os Países Baixos e, durante o seu mandato nessas paragens, Leicester aceitara o posto de Governador Supremo das Províncias Unidas, oferecido pelos Estados Holandeses. A rainha nunca ficara tão furiosa com ele. Ameaçou chamá-lo de regresso, mas os seus ministros conseguiram apaziguá-la, convencendo-a a deixá-lo permanecer.

Não tardou a perdoar-lhe e, se outros o não fizeram — ou tiveram ciúmes dos favores que lhe foram concedidos pela sua régia amiga — Isabel não se importava. Não estava minimamente interessada na opinião veiculada por mexericos.

Apesar de tudo o que entre ambos ocorrera ao longo dos anos — todas as ocasiões em que ele a desiludira — ela sabia que ele seria sempre especial. E vê-lo agora, com a dor da traição de Raleigh tão viva, daria a sensação de um regresso a casa, ao seio familiar, após uma ausência tão prolongada.

Viajara de Londres na barca real e revestira a sua chegada de grande aparato. Os canhões dispararam uma salva de tiros, e ela atravessou o acampamento, desfilando com um corpo de pífaros e tambores. Assim que se apeou da barca, só foi capaz de ouvir a voz doce de Leicester.

— Majestade — saudou.

— Olhos — respondeu ela, com a alcunha a soar-lhe bem nos lábios.

— Já se passou tanto tempo.

— Sim.

Ainda não sabia como devia reagir. Quisera manter uma certa distância, mas, como sempre no passado, viu-se incapaz de manter o coração frio.

— Continuais zangada? — perguntou.

— Com quê? Com o vosso casamento traiçoeiro? Com os vossos travestis nos Países Baixos? Com o estado desolador do meu exército?

— Senti a vossa falta — disse ele.

— Esperais o meu perdão com demasiada facilidade.

— De modo algum. Não dormi durante três noites, preocupado com o que me diríeis quando me vísseis.

— A minha vontade era executar-vos por traição, quando tivesse oportunidade.

Podia sentir os olhos a chisparem.

— Nunca tivestes essa oportunidade. Não era culpado.

Pegando no braço dela, falou em voz baixa.

— Suponho que agora devamos comportar-nos como a Rainha e o seu general. Mas ficai sabendo que preferia que estivéssemos sentados num sítio tranquilo a conversar.

— Estamos num acampamento do exército, Olhos. Não há nenhum sítio tranquilo para nos sentarmos.

Sentia-se bem por o ver, por gracejar com ele. Robert parecia muito mais velho do que ela esperara... ouvira rumores de que estivera doente, e o seu rosto esquelético sugeria que eram verdadeiros. Teria ele também olhado para ela e começado a escrutinar as marcas da idade?

— Ajudai-me a subir para o meu cavalo.

Obedeceu e, em seguida, ele próprio conduziu o animal, segurando as rédeas enquanto ela seguia montada, com um mar de soldados desalinhados afastando-se para lhe dar passagem. Os homens tinham ficado ensopados pela chuva que caíra antes da chegada da comitiva da rainha e estavam cobertos de lama, tal como todo o acampamento. Ficaram devidamente intimidados quando se viram tão perto de si, que estava contente com o seu exército, ao vê-lo ajoelhar-se diante dela, ciente de que a sua infantaria a adorava.

— Que há de novo, Pestanas? — perguntou, sentando-se quando Lorde Hatton, ofegante e apertando alguns papéis contra o peito, entrou de rompante pela tenda que Leicester erguera, antevendo a visita dela.

— O inimigo abriu as hostilidades, Majestade — respondeu. — Uma acção corajosa. Dois barcos perdidos.

— Com que proventos? — perguntou Isabel.

— O inimigo continua a avançar.

— Têm de ser impedidos — declarou e, levantando-se do seu assento, postou-se à entrada da tenda e contemplou o acampamento diante de sei.

A notícia espalhara-se rapidamente: não se avistava alegria em qualquer direcção. Ninguém cantava, não havia o humor brejeiro que caracterizava os soldados. Tudo o que ouvia eram vozes sussurradas, murmúrios nervosos, o som de espadas a serem friccionadas contra pedras de amolar. Um estado de espírito sombrio instalara-se como um nevoeiro desastroso.

Raleigh não conseguia parar de a beijar. Pouco importava. Não o teria feito, mesmo que conseguisse.

— Não posso crer que ela vos tenha libertado — dizia Bess, com o rosto afogueado, os olhos brilhantes e a barriga inchando de dia para dia.

— Nem eu. Deve ter pensado que não tinha outra opção.

— Ambos sabemos que há sempre uma opção — respondeu, puxando-o para cima dela.

— Não posso ficar, Bess. Tenho de me juntar à frota.

Ela soltou um longo suspiro.

— Já esperava isso. Outra opção.

— Pois é. A opção acertada.

— Claro — respondeu, sorrindo para ele, mas Raleigh sentiu que ela começava a tremer nos seus braços e apercebeu-se do medo nos seus olhos. — Mas voltareis para junto de mim?

— Para onde havia de ir, se não para junto de vós? A Torre não era assim tão confortável — respondeu.

— Sabeis o que quero dizer. Prometei-me. Prometei que não me abandonareis. Que não vos perderei. Não consigo suportar tantas noites com medo, temendo que tenhais partido para sempre.

— Prometo — disse, beijando-a nas pálpebras, no queixo e por todo o rosto. — Trar-vos-ei a glória e as estrelas e todas as coisas boas, quando regressar.

— Salvo. Só vos quero salvo. As estrelas não são necessárias.

— Mas tê-las-eis, de qualquer forma — respondeu, rezando silenciosamente para que as suas palavras não fossem mentiras, para que voltasse, para que visse o seu filho, para que tornasse a abraçar Bess.

— Jurai — disse ela.

— Juro que voltarei para junto de vós.

O navio almirante da frota inglesa, o *Ark Royal*, comandado por Lorde Howard de Effingham, era uma embarcação impressionante. Raleigh conhecia-a muito bem. Com mais de trinta metros de comprimento, ágil e forte, o galeão ostentava quarenta e quatro canhões e fora construído para ele próprio, antes de ter caído em desgraça nas preferências da rainha. Da sua cela na Torre, oferecera os serviços do barco, que Isabel comprara imediatamente. Se alguma vez receberia o pagamento era algo que ainda estava por se verificar; mas isso não o preocupava, pelo menos naquele momento, postado na proa, enquanto os canhões espanhóis faziam vibrar o ar à sua volta.

Relâmpagos de fogo iluminavam o convés e rapidamente avaliou a situação que o rodeava. As naus da Armada arrastavam-se numa cadência desajeitada e lenta, mas os seus cascos eram robustos. O combate seria difícil, mas tinha de ser vencido. Deixar que o exército de Parma penetrasse na costa seria um enorme desastre. Viu um tiro de canhão proveniente do *Ark Royal* danificar o flanco de algo que mais parecia um navio mercante que uma vaso de guerra. O tiro atingiu o seu alvo e o navio espanhol inclinou-se para bombordo.

Satisfeito, Raleigh virou-se e dirigiu-se para a cabina de Howard, no castelo da popa, onde viu Sir Francis Drake discutindo com o general.

— Atacar de novo — dizia Drake. — Temos de voltar a atacar. Que alternativa temos?

Drake, que conquistara o título de cavaleiro após a viagem de circum-navegação no seu barco *Golden Ginde* — o primeiro inglês a cumprir uma tal façanha — sabia o que era combater contra os espanhóis. Com uma frota de cerca de trinta galeões, partira para o Novo Mundo para aí atacar as possessões de Filipe — como vingança de um embargo espanhol que paralisara a exploração inglesa. Reabrira a América ao seu país e com isso conseguira enfurecer Filipe.

Howard abanou a cabeça.

— Estamos em desvantagem. Estamos a perder demasiados barcos.

— Temos de romper a formação deles — disse Raleigh, apontando para o mapa.

Drake acenou afirmativamente com a cabeça.

— Os nossos barcos podem ser mais pequenos, mas são mais velozes.

— Digo-vos que estamos em desvantagem — assegurou Howard, fixando o olhar de Drake.

— Tenho experiência nestas coisas — respondeu Drake.

No ano anterior, a rainha deixara que o seu cavaleiro preferido a convencesse a atacar o porto espanhol de Cádis, e ele conseguira destruir vinte e cinco navios e capturar uma fortuna em carga, logo reclamando modestamente que apenas tinha *chamuscado as barbas do Rei de Espanha.*

— Nunca prestei serviço com melhores homens ou com espíritos mais valentes que aqueles aqui reunidos, voluntariamente, para colocarem as suas mãos e os seus corações na execução desta grandiosa obra. Podemos fazê-lo.

— Quereis perder toda a frota? — perguntou Howard.

— Deus está connosco — respondeu Drake.

— Rompei a formação deles e teremos uma hipótese — insistiu Raleigh.

— Como? — perguntou Howard, com os olhos raiados de cepticismo. — Não conseguimos aproximar-nos deles.

Os olhos de Drake dançavam.

— Existe uma maneira.

CAPÍTULO VINTE E UM

Uma ansiedade crescente soprava em Tilbury. Os soldados reuniam-se fora das suas tendas, conversando em sussurros preocupados, aguçando as suas lanças e proferindo preces silenciosas. As suas fileiras tinham engrossado para cerca de dezassete mil homens, e mais vinte mil já estavam a postos nos condados à beira-mar. Mesmo assim, o estado de espírito na tenda da rainha era desolador. Só por si, os números não conseguiam compensar a falta de experiência.

— Os espanhóis estão praticamente a um dia de distância, Majestade — informou Hatton. — Com o apoio do exército de Parma e se conseguirem desembarcar...

O rosto de Walsingham tinha uma expressão sombria.

— Seria sensato retirar para um terreno mais seguro.

— O meu exército defender-me-á.

Isabel sentia toda a confiança.

— Peço-vos que aprecieis a gravidade da situação, Majestade — insistiu Hatton. — O tempo é muito escasso.

Calma e desafiadora, voltou-se para ele.

— Nesse caso, temos de agir. Sei o que temos de fazer. Deixai-me.

— Majestade... — principiou Walsingham.

— Imediatamente. Ide.

Ao expulsá-los da tenda, chamou o punhado de damas que levara com ela.

Margaret foi a primeira a assomar à tenda, sendo imediatamente seguida por outras três.

— Em que podemos servir-vos? — perguntou.

— Chegou o momento de me tornar uma visão inspiradora — disse Isabel. — Deveis fazer de mim uma rainha guerreira... Hipólita ou Boudica.

Primeiro, despiram-lhe o vestido azul-escuro e substituíram-no por um outro, solto e talhado de cetim branco. Escovaram-lhe os longos cabelos ruivos até os deixarem a brilhar, caindo sobre as costas; em seguida, concentraram-se na armadura que ela levara. Transformar-se-ia em Atena.

Ataram o reluzente peitoral de prata, levantando a gola de renda para só deixar ver o topo, e calçaram-lhe as manoplas. Testou-as, dobrando lentamente os cotovelos, e as juntas metálicas moveram-se com mais suavidade do que esperara. Nas costas, aplicaram uma capa comprida talhada de um precioso brocado amarelado profusamente bordado a ouro.

— Majestade, irradiais força — comentou Margaret, entregando-lhe um elmo com uma longa pluma branca.

— Mandai chamar Leicester — ordenou.

Este chegou quase de imediato e, curvando a cabeça, baixou-se sobre um dos joelhos, perante aquela visão.

— Orgulho-me de vos chamar minha rainha — declarou.

— Preparai o meu cavalo, Olhos, e uma guarda de honra. Quero incitar as minhas tropas.

Depressa se ouviu outro som no acampamento: um ritmo surdo e distante, a cadência de um exército em marcha, um exército que avançava por entre um aparato de estandartes e bandeiras. E no centro, com a sua armadura de prata reluzindo, estava sentada Isabel, transformada numa deusa da guerra, altiva na sela do seu cavalo branco, com Leicester caminhando a seu lado, transportando o elmo. Os homens saíam das tendas, ajoelhando-se, espantados com o esplendor da rainha, que erguia o seu bastão, provocando uma aclamação por parte do seu exército.

— Meus soldados! — bradou, empunhando bem alto o seu bastão de prata. — Disseram-me que em breve vamos ter companhia. Não foram convidados. Vieram para salvar as nossas almas. Mas digo-vos que a Inglaterra não precisa das preces espanholas. Por isso, que tragam as chamas do Inferno! A minha alma não está ainda pronta para arder!

Naquele momento, todo o exército se tinha reunido e, em uníssono, ergueu-se e aclamou, com os rostos dos homens tão brilhantes como já não se via nas últimas semanas, com uma nova energia e entusiasmo a vibrar dentro deles.

— Sei que tenho um corpo de mulher, mas tenho o coração e o estômago de um rei... e de um rei da Inglaterra. Pois então, que venham! Verão que estamos preparados. Temos toda a Inglaterra a apoiar-nos. Estamos em solo inglês, respiramos o ar da nossa terra. Num campo como este, não lutaremos como gigantes? Não fustigaremos estes ratos de porão até guincharem súplicas pelas suas vidas? Não os rechaçaremos até ao topo das falésias, as grandes falésias brancas da Inglaterra, obrigando-os a saltarem?

O chão tremeu quando os homens responderam com os seus brados de aprovação e bateram com os pés.

— Vim para estar ao vosso lado hoje. Para combater convosco. E se for a vontade de Deus, para morrer convosco. Eles que venham! Vós e eu temos hoje um trabalho para fazer que deixará a Inglaterra orgulhosa. E esse trabalho é a vitória!

Os soldados rugiram, empunhando as armas — espadas, lanças, machados, arcos — bem acima das suas cabeças. E quando olhou para o exército, aglomerado aos seus pés, sentiu uma exaltação que nunca tinha sentido com qualquer dos seus amantes. Aquilo era algo merecedor da sua fidelidade, do seu coração, do seu amor.

Vindo dos soldados, um novo cântico começara a ser entoado: *Gloriana! Gloriana!*

No Canal, o vento tinha mudado, fazendo com que as velas drapejassem numa nova direcção, enquanto uma tempestade encrespava as águas, golpeando a vasta Armada e sacudindo os barcos ingleses nas suas ondas. A bordo do *Ark Royal*, Raleigh e Drake, ensopados pelos borrifos fustigados pelo vento, percorriam apressadamente o convés. O plano deles nada continha de inovador, mas Raleigh adorava-o pela sua elegante simplicidade. Não havia maior ameaça para barcos de madeira que o risco de incêndio.

— Largaram âncora devido à tempestade — gritou Raleigh, sobrepondo a sua voz ao ruído do vento. — É agora a nossa oportunidade.

Drake acenou afirmativamente com a cabeça.

— Parma pode chegar a qualquer momento. Boa sorte.

Raleigh subiu a bordo de um pequeno esquife e ajudou os marinheiros a remar através do mar encrespado na direcção do *Tyger*, onde subiu para o convés e começou a dar ordens. Em poucos minutos, tinha içado âncora e o *Tyger*, juntamente com outros sete barcos, afastava-se do resto da frota, vogando em direcção à Armada. As ondas embatiam no convés e o sal fazia-lhe arder os olhos enquanto gritava ordens aos seus homens, sentindo o ligeiríssimo sabor do remorso pelo que estava prestes a fazer.

Ergueu o olhar para os altos mastros e velas enfunadas e lembrou-se de quando trepara o cordame para obter uma vista melhor, da primeira vez que vira o Novo Mundo assomar no horizonte. Expirou profundamente e percorreu cuidadosamente uma linha de estopins ao longo da proa, agarrando-se à borda enquanto progredia. A força do vento aumentava e até os marinheiros mais robustos estavam a ter problemas em manterem-se de pé, à medida que o *Tyger* oscilava na crista de ondas cada vez maiores. Colocados os estopins, Raleigh pegou num barril e juntou os seus homens para derramarem pez pelo convés, que em pouco tempo ficou coberto por uma camada espessa e pegajosa.

Tudo estava pronto. Ordenou aos seus homens que abandonassem o navio e ficou especado, empunhando uma tocha flamejante, avaliando calmamente o seu alvo, e lançando um derradeiro olhar para o barco que tanta glória e aventura lhe trouxera. Era uma boa maneira de partir, de uma forma dramática, em vez de ficar a apodrecer lentamente numa doca solitária. Não resistiu a esboçar um sorriso retorcido; em seguida, lançou a tocha para trás dele, correu para a borda do navio e desceu uma escada de corda basculante, enquanto o convés irrompia em chamas.

Espreitou por um óculo. A luz dos barcos flamejantes revelava o caos que se apoderava da Armada, à medida que os navios em chamas se aproximavam da linha espanhola. O vento transportava o som de gritos angustiados e de ordens desesperadas enquanto disparavam salvas de canhões e de mosquetes, que de pouco lhes valiam. Viu-os içar as âncoras. A cerrada formação em meia-lua, que tinham sustentado durante tanto tempo, começava a desfazer-se, enquanto as enormes naus dispersavam em todas as direcções, sem qualquer ordem aparente.

Raleigh virou o seu óculo para o *Tyger*, contando os minutos enquanto observava. Estava iminente. Um enorme estrondo ecoou nas ondas, quando os canhões do galeão explodiram, ateados pelos estopins previamente instalados, no momento em que colidiu com o flanco de um vaso inimigo. Os cascos chocaram, espalhando destroços de madeira. Havia mastros que se vergavam com um rangido medonho, esmagando-se em seguida no convés e fazendo com que os marinheiros se apressassem a saltar borda fora.

Guardou o óculo no bolso e ordenou aos seus homens que remassem; com os braços rapidamente entorpecidos, debateram-se nas águas encrespadas, fazendo tudo para ignorarem os gritos dos espanhóis que se afogavam. Nem todos os barcos em chamas atingiram os seus alvos, mas isso era um pormenor de somenos importância. Tinham conseguido destruir a formação da Armada e criar espaço para os restantes navios da frota inglesa. Drake e Howard não perderiam tempo a concluir o trabalho.

A noite encheu-se de sons de batalha, com balas de canhão a voar, madeira a rachar e homens a morrer. O sangue escorria do convés das naus desfeitas. A veloz e manobrável frota inglesa sulcava as águas, prosseguindo impiedosamente o seu ataque, enquanto os espanhóis faziam tudo para fugir.

Raleigh continuou a remar até que um tiro atingiu o meio do esquife, matando um homem e rachando o casco da pequena embarcação. Um segundo tiro de canhão seguiu-se quase de imediato, e todos foram atirados à água, debatendo-se para se manterem vivos. Raleigh veio rapidamente à superfície e começou a nadar na direcção da frota, mas a distância era enorme.

As balas de canhão e os pedaços de madeira que voavam dos barcos destruídos ameaçavam perigosamente atingi-lo, à medida que nadava naquela água tingida de vermelho e repleta de destroços: pedaços de madeira destruída, uma estátua solitária da Virgem, uma bandeira espanhola carbonizada e inúmeros corpos de homens. Pior, no entanto, estavam os feridos, que gritavam por socorro enquanto se afogavam lentamente. À medida que a batalha se intensificava, o fumo das armas tornava-se mais espesso e, em pouco tempo, Raleigh perdera os barcos ingleses de vista. Não fazia ideia de que direcção deveria tomar.

Tentou nadar para a frente, mas não conseguia perceber se estava a avançar em linha recta. Era preferível deslocar-se a permanecer imóvel, mas tinha de ter o cuidado de não ficar exausto, e procurou na água um troço de madeira que pudesse servir-lhe de bóia. Quando o encontrou, prosseguiu até reconhecer um dos homens que sangrava na água.

Era Calley, quase inconsciente, com uma ferida aberta no ombro. Raleigh nadou à sua volta, pegando-lhe pelo peito e puxando-o para si. Não conseguia simultaneamente segurar no amigo e agarrar-se à madeira, pelo que a largou e continuou a nadar, engolido pelo fumo intenso e sacudido pelo mar revolto.

Pareciam ter passado várias horas e todo o seu corpo estava exausto, com dores lancinantes nas articulações. Uma bala de canhão embateu na água a menos de meio metro de distância, gerando nele um revigorante impulso de energia. Puxou Calley, cujo fôlego se extinguia progressivamente, e, arrastando-o consigo, continuou a nadar.

Foi então que, por entre o fumo, avistou o flanco de um barco.

Reuniu todas as suas forças e nadou na sua direcção, pronto para desfalecer quando sentisse a madeira do casco. Gritou para a tripulação, embora soubesse que não podia ser ouvido no meio dos tiros de canhão; tentou encontrar a melhor estratégia para subir a bordo.

Até que reparou em algo.

Era espanhol.

Ficou tomado pelo desespero, e o peso de Calley estava a tornar-se insuportável, mas não abandonaria o amigo. Havia lascas de madeira em seu redor e o barco diante dele começou a afundar-se. Aquilo deu-lhe esperança — um barco inglês estava ao alcance de tiro. Só precisava de determinar qual o lado da nau espanhola que tinha sido atingido — então saberia, em termos gerais, de que direcção proviera o tiro de canhão.

Nadou novamente em direcção ao casco, até estar tão perto que quase podia tocar-lhe e olhou para cima, na esperança de ver estragos. Nada. Seguiu a linha do barco até alcançar a popa, que podia identificar tentando tactear o leme. Continuou até tornear o casco. Calley começara a tossir e Raleigh debatia-se para mantê-lo à tona de água.

Ao alcançar o lado oposto do navio espanhol, a ondulação intensificou-se, mas Raleigh não conseguia discernir se isso era um efeito da tempestade ou da batalha. Exausto, esforçava-se por manter a cabeça fora de água, balançando contra o casco, na esperança de obter algum alívio antes de prosseguir.

Não teria alívio.

Uma grande explosão abalou o navio. Uma bala de canhão devia ter atingido a casa da pólvora. Tomou impulso para se afastar do casco, para longe da nau. Depressa se tornou claro que estava a nadar na direcção certa, já que, apesar de só conseguir ver numa distância de poucos metros à sua frente, devido ao fumo espesso, já sabia que tiros de canhão estavam a ser disparados tanto por trás como pela frente. Ele e Calley encontravam-se na linha de fogo.

Sentia os músculos a arder, doíam-lhe os pulmões e largou o amigo. Calley afundou-se na água, e Raleigh seguiu-o de imediato, agarrando-o desesperadamente e puxando-o para a superfície. Agarrou-o novamente pelo peito e recomeçou a nadar. Em redor deles, o ar espesso, com o cheiro acre da batalha, troava com o rugido das armas.

Não conseguiria aguentar-se assim por muito mais tempo.

Estava à beira do desespero quando o vento soprou, afastando o fumo; foi então que avistou, iluminado pelos fogos que ardiam à sua volta, um esquife cheio de marinheiros ingleses, homens que reconheceu do *Ark Royal*. Chamou-os, mas não o ouviram; então, com uma força que o surpreendeu, nadou rapidamente, visando alcançá-los, tentando não perder a direcção. O fumo voltou a instalar-se, e o esquife desapareceu, mas Raleigh continuou a nadar.

De repente, foi atingido na nuca por um objecto. Um remo. Era o esquife. Sentiu uma dor enorme a explodir dentro dele, mas não era nada que se comparasse à excitação da alegria que pulsava nas suas veias. Com a mão livre, agarrou a borda do barco, cujos marinheiros já se esforçavam por ajudá-lo, e lançou a cabeça para trás, rindo, antes de passar Calley para as mãos dos marinheiros, trepando em seguida para bordo.

Ao romper do dia, já Raleigh estava de volta ao *Ark Royal*, encostado ao rebordo do convés superior. Calley fora recolhido, acomodado num beliche e assistido pelo médico pessoal de

Howard; recuperaria completamente. O ferimento de Raleigh era mínimo: um pequeno golpe na cabeça na zona atingida pelo remo. Estava cansado, mas isso fazia parte da batalha, e mal se apercebia das persistentes dores musculares causadas pelo prolongado esforço que fizera a nadar.

A Armada tinha dispersado, mas um dos navios não se afastara tão rapidamente como os restantes e ficara vulnerável e isolado. Raleigh trepou o cordame e rapidamente identificou a embarcação. Em seguida, deslizou pelas cordas, chamando Drake.

— É o *San Martin* — gritou, quando Drake correu na sua direcção. — A nau almirante de Medina Sidonia.

— Temos de atacar imediatamente — disse Drake.

— Não lhe deis hipótese de fuga.

As baixas inglesas tinham sido pesadas e o sangue entranhava-se nas ranhuras do convés. Raleigh correu para os canhões, juntando-se a uma tripulação que perdera o seu carregador. Um rapaz — o municiador de explosivos — lançou-lhe um saco de pólvora, e Raleigh introduziu-a no cano, comprimindo-a, e acrescentando o projéctil. O artilheiro juntou mais pólvora fina ao orifício no topo do canhão e preparou-se para o acender.

Esperaram apenas o tempo suficiente para obterem uma visão do *San Martin* por entre a nuvem de fumo. O artilheiro encostou a mecha ao orifício e os homens puxaram energicamente as cordas de disparo, quando a arma recuou. Assim que se imobilizou, o faxineiro mergulhou o seu instrumento num balde de água, embebendo a extremidade de pele de carneiro, e enfiou-a no cano, retorcendo-a para trás e para a frente, de modo a apagar os resíduos de brasas e permitir que a arma fosse recarregada.

Raleigh estava a postos com mais um saco de pólvora. Repetiram sucessivamente o processo, mal conseguindo descortinar, por entre o fumo espesso, se estavam a atingir o alvo. Projécteis voavam à sua volta, mas o *Ark Royal* escapou a danos graves, enquanto continuava a avançar sobre o *San Martin*.

As restantes naus da Armada tinham dado meia volta, com os capitães desesperados por acorrerem em auxílio do seu comandante, mas foram confrontados com uma implacável e ensurdecedora salva de tiros, quando a frota inglesa investiu contra eles. E a bordo do *Ark Royal* ficou claro que a resposta espanhola se tornava cada vez mais esporádica, o que empolgou mais investidas, até que no ar espesso ficou apenas a pairar o fumo dos canhões ingleses.

A Armada Invencível fora derrotada, fugindo para norte, uma vez que não conseguia furar as linhas inglesas. Raleigh procurou Drake e os dois homens abraçaram-se, efusivos com a vitória.

— Tínheis razão — comentou Raleigh, felicitando Drake com uma palmada nas costas. — Deus é protestante.

No cume de um monte sobre Tilbury, Isabel observava, com o vento fustigando-lhe as vestes e o cabelo, enquanto inspirava o ar fresco da tormenta. Ver os barcos em chamas investir por entre a Armada enchera-lhe o peito de uma esperança que aumentou e floresceu em pura exaltação quando a mensagem de Drake chegou no dia seguinte:

> *Nunca senti maior alegria do que ver o inimigo a voar com o vento de sul rumo ao norte. Deus permita que enfrenteis e vençais o Duque de Parma; porque, com a graça de Deus, se sobrevivermos, não o duvido, mas que seja em breve para que possamos ajustar contas com o Duque de Sidonia, já que ele deve estar desejoso de regressar ao Porto de Santa Maria, para as suas laranjeiras.*

Aquele era o seu triunfo; tudo aquilo por que tanto rezara.

A adoçá-lo ainda mais estava o facto de não se encontrar sozinha. Robert tinha subido com ela ao topo do monte, mantendo-se atrás, mas Isabel podia sentir o seu olhar. Desviou os olhos do mar, saboreando o sal nos lábios, esfregou o rosto com as costas da mão, e fez-lhe sinal para que se aproximasse. Robert postou-se a seu lado, sem lhe tocar. Ela deixou que a sua manga roçasse na dele e desfrutou da sensação de calor que lhe jorrava do coração e fluía por todos os seus membros.

— Então, que dizeis, Olhos? É uma grande vitória.

— Pensastes, por um único momento, que Deus abandonaria a sua sagrada rainha?

Isabel examinou-lhe atentamente o rosto. Estavam muito mais velhos do que quando se haviam apaixonado, e já não lhe reconhecia todos os traços, todas as rugas, pelo que tentou memorizá-los agora. Tinha os cabelos mais ralos, mais grisalhos, mas não deixara de lhe parecer elegante.

— A minha fé era grande — disse ela. — Mas sabeis como detesto a guerra.

— Sei. Conheço-vos muito bem.

— Nunca devíeis ter feito o que fizestes nos Países Baixos.

— Perdoai-me, Majestade.

— Não estaríeis aqui se não vos tivesse já perdoado — respondeu, voltando a contemplar o mar. — Parece que perdão é o que todos precisam de mim. A menos que procurem dinheiro ou posição.

— Eu... eu... — hesitou Robert, esboçando um sorriso forçado. — Não quero falar a despropósito, mas sei das dificuldades causadas pelo casamento do vosso amigo...

— Estais a referir-vos a Raleigh ou à união que tendes com essa loba?

Ele respirou fundo e olhou para o chão.

— Eu...

— Já passaram quase dez anos, Robert. Já superei isso tudo.

— No entanto, não a recebeis.

— Por que havia de o fazer? Roubou-me o meu amor — afirmou, com um sorriso cínico no olhar. — E ser rainha pressupõe o benefício de não ter de perdoar tais transgressões.

— Tivestes sempre o meu amor, e tê-lo-eis sempre. Ficastes furiosa porque casei com alguém que eu próprio escolhi, em vez de o ter feito com uma mulher escolhida por vós. E se tivesse casado com a Rainha da Escócia, muitos anos antes, como havíeis sugerido?

Ela estendeu a mão para lhe tocar na face.

— Gostaria de ter estado a vosso lado, a ver todas essas rugas aparecer no vosso rosto.

— Podíeis ter estado — respondeu, pousando a mão sobre a dela. — Não acreditais que também fiquei com o coração destroçado? Amei outras mulheres, mas jamais qualquer delas ocupará na minha alma o mesmo lugar que vós.

Isabel sentiu que as lágrimas lhe subiam aos olhos, mas nada fez para as deter. Robert já a vira a chorar; conhecia-a tão bem ou melhor que qualquer outra pessoa.

— Só fiz o que entendi ser o melhor para a Inglaterra, para o meu povo.

— E sois uma rainha extraordinária por isso. Só desejaria que isso também tivesse incluído o que era melhor para vós. Mereceis a felicidade.

Naquele momento, Isabel virou-se e cobriu o rosto com as mãos.

— A felicidade do meu reino é a minha própria felicidade.

— Desejava que tivésseis alguém com quem partilhar essa felicidade. Quis ser essa pessoa. E quando não o permitistes, não sabia o que fazer, a não ser procurar noutro sítio. Sou um homem fraco, Majestade.

— Tratai-me por Isabel, Olhos. Hoje serei a vossa Isabel.

— E amanhã?

— Amanhã, voltarei para Londres. Sozinha.

— Posso viver o dia de hoje por muito tempo — respondeu. — Vinde. Vamos celebrar a vossa vitória. Os vossos soldados esperam-vos.

Na Europa espalhavam-se rumores ainda antes de a batalha no Canal da Mancha ter terminado. Os sinos ressoaram pelo continente anunciando a vitória da Espanha católica. Dizia-se que Parma tomara Londres e que Drake fora feito prisioneiro. Acenderam-se fogueiras festivas e o povo celebrou a queda da herética rainha de Inglaterra. A sua efígie foi queimada, enquanto ela era amaldiçoada como um demónio, tudo com entusiásticas manifestações de alegria. Não tardaria muito até que Filipe reinasse em Inglaterra.

Havia, porém, outras vozes, discretas, que contavam histórias diferentes. Histórias de morte e de derrota, de escorbuto e barcos destroçados. Eram vozes ignoradas e Filipe, elevado pela glória do sucesso de Deus, encomendava missas de acção de graças. Os cânticos de guerra que tinham ecoado pelo palácio eram substituídos por hinos exultantes.

Filipe estava na sua cela, ajoelhado sobre o chão duro, rezando orações de agradecimento. Sobressaltou-se ao ouvir vozes no exterior e logo alguém bateu à porta.

— Senhor...

Quatro dos seus ministros, cabisbaixos, estavam postados à entrada. Filipe pôs-se de pé.

— Quais são as novidades? — perguntou.

Um rápido olhar àqueles rostos cerrados dizia-lhe que não eram portadores de boas novas.

— Medina Sidonia foi obrigado a fugir. A Armada dispersou. Fomos derrotados.

— Dispersou? — perguntou Filipe, sentindo um torpor no corpo. — Mas vai voltar a combater?

— Reagrupou-se, Senhor, depois de fugir para norte, mas sofreu enormes danos.

— Morreram mais de mil homens e a frota foi destroçada — informou um segundo ministro. — Teremos sorte se houver setenta navios de regresso ao porto.

— Não quero ouvir mais — disse Filipe. — Basta. Voltarei a falar convosco.

Passou rapidamente por eles e atravessou sucessivos corredores. Já não se ouvia o som de hinos exultantes e verificou que mesmo os seus próprios criados, baixando os olhos quando se encostavam às paredes para lhe darem passagem, já estavam ao corrente da notícia.

Não ia entrar em desespero. Aquela era a vontade de Deus — uma vontade que seres humanos mesquinhos nem sempre conseguiam entender. Não conseguia compreender, mas a oração dar-lhe-ia lucidez e ensiná-lo-ia por que — e como — desiludira Deus. Desiludira a Espanha. Desiludira o povo da Inglaterra, cujas almas penariam para toda a eternidade.

A sua alma precisava de uma grande purificação.

Tinha-se dirigido ao berçário, mas a infanta Isabel não se encontrava lá. Estava com a ama, no jardim, a brincar com as suas bonecas. Sentiu um arrepio ao avistar a boneca ruiva que parecia ser a favorita da filha. Possuído pela fúria, estendeu a mão para pegar no brinquedo — uma imagem perfeita de Isabel, a herética — detendo-se ao compreender que tencionava esmagar a cabeça de porcelana. Murmurou uma prece, pedindo força e benevolência.

— O que é, Pai? — perguntou a infanta.

— Vem comigo, filha — respondeu e levou a filha pela mão, conduzindo-a em direcção à basílica no centro do palácio.

A infanta não protestou, mas levou a boneca ruiva.

— Ides coroar-me rainha de Inglaterra agora, pai?

— Não, minha querida. Não serás Rainha de Inglaterra.

— Mas pensei...

— Deus quer-te noutro sítio, filha. É tudo. Encontrarás compreensão na oração.

Tinham chegado à igreja e percorrido a nave, onde Filipe passou diante da filha e se ajoelhou no altar. Baixou-se ainda mais, deixando-se cair sobre o duro chão de pedra.

Atrás dele, a infanta continuava de pé, impávida, olhando fixamente para a boneca. Puxou-lhe os cabelos, tapou-lhe o rosto com a mão e lançou-a para o chão. Filipe ouviu a porcelana quebrar-se. Pousou a testa no mármore frio e começou a soluçar.

CAPÍTULO VINTE E DOIS

Bess sentia-se só e morta de preocupação pelo marido. Corriam rumores constantes acerca da batalha — havia quem dissesse que tinha terminado — mas só ouvia aquilo que os criados sabiam. Ninguém mais falava com ela. Várias semanas tinham decorrido sem uma palavra de Raleigh e, apesar de saber que não podia esperar uma carta de um campo de batalha, não conseguia afastar o medo de imaginar se a próxima batida na porta traria notícias terríveis.

Durham House, onde se alojara depois de Raleigh ter sido libertado da Torre, era demasiado grande para uma mulher solitária, e o isolamento era insuportável. Habituara-se a ter os dias preenchidos com actividade e não se apercebera de como ficara dependente não só das distracções da corte, mas da amizade da rainha. O relacionamento entre ambas sempre fora desigual — não eram pares — mas Bess soubera que podia confiar em Isabel, e fora isso que lhe dera um desgastante sentimento de culpa por todos os seus encontros com Raleigh. Não lhe fora fácil aceitar a traição.

Não tinha dormido na noite anterior e estava agora sentada à mesa, com uma folha de papel em branco à sua frente, de pena na mão, tentando redigir uma carta à rainha. Amarrotados e espalhados pelo chão, estavam os seus esforços anteriores, todos rejeitados. Queria pedir desculpa, mas também pretendia deixar bem claro que não estava a pedir o perdão de que não se sentia merecedora. Estava contente por Raleigh a ter escolhido, por não ter sido ela quem ficara com o coração destroçado, mas sentia-se amargamente entristecida pelo sofrimento que causara à rainha.

Tinha feito uma escolha egoísta, mas que lhe trouxera uma felicidade infinita. Uma pressão desconfortável e familiar formava-se na sua cabeça enquanto arranhava o papel com a pena, sem escrever frases coerentes, limitando-se a traçar linhas. A culpa era uma companhia infeliz. Deixou cair a testa sobre a mesa, desejando ter um dia sem lágrimas.

A porta abriu-se.

— Tornastes-vos poetisa? — perguntou Margaret, aproximando-se dela. — Estais rodeada de papéis.

Bess levantou-se num pulo e abraçou a amiga.

— Não tenho palavras para exprimir a minha alegria por vos ver — declarou.

— Desculpai ter-me afastado.

— Compreendo — respondeu Bess, sentindo-se novamente egoísta.

Não queria que Margaret perdesse os favores da rainha, particularmente sendo ela própria a responsável. Não conseguiria suportar ter de assumir mais culpas.

— Mas estais bem?

— Sim, está tudo bem — respondeu Margaret, — mas senti a vossa falta.

— E eu a vossa. Mais do que podeis imaginar. Como está a rainha?

— Foi um terror durante várias semanas. Nunca acreditara de facto que os seus sentimentos por Raleigh fossem mais longe do que um típico namoro de circunstância. Sabeis bem como todas o achávamos elegante e divertido. Mas ele tinha despertado nela algo que estivera adormecido desde o caso com Leicester.

Bess suspirou e as lágrimas inundaram-lhe os olhos.

— Não choreis, Bess. Que poderíeis ter feito? Decidido não o amar?

— Não. Amá-lo-ia sempre, mas podia ter decidido não o ter.

— Para quê? Para que os três ficassem infelizes?

— Teria sido eu a única infeliz. Eles teriam sido felizes.

Margaret segurou nas mãos da amiga.

— Deveis garantir a vossa própria felicidade, Bess.

— Mas não à custa de outros. Não quando isso magoa alguém que me é querido.

— Qual é o mal de o desejardes para vós? De o amardes?

— Sabia que ela o amava — respondeu Bess. — No entanto, eu...

— Não podeis controlar tudo, Bess. Não lamenteis agora as vossas decisões.

— Não lamento, Margaret. Só desejava que a minha alegria não implicasse o sofrimento de outra pessoa.

— Não vim aqui para vos trazer melancolia. Chegaram à corte mensageiros com notícias: a Armada foi derrotada. A batalha terminou.

— O meu marido? Está...?

Sentia o coração a bater e quase receava fazer a pergunta.

— Está vivo, Bess. Vai voltar para casa, para junto de vós.

A notícia de Margaret deixou Bess extasiada. Podia esperar para sempre, sabendo que o marido estava salvo e que ia regressar. Durante um dia, até esquecera a culpa. Depois, começaram as dores. Tinha estado a passear junto ao rio quando se dobrou para a frente, gritando, e rapidamente uma criada chegou junto dela. Não conseguia ver, nem pensar, nem mover-se. Alguém a transportou para o seu quarto.

Anteriormente, sentira a falta do marido, mas naquele momento desejava-o ainda mais. Queria tê-lo ao seu lado ou, pelo menos, esperando do outro lado da porta, e chamava por ele sempre que conseguia acumular fôlego suficiente entre os gritos que acompanhavam cada espasmo de dor. No exterior, os festejos da vitória espalhavam-se pela cidade, provenientes do palácio de Whitehall, onde os cortesãos esperavam que a rainha regressasse de Tilbury. O som da alegria deles espicaçava-a; sentia-se escarnecida por aquela felicidade enquanto sofria, mal conseguindo suportar a sensação agonizante de ser revolvida por dentro.

Não seria tão mau se ele estivesse a seu lado; se fossem os seus olhos verdes a cruzar-se com os dela, em vez dos olhos cinzentos e frios da parteira, que lhe dizia insistentemente para fazer força. Estava exausta, desgastada e sentia os músculos relutantes em obedecer às ordens que o cérebro mal conseguia enviar. Nem conseguia levantar a mão para limpar o suor da testa; e aquela mulher ainda esperava que fizesse força.

Mas precisamente quando pensava que não suportava por mais um segundo ouvir a parteira, uma vontade de expulsão chegou com a força de uma avalancha: tão avassaladora, que Bess se agarrou aos lados da cama e gritou tão alto como se fosse morrer. Seguiu-se uma pausa e mais dor... um calor abrasador; e voltou a fazer força, repetidamente, num ritmo furioso, até ficar com a roupa ensopada de suor e pensar que os olhos se reviravam nas órbitas. Já não conseguia focalizar; apenas fazer força.

Em seguida, parou, sentiu o corpo ficar inerte e arquejou, desfalecida. O choro vacilante de um recém-nascido encheu o quarto ao mesmo tempo que todos os ruídos exteriores pareciam diluir-se no nada. Tentou levantar a cabeça, mas não conseguiu.

— É um rapaz, Senhora — disse a parteira. — Vede o vosso filho.

Nesse momento, ergueu a cabeça para admirar aquele corpo minúsculo, de rosto vermelho, enquanto o dela brilhava com um sorriso radiante.

Um filho!

Isabel saiu do palácio ainda mal acabara de ler a mensagem de Ursula. No barco, durante a viagem, maldissera os remadores por serem lentos e preguiçosos e vociferara contra as damas com tanta ferocidade que duas delas começaram a chorar. Tinha vontade de as lançar ao Tamisa. Quando por fim chegaram à casa de Walsingham, mal reconheceu o seu Mouro, mas percebeu imediatamente que o odor pútrido que vinha da cama dele era o cheiro da morte, e reteve as lágrimas antes que mais alguém visse.

— Francis — saudou Isabel. — Meu velho amigo.

Walsingham falou a muito custo, com a voz crispada e débil.

— Servi Vossa Majestade em tudo.

— Bem sei, meu velho amigo. Não me abandoneis agora.

— Sempre a dar ordens — respondeu.

— Não teria sido capaz de fazer nada sem vós. Fostes mais que um protector e um conselheiro. Não consigo suportar a ideia de vos perder.

Ele abriu os olhos e fez um esforço enorme para sorrir.

— Não precisais mais de mim. Peço licença para partir...

A rainha abanou a cabeça, olhando para ele com ternura.

— Agistes sempre conforme o vosso agrado, quer eu quisesse ou não. Não duvido que fareis o mesmo agora.

Isabel sentia o coração a partir-se em dois e sabia que não conseguiria manter a compostura por muito tempo.

Walsingham fechou os olhos mais uma vez, quando a rainha se debruçou para o beijar na face, e a sua respiração tinha o som roufenho de uma taramela. O seu fim estava a chegar; não seria capaz de resistir muito mais tempo. Isabel apertou-lhe a mão, feliz por sentir nele uma derradeira réstia de calor, e levantou-se para sair, sabendo que a mulher e a filha, que já tinham começado a soluçar, desejavam compadecer-se em privado, tanto quanto ela própria.

A casa pequena e anónima de William Walsingham não era fácil de se encontrar. Sentia-se seguro escondido numa rua lúgubre, mas a segurança era acompanhada pelo sentimento de culpa. Culpa por ter sido poupado quando os seus camaradas tinham sido executados. Fugira para França, ajudado entretanto por simpatizantes católicos, mas embora devesse regozijar-se por ainda estar vivo, a culpa misturava-se com a ira que o martírio lhe provocara. E agora o sofrimento juntava-se-lhe à culpa. O seu irmão tinha falecido em Londres.

William atiçou o fogo que ardia na grelha da lareira e pegou num livro; em cima da mesa, ao seu lado, via-se uma tigela com os restos de guisado de carne quase rançoso. Uma forte pancada na porta sacudiu-o da leitura e, meio distraído, ainda segurando no livro, abriu a porta e viu um estranho. Um estranho cuja voz era inegavelmente a de um inglês.

— O meu irmão? Como é possível?

Devia ser a propósito do seu testamento. Por certo, nada lhe teria sido deixado, mas talvez o seu irmão tivesse decidido perdoar-lhe de uma forma mais completa, deixando-o ter uma outra oportunidade junto da família. As sobrancelhas de William ergueram-se e a boca contraiu-se.

— O que é?

— Ele pede o vosso perdão.

— O *meu* perdão?

William olhou, estarrecido, e logo compreendeu, com o medo subitamente a encher-lhe os olhos de lágrimas. Arquejou quando o homem lhe espetou uma faca no coração.

CAPÍTULO VINTE E TRÊS

Raleigh tinha a sensação de que nunca mais chegava a casa. Partira com os barcos que tinham perseguido a Armada até ao norte, para garantir que esta não dava meia-volta e tentava atacar de novo a Inglaterra. Mas estava finalmente em Londres, remando no Tamisa, com a Durham House à vista. Conteve-se a custo para não se levantar no barco e gritar para que Bess viesse ao seu encontro.

A mulher não estava no cais. Os criados saudaram-no, mas praticamente não se apercebeu, nem sequer parou para os cumprimentar, enquanto corria para o interior da casa, chamando pela mulher.

— Está cá em cima, Senhor — anunciou uma aia. — Nos aposentos. Deu à luz um filho.

Um filho! Cada fibra do seu corpo exultava, enquanto subia as escadas a correr.

Bess estava sentada na cama, apoiada numa pilha de almofadas, com as cortinas abertas para que pudesse olhar pela janela. Tinha olheiras profundas à volta dos olhos, que, porém, ele nunca vira tão azuis e tão claros; e o sorriso cheio de puro deleite com que o saudou quando se deteve junto a ela era a coisa mais bela que já vira. Ficou preso à sua alma. Sentou-se na beira da cama e inclinou-se para a abraçar, afundando o rosto nos longos cabelos da mulher e deslizando a mão sob a gola da sua camisa de noite para poder sentir a pele quente e macia das suas costas.

Recuou para poder admirá-la.

— Nunca estivestes tão espantosa — elogiou.

— Estais com um aspecto desgraçado — respondeu Bess. — É assim que os homens ficam, depois de passarem muito tempo no mar?

— Assim e pior.

Ela levou a mão à nuca do marido e puxou-o para mais perto, beijando-o, e o toque dos seus lábios macios encheu-o com o mais doce prazer que alguma vez conhecera. Quando ela parou, Raleigh acariciou-lhe os cabelos e tocou-lhe no rosto.

— Posso ver o nosso filho?

— Claro.

Bess deslizou para fora da cama e pousou a mão na dele, conduzindo-o para junto de um cestinho; Raleigh susteve a respiração quando baixou os olhos para o bebé. Estendeu a mão para ele, mas Bess deteve-o.

— Não o acordeis — pediu, com um enorme sorriso estampado no rosto. — Podeis pegar nele depois de ter dormido.

Hesitante, quase assustado, estendeu a mão e tocou nos dedos minúsculos do bebé, vibrando ao sentir a sua suavidade, com a certeza de que não podia haver amor mais puro que o que sentia naquele momento. Virou-se para Bess e beijou-a; depois, levou-a para a cama.

Quando o bebé acordou, tirou-o do cesto e segurou-o com cuidado, dançando devagar e trauteando uma canção suave enquanto levava a criança para baixo, sem querer acordar Bess, que adormecera. Beijou a cabeça do filho, e estava prestes a sentar-se quando um criado entrou na sala.

— Sua Majestade, a Rainha.

Isabel entrou lentamente na sala, desejando parecer formal e régia, sem deixar transparecer qualquer imagem de afecto. Tinha-se debatido com a ideia de o visitar, mas acabou por sentir que devia fazê-lo. Apesar de ainda estar zangada, queria vê-lo, queria ver a criança. Controlou a respiração, mantendo-a regular. Em seguida, acenando com a mão, mandou que os criados e os guardas se retirassem.

E ali estava ele. Com a criança ao colo. Não era a imagem que Isabel esperara encontrar. Retraiu-a e, simultaneamente, acalentou-a.

— Quando foi o nascimento? — perguntou, caminhando na direcção dele, que tinha um ar cansado, mais magro, desgastado pela batalha, mas conservando a elegância.

— Há quatro noites.

— A mãe está bem?

— Sim, graças a Deus — respondeu Raleigh.

— E a criança?

— O meu filho está bem.

O orgulho na voz dele espicaçou-a.

— O vosso filho... — disse, avançando e olhando para o bebé. — Então, a outra Elizabeth tem um filho. Deveis estar orgulhoso.

— Sim.

— Devo agradecer-vos pelo vosso papel na batalha. Drake disse-me que fostes magnífico. Um herói.

— Limitei-me a cumprir o meu dever — respondeu Raleigh.

— E salvastes a vida de um amigo.

— Há alguma coisa que não saibais?

Não pôde deixar de sorrir pelo tom ligeiro da voz dele, mas sabia que não voltariam a namorar. Afastando-se, virou as costas, não querendo que ele visse a dor gravada no seu rosto.

— Em tempos, pensei que éreis o único homem que me conhecia verdadeiramente.

— Amava-vos — respondeu.

— E também a amáveis?

— Sim.

— Não vos basta o amor de uma única mulher? — perguntou Isabel.

— Basta-vos o amor de um único homem?

Por um longo instante, ela manteve-se de pé, em silêncio.

— Não, não me basta o amor de um único homem.

— Tendes o amor de todo o povo da Inglaterra.

— Pois tenho — confirmou. — E vós? Ainda sonhais com a vossa cidade magnífica no Novo Mundo?

— Sempre — respondeu Raleigh.

— Não vos impedirei. Tereis o vosso alvará, tudo o que precisardes.

— Obrigado, Majestade.

A voz de Raleigh estava repleta de amor e os olhares de ambos cruzaram-se. Isabel deixou-se perder neles por um ínfimo instante, depois apertou a mão dele e virou-se para sair. Ao aproximar-se da porta, parou.

— Gostaria de dar a minha bênção ao vosso filho — afirmou.

— Ficaria muito honrado.

Pegou no bebé entre os braços, com muito cuidado, curvando-se sobre ele, com os olhos transbordando de emoção, mordendo os lábios para impedir que tremessem. Por fim, pressionou a face contra a pequena cabeça, inalou o seu cheiro adocicado e fechou os olhos.

Isabel estava feliz por se entregar aos planos das celebrações da vitória. O Verão chegara ao fim, e a frota e o exército estavam de regresso a casa, enquanto a poderosa Armada, totalmente destruída, fazia a sua patética viagem de regresso a Espanha. Tinha consultado o Dr. Dee e estabelecido uma data em Novembro para desfilar até à Catedral de S. Paulo, após uma série de feriados públicos. Apresentaria uma nova imagem de si própria: Gloriana, a rainha invencível.

— Majestade... — chamou Sir Christopher Hatton, entrando na sala e aproximando-se dela com mais cautelas do que era habitual.

— O que é, Pestanas? Não pareceis o mesmo de sempre — comentou.

— Eu...

Hatton deteve-se, e havia algo no seu olhar que a assustou: um olhar que não conseguia decifrar.

— Trago notícias de Oxfordshire — completou.

— De Oxfordshire?

Era onde se situava a casa de Robert, em Cornbury.

— É sobre Leicester, Majestade. Morreu.

O mundo inteiro ficou negro por instantes. Cambaleou, incapaz de respirar. Sentiu um aperto no coração, como nunca sentira antes, uma dor que abria caminho por entre as veias.

— Como?

— Tinha estado doente.

— Bem sei, mas nunca pensei...

Ele tinha-lhe escrito, dizendo que não se sentia bem e pedindo autorização para ir a Buxton, na esperança de que as águas o curassem. Ela respondera-lhe, dizendo-lhe que fosse. No dia seguinte, enviara-lhe um dos seus anéis.

— Sinto muito — disse Hatton, avançando de braços abertos e oferecendo-lhe um abraço, mas ela repeliu-o.

Não era capaz de aceitar compaixão.

— Não. Não — recusou, abanando a cabeça. — Por favor, deixai-me. Preciso de ficar só.

Hutton obedeceu de imediato e, quando ele saiu, Isabel correu para a escrivaninha, sobre a qual estava uma carta que recebera de Robert, poucos dias antes.

Imploro a Vossa Majestade, com toda a minha humildade, que perdoe este vosso velho criado por ser tão frontal ao mandar saber como está a minha graciosa dama, e que alívio encontra para a sua recente dor, sendo a principal coisa no mundo por que rezo, para que ela tenha boa saúde e uma longa vida. Para o meu pobre caso, continuo a seguir a vossa medicação e vejo que sara muito melhor do que qualquer outra coisa que me fora dada. Esperando assim encontrar cura perfeita nos banhos, com a continuação da minha habitual oração para a conservação mais feliz de Vossa Majestade, humildemente beijo o vosso pé. Da vossa velha estalagem em Rycote, nesta quinta-feira de manhã, pronto para fazer a minha viagem, pelo mais fiel e obediente criado de Vossa Majestade,

R. Leicester

Acabara de escrever isto quando recebi a lembrança de Vossa Majestade.

Ao ler aquelas palavras, Isabel mordeu o punho com força; em seguida, pegou numa pena e escreveu no papel *A sua última carta*. O pensamento de que não haveria mais, de que ele não estaria mais presente, longe, mas pensando nela, dilacerou-a. Era insuportável. O seu Doce Rouxinol, o seu Olhos, partira. Deixou-se cair de joelhos e soluçou.

Passou vários dias fechada nos seus aposentos, recusando-se a ver ou a falar com quem quer que fosse. Havia uma azáfama contínua à sua porta, com os cortesãos e os conselheiros discutindo, tentando chamar a sua atenção e suplicando-lhe que aceitasse alimentos, que abrisse a porta, que deixasse alguém consolá-la. Conseguiam apenas enfurecê-la, e desejou poder afastar o som, e ser deixada a condoer-se em paz. Mas uma rainha, como era frequentemente relembrada, nada tinha que se assemelhasse a uma vida privada.

Mal dormia, não querendo isso dizer que, no seu estado actual, a vigília fosse muito diferente do sono. Estava entorpecida, não conseguia pensar, chorava incessantemente, agora em silêncio, e olhava pela janela. Na quarta manhã, ao nascer do Sol, sentiu-se pronta para enfrentar toda a gente. Levantou-se, releu a carta de Leicester e guardou-a cuidadosamente numa caixa ao lado da cama, onde estaria sempre ao seu alcance. Quando fechou a lingueta de madeira, com a superfície macia e fria ao tacto, parou de chorar. Secou o rosto com as mãos e chamou as aias.

O país precisava dela.

O povo precisava dela.

O amor que tinham por ela sustê-la-ia, completá-la-ia, acompanhá-la-ia para sempre.

Dois meses mais tarde, Isabel — Gloriana — encaminhava-se para agradecer oficialmente a Deus a sua vitória sobre a Espanha. Fogos festivos tinham estado a arder durante várias noites, com toda a Inglaterra a celebrar. E naquele momento, no auge das celebrações, todos os nobres do país se acotovelavam por uma boa posição no cortejo desde Somerset House até à Catedral de S. Paulo, na City. Amplos estandartes esvoaçavam no alto, enquanto trompetas anunciavam um espectáculo que rivalizava com o da coroação da rainha, quase trinta anos antes.

O Conselho Real seguia atrás da nobreza, precedendo os funcionários do Estado e os soldados. Todas as pessoas vivas importantes para Isabel estavam presentes, incluindo Raleigh e o seu antigo ministro, Lorde Burghley, Hatton, Howard e Drake. Mas sentia intensamente os vazios deixados por Walsingham e pelo seu querido Robert. No entanto, não sucumbiu à tristeza. Sentiu a falta deles, reconheceu o sentimento, disse uma prece rápida e subiu para o coche aberto que a levaria à igreja. O trono era surpreendentemente confortável e, sob o dossel sustentado por quatro pilares, a rainha acenava para a multidão que se aglomerava ao longo do trajecto.

Ao aproximar-se de Temple Bar, abrandou para permitir que Lorde Mayor e os seus conselheiros a escoltassem ao longo de Fleet Street até à catedral. As vestes vermelhas dos conselheiros drapejavam como uma névoa ao passarem pelos tabiques cobertos de pano azul que a separavam dos soldados da cidade, que a aplaudiam à sua passagem. Sentia a adoração nas ovações com que a saudavam e uma agradável sensação de poder crescia dentro dela.

Subiram Ludgate Hill e, quando chegaram à igreja, a Porta Poente foi aberta. Desceu do coche e aproximou-se do Bispo de Londres.

— Chegou o nosso glorioso dia — proclamou a rainha, ajoelhando-se em oração.

A multidão fez silêncio, mas ela não sentiu necessidade de se apressar. Podiam esperar. Tudo podia esperar. Só quando sentiu que agradecera adequadamente a Deus é que se levantou e entrou.

Os sons de um hino perfeito enchiam-lhe os ouvidos à medida que percorria a extensa nave, sobre a qual pairavam estandartes capturados aos barcos da Armada. Sentiu um ardor no peito ao avistar aqueles sinais visíveis de triunfo. Caminhava lentamente, tendo o cuidado de trocar olhares com o maior número possível dos seus súbditos, como sempre, desejando que sentissem uma ligação pessoal à sua pessoa — para que pensassem que ela os distinguira. Porém, o benefício era tanto para ela como para eles. Em breve, a admiração expressa nos rostos dos súbditos deixava-a como que embriagada.

Após ter cruzado o transepto, tomou o seu assento — madeira rija na parede norte do coro da galeria — e ouviu o sermão do Bispo de Salisburia. Ou fingiu que ouvia. A verdade é que quase não escutava as palavras, mas antes o tom firme e jovial no qual se sentia mergulhada, e não conseguia lembrar-se de uma única ocasião na vida em que se tivesse sentido tão feliz.

Pouco depois o bispo terminou, e a rainha dirigiu-se ao púlpito. Trajava de ouro, mais parecendo uma deusa que um ser mortal, e foi saudada por um suspiro colectivo quando se levantou, serena e régia, irradiando poder ao erguer-se diante dos seus súbditos.

— Chamam-me a Rainha Virgem. No entanto, tenho muitos filhos. Vós sois os meus filhos. Não existe jóia alguma que eu estime mais que esta, por mais valiosa que seja: refiro-me ao vosso amor.

A sua voz pairava no ar enquanto uma mistura inebriante de amor e poder a dominava.

— Não quero mais guerras. A Inglaterra é suficiente para mim. Não quero o domínio das vossas almas. Só um povo livre pode amar. E o vosso amor é a minha vida.

Sentia que, se não estivessem numa igreja, no meio de uma cerimónia solene, os seus súbditos teriam exultado. Mas ficaram sentados, calmamente, contemplando-a, com uma adoração que fluía daqueles olhares de admiração até ao seu coração faminto. Aquele amor estaria para sempre com ela. Nunca precisaria de mais.

NOTA DE AUTOR

Este livro é uma obra de ficção. Embora eu espere que caracterize com rigor Isabel e as pessoas que a rodeavam, não deve ser confundido com a história deste período. Por exemplo, Sir Walter Raleigh não esteve, na verdade, na batalha contra a Armada Espanhola e, apesar de ele e Bess terem de facto fugido, isso só aconteceu após Inglaterra derrotar Espanha.

GRANDES NARRATIVAS

1. O Mundo de Sofia,
   JOSTEIN GAARDER
2. Os Filhos do Graal,
   PETER BERLING
3. Outrora Agora,
   AUGUSTO ABELAIRA
4. O Riso de Deus,
   ANTÓNIO ALÇADA BAPTISTA
5. O Xangô de Baker Street,
   JÔ SOARES
6. Crónica Esquecida d'El Rei D. João II,
   SEOMARA DA VEIGA FERREIRA
7. Prisão Maior,
   GUILHERME PEREIRA
8. Vai Aonde Te Leva o Coração,
   SUSANNA TAMARO
9. O Mistério do Jogo das Paciências,
   JOSTEIN GAARDER
10. Os Nós e os Laços,
    ANTÓNIO ALÇADA BAPTISTA
11. Não É o Fim do Mundo,
    ANA NOBRE DE GUSMÃO
12. O Perfume,
    PATRICK SÜSKIND
13. Um Amor Feliz,
    DAVID MOURÃO-FERREIRA
14. A Desordem do Teu Nome,
    JUAN JOSÉ MILLÁS
15. Com a Cabeça nas Nuvens,
    SUSANNA TAMARO
16. Os Cem Sentidos Secretos,
    AMY TAN
17. A História Interminável,
    MICHAEL ENDE
18. A Pele do Tambor,
    ARTURO PÉREZ-REVERTE
19. Concerto no Fim da Viagem,
    ERIK FOSNES HANSEN
20. Persuasão,
    JANE AUSTEN
21. Neandertal,
    JOHN DARNTON
22. Cidadela,
    ANTOINE DE SAINT-EXUPÉRY
23. Gaivotas em Terra,
    DAVID MOURÃO-FERREIRA
24. A Voz de Lila,
    CHIMO
25. A Alma do Mundo,
    SUSANNA TAMARO
26. Higiene do Assassino,
    AMÉLIE NOTHOMB
27. Enseada Amena,
    AUGUSTO ABELAIRA
28. Mr. Vertigo,
    PAUL AUSTER
29. A República dos Sonhos,
    NÉLIDA PIÑON
30. Os Pioneiros,
    LUÍSA BELTRÃO
31. O Enigma e o Espelho,
    JOSTEIN GAARDER
32. Benjamim,
    CHICO BUARQUE
33. Os Impetuosos,
    LUÍSA BELTRÃO
34. Os Bem-Aventurados,
    LUÍSA BELTRÃO
35. Os Mal-Amados,
    LUÍSA BELTRÃO
36. Território Comanche,
    ARTURO PÉREZ-REVERTE
37. O Grande Gatsby,
    F. SCOTT FITZGERALD
38. A Música do Acaso,
    PAUL AUSTER
39. Para Uma Voz Só,
    SUSANNA TAMARO
40. A Homenagem a Vénus,
    AMADEU LOPES SABINO
41. Malena É Um Nome de Tango,
    ALMUDENA GRANDES
42. As Cinzas de Angela,
    FRANK McCOURT
43. O Sangue dos Reis,
    PETER BERLING
44. Peças em Fuga,
    ANNE MICHAELS
45. Crónicas de Um Portuense Arrependido,
    ALBANO ESTRELA
46. Leviathan,
    PAUL AUSTER
47. A Filha do Canibal,
    ROSA MONTERO
48. A Pesca à Linha – Algumas Memórias,
    ANTÓNIO ALÇADA BAPTISTA
49. O Fogo Interior,
    CARLOS CASTANEDA
50. Pedro e Paula,
    HELDER MACEDO
51. Dia da Independência,
    RICHARD FORD
52. A Memória das Pedras,
    CAROL SHIELDS
53. Querida Mathilda,
    SUSANNA TAMARO
54. Palácio da Lua,
    PAUL AUSTER
55. A Tragédia do Titanic,
    WALTER LORD
56. A Carta de Amor,
    CATHLEEN SCHINE
57. Profundo como o Mar,
    JACQUELYN MITCHARD
58. O Diário de Bridget Jones,
    HELEN FIELDING
59. As Filhas de Hanna,
    MARIANNE FREDRIKSSON
60. Leonor Teles ou o Canto da Salamandra,
    SEOMARA DA VEIGA FERREIRA
61. Uma Longa História,
    GÜNTER GRASS
62. Educação para a Tristeza,
    LUÍSA COSTA GOMES
63. Histórias do Paranormal – Volume I,
    Direcção de RIC ALEXANDER
64. Sete Mulheres,
    ALMUDENA GRANDES
65. O Anatomista,
    FEDERICO ANDAHAZI
66. A Vida É Breve,
    JOSTEIN GAARDER
67. Memórias de Uma Gueixa,
    ARTHUR GOLDEN
68. As Contadoras de Histórias,
    FERNANDA BOTELHO
69. O Diário da Nossa Paixão,
    NICHOLAS SPARKS
70. Histórias do Paranormal – Volume II,
    Direcção de RIC ALEXANDER
71. Peregrinação Interior – Volume I,
    ANTÓNIO ALÇADA BAPTISTA
72. O Jogo de Morte,
    PAOLO MAURENSIG
73. Amantes e Inimigos,
    ROSA MONTERO
74. As Palavras Que Nunca Te Direi,
    NICHOLAS SPARKS
75. Alexandre, O Grande – O Filho do Sonho,
    VALERIO MASSIMO MANFREDI
76. Peregrinação Interior – Volume II,
    ANTÓNIO ALÇADA BAPTISTA
77. Este É o Teu Reino,
    ABILIO ESTÉVEZ
78. O Homem Que Matou Getúlio Vargas,
    JÔ SOARES
79. As Piedosas,
    FEDERICO ANDAHAZI
80. A Evolução de Jane,
    CATHLEEN SCHINE
81. Alexandre, O Grande – O Segredo do Oráculo,
    VALERIO MASSIMO MANFREDI
82. Um Mês com Montalbano,
    ANDREA CAMILLERI
83. O Tecido do Outono,
    ANTÓNIO ALÇADA BAPTISTA
84. O Violinista,
    PAOLO MAURENSIG
85. As Visões de Simão,
    MARIANNE FREDRIKSSON
86. As Desventuras de Margaret,
    CATHLEEN SCHINE
87. Terra de Lobos,
    NICHOLAS EVANS
88. Manual de Caça e Pesca para Raparigas,
    MELISSA BANK
89. Alexandre, o Grande – No Fim do Mundo,
    VALERIO MASSIMO MANFREDI
90. Atlas de Geografia Humana,
    ALMUDENA GRANDES
91. Um Momento Inesquecível,
    NICHOLAS SPARKS
92. O Último Dia,
    GLENN KLEIER
93. O Círculo Mágico,
    KATHERINE NEVILLE
94. Receitas de Amor para Mulheres Tristes,
    HÉCTOR ABAD FACIOLINCE
95. Todos Vulneráveis,
    LUÍSA BELTRÃO
96. A Concessão do Telefone,
    ANDREA CAMILLERI
97. Doce Companhia,
    LAURA RESTREPO
98. A Namorada dos Meus Sonhos,
    MIKE GAYLE
99. A Mais Amada,
    JACQUELYN MITCHARD
100. Ricos, Famosos e Beneméritos,
     HELEN FIELDING
101. As Bailarinas Mortas,
     ANTONIO SOLER
102. Paixões,
     ROSA MONTERO
103. As Casas da Celeste,
     THERESA SCHEDEL
104. A Cidadela Branca,
     ORHAN PAMUK
105. Esta É a Minha Terra,
     FRANK McCOURT
106. Simplesmente Divina,
     WENDY HOLDEN
107. Uma Proposta de Casamento,
     MIKE GAYLE
108. O Novo Diário de Bridget Jones,
     HELEN FIELDING
109. Crazy – A História de Um Jovem,
     BENJAMIN LEBERT
110. Finalmente Juntos,
     JOSIE LLOYD e EMLYN REES
111. Os Pássaros da Morte,
     MO HAYDER
112. A Papisa Joana,
     DONNA WOOLFOLK CROSS
113. O Aloendro Branco,
     JANET FITCH
114. O Terceiro Servo,
     JOEL NETO
115. O Tempo nas Palavras,
     ANTÓNIO ALÇADA BAPTISTA
116. Vícios e Virtudes,
     HELDER MACEDO
117. Uma História de Família,
     SOFIA MARRECAS FERREIRA
118. Almas à Deriva,
     RICHARD MASON
119. Corações em Silêncio,
     NICHOLAS SPARKS
120. O Casamento de Amanda,
     JENNY COLGAN
121. Enquanto Estiveres Aí,
     MARC LEVY
122. Um Olhar Mil Abismos,
     MARIA TERESA LOUREIRO
123. A Marca do Anjo,
     NANCY HUSTON
124. O Quarto do Pólen,
     ZOË JENNY
125. Responde-me,
     SUSANNA TAMARO
126. O Convidado de Alberta,
     BIRGIT VANDERBEKE
127. A Outra Metade da Laranja,
     JOANA MIRANDA
128. Uma Viagem Espiritual,
     BILLY MILLS e NICHOLAS SPARKS
129. Fragmentos de Amor Furtivo,
     HÉCTOR ABAD FACIOLINCE
130. Os Homens São como Chocolate,
     TINA GRUBE
131. Para Ti, Uma Vida Nova,
     TIAGO REBELO
132. Manuela,
     PHILIPPE LABRO

GRANDES NARRATIVAS

133. A Ilha Décima, MARIA LUÍSA SOARES
134. Maya, JOSTEIN GAARDER
135. Amor É Uma Palavra de Quatro Letras, CLAIRE CALMAN
136. Em Memória de Mary, JULIE PARSONS
137. Lua-de-Mel, AMY JENKINS
138. Novamente Juntos, JOSIE LLOYD e EMLYN REES
139. Ao Virar dos Trinta, MIKE GAYLE
140. O Marido Infiel, BRIAN GALLAGHER
141. O Que Significa Amar, DAVID BADDIEL
142. A Casa da Loucura, PATRICK McGRATH
143. Quatro Amigos, DAVID TRUEBA
144. Estou-me nas Tintas para os Homens Bonitos, TINA GRUBE
145. Eu até Sei Voar, PAOLA MASTROCOLA
146. O Homem Que Sabia Contar, MALBA TAHAN
147. A Época da Caça, ANDREA CAMILLERI
148. Não Vou Chorar o Passado, TIAGO REBELO
149. Vida Amorosa de Uma Mulher, ZERUYA SHALEV
150. Danny Boy, JO-ANN GOODWIN
151. Uma Promessa para Toda a Vida, NICHOLAS SPARKS
152. O Romance de Nostradamus – O Presságio, VALERIO EVANGELISTI
153. Cenas da Vida de Um Pai Solteiro, TONY PARSONS
154. Aquele Momento, ANDREA DE CARLO
155. Renascimento Privado, MARIA BELLONCI
156. A Morte de Uma Senhora, THERESA SCHEDEL
157. O Leopardo ao Sol, LAURA RESTREPO
158. Os Rapazes da Minha Vida, BEVERLY DONOFRIO
159. O Romance de Nostradamus – O Engano, VALERIO EVANGELISTI
160. Uma Mulher Desobediente, JANE HAMILTON
161. Duas Mulheres, Um Destino, MARIANNE FREDRIKSSON
162. Sem Lágrimas Nem Risos, JOANA MIRANDA
163. Uma Promessa de Amor, TIAGO REBELO
164. O Jovem da Porta ao Lado, JOSIE LLOYD & EMLYN REES
165. € 14,99 – A Outra Face da Moeda, FRÉDÉRIC BEIGBEDER
166. Precisa-se de Homem Nu, TINA GRUBE
167. O Príncipe Siddharta – Fuga do Palácio, PATRICIA CHENDI
168. O Romance de Nostradamus – O Abismo, VALERIO EVANGELISTI
169. O Citroën Que Escrevia Novelas Mexicanas, JOEL NETO
170. António Vieira – O Fogo e a Rosa, SEOMARA DA VEIGA FERREIRA
171. Jantar a Dois, MIKE GAYLE
172. Um Bom Partido – Volume I, VIKRAM SETH
173. Um Encontro Inesperado, RAMIRO MARQUES
174. Não Me Esquecerei de Ti, TONY PARSONS
175. O Príncipe Siddharta – As Quatro Verdades, PATRICIA CHENDI
176. O Claustro do Silêncio, LUÍS ROSA
177. Um Bom Partido – Volume II, VIKRAM SETH
178. As Confissões de Uma Adolescente, CAMILLA GIBB
179. Bons na Cama, JENNIFER WEINER
180. Spider, PATRICK McGRATH
181. O Príncipe Siddharta – O Sorriso do Buda, PATRICIA CHENDI
182. O Palácio das Lágrimas, ALEV LYTLE CROUTIER
183. Apenas Amigos, ROBYN SISMAN
184. O Fogo e o Vento, SUSANNA TAMARO
185. Henry & June, ANAÏS NIN
186. Um Bom Partido – Volume III, VIKRAM SETH
187. Um Olhar à Nossa Volta, ANTÓNIO ALÇADA BAPTISTA
188. O Sorriso das Estrelas, NICHOLAS SPARKS
189. O Espelho da Lua, JOANA MIRANDA
190. Quatro Amigas e Um Par de Calças, ANN BRASHARES
191. O Pianista, WLADYSLAW SZPILMAN
192. A Rosa de Alexandria, MARIA LUCÍLIA MELEIRO
193. Um Pai Muito Especial, JACQUELYN MITCHARD
194. A Filha do Curandeiro, AMY TAN
195. Começar de Novo, ANDREW MARK
196. A Casa das Velas, K. C. McKINNON
197. Últimas Notícias do Paraíso, CLARA SÁNCHEZ
198. O Coração do Tártaro, ROSA MONTERO
199. Um País para Lá do Azul do Céu, SUSANNA TAMARO
200. As Ligações Culinárias, ANDREAS STAÏKOS
201. De Mãos Dadas com a Perfeição, SOFIA BRAGANÇA BUCHHOLZ
202. O Vendedor de Histórias, JOSTEIN GAARDER
203. Diário de Uma Mãe, JAMES PATTERSON
204. Nação Prozac, ELIZABETH WURTZEL
205. Uma Questão de Confiança, TIAGO REBELO
206. Sem Destino, IMRE KERTÉSZ
207. Laços Que Perduram, NICHOLAS SPARKS
208. Um Verão Inesperado, KITTY ALDRIDGE
209. D'Acordo, MARIA JOÃO LEHNING
210. Um Casamento Feliz, ANDREW KLAVAN
211. A Viagem da Minha Vida – Pela Índia de Mochila às Costas, WILLIAM SUTCLIFFE
212. Gritos da Minha Dança, FERNANDA BOTELHO
213. O Último Homem Disponível, CINDY BLAKE
214. Solteira, Independente e Bem Acompanhada, LUCIANA LITTIZZETTO
215. O Estranho Caso do Cão Morto, MARK HADDON
216. O Segundo Verão das Quatro Amigas e Um Par de Calças, ANN BRASHARES
217. Não Sei como É Que Ela Consegue, ALLISON PEARSON
218. Marido e Mulher, TONY PARSONS
219. Inês de Castro, MARÍA PILAR QUERALT HIERRO
220. Não Me Olhes nos Olhos, TINA GRUBE
221. O Mosteiro e a Coroa, THERESA SCHEDEL
222. A Rapariga das Laranjas, JOSTEIN GAARDER
223. A Recusa, IMRE KERTÉSZ
224. A Alquimia do Amor, NICHOLAS SPARKS
225. A Cor dos Dias – Memórias e Peregrinações, ANTÓNIO ALÇADA BAPTISTA
226. A Esperança Reencontrada, ANDREW MARK
227. Eu e as Mulheres da Minha Vida, JOÃO TOMÁS BELO
228. O Golpe Milionário, BRAD MELTZER
229. A Noiva Prometida, BAPSI SIDHWA
230. Jack, o Estripador – Retrato de Um Assassino PATRICIA CORNWELL
231. O Livreiro de Cabul, ÅSNE SEIERSTAD
232. Ali e Nino – Uma História de Amor, KURBAN SAID
233. A Rapariga de Pequim, CHUN SHU
234. Não Se Escolhe Quem Se Ama, JOANA MIRANDA
235. As Duas por Três, CECÍLIA CALADO
236. Mulheres, Namorados, Maridos e Sogras, LUCIANA LITTIZZETTO
237. Estranho Encontro, BENJAMIN LEBERT
238. Pai ao Domingo, CLAIRE CALMAN
239. Perdas e Ganhos, LYA LUFT
240. Sete Casas, ALEV LYTLE CROUTIER
241. A Noiva Obscura, LAURA RESTREPO
242. Santo Desejo, PEDRO ALÇADA BAPTISTA
243. Uma Mãe quase Perfeita, PAOLA MASTROCOLA
244. Romance em Amesterdão, TIAGO REBELO
245. Nem Só Mas Também, AUGUSTO ABELAIRA
246. Ao Sabor do Vento, RAMIRO MARQUES
247. A Agência n.º 1 de Mulheres Detectives, ALEXANDER McCALL SMITH
248. Os Homens em Geral Agradam-me Muito, VÉRONIQUE OVALDÉ
249. Os Jardins da Memória, ORHAN PAMUK
250. Três Semanas com o Meu Irmão, NICHOLAS SPARKS e MICAH SPARKS
251. Nunca É Tarde para Recomeçar, CATHERINE DUNNE
252. A Cidade das Flores, AUGUSTO ABELAIRA
253. Kaddish para Uma Criança Que não Vai Nascer, IMRE KERTÉSZ
254. 101 Dias em Bagdad, ÅSNE SEIERSTAD
255. Uma Família Diferente, THERESA SCHEDEL
256. Depois de Tu Partires, MAGGIE O'FARRELL
257. Homem em Fúria, A. J. QUINNELL
258. Uma Segunda Oportunidade, KRISTIN HANNAH
259. A Regra de Quatro, IAN CALDWELL e DUSTIN THOMASON
260. As Lágrimas da Girafa, ALEXANDER McCALL SMITH
261. Lucia, Lucia, ADRIANA TRIGIANI
262. A Mulher do Viajante no Tempo, AUDREY NIFFENEGGER

GRANDES NARRATIVAS

263. Abre o Teu Coração,
JAMES PATTERSON
264. Um Natal Que não Esquecemos,
JACQUELYN MITCHARD
265. Imprimatur – O Segredo do Papa,
FRANCESCO SORTI e RITA MONALDI
266. A Vida em Stereo,
PEDRO DE FREITAS BRANCO
267. O Terramoto de Lisboa e a Invenção do Mundo,
LUIS ROSA
268. Filhas Rebeldes,
MANJU KAPUR
269. Bolor,
AUGUSTO ABELAIRA
270. A Profecia da Curandeira,
HERMÁN HUARACHE MAMANI
271. O Códice Secreto,
LEV GROSSMAN
272. Olhando o Nosso Céu,
MARIA LUÍSA SOARES
273. Moralidade e Raparigas Bonitas,
ALEXANDER McCALL SMITH
274. Sem Nome,
HELDER MACEDO
275. Quimera,
VALERIO MASSIMO MANFREDI
276. Uma Outra Maneira de Ser,
ELIZABETH MOON
277. Encontro em Jerusalém,
TIAGO REBELO
278. Lucrécia e o Papa Alexandre VI,
JOHN FAUNCE
279. Mãe e Filha,
MARIANNE FREDRIKSSON
280. Os Segredos dos Conclaves,
ATTO MELANI
281. Contigo Esta Noite,
JOANA MIRANDA
282. Dante e os Crimes do Mosaico,
GIULIO LEONI
283. A Bela Angevina,
JOSÉ-AUGUSTO FRANÇA
284. O Segredo da Última Ceia,
JAVIER SIERRA
285. Está Uma Noite Quente de Verão,
ISABEL RAMOS
286. O Terceiro Verão das Quatro Amigas e Um Par de Calças,
ANN BRASHARES
287. Quem Ama Acredita,
NICHOLAS SPARKS
288. O Melhor Que Um Homem Pode Ter,
JOHN O'FARRELL
289. A Gata e a Fábula,
FERNANDA BOTELHO
290. Incertezas do Coração,
MAGGIE O'FARRELL
291. Crepúsculo Fatal,
NELSON DEMILLE
292. Como da Primeira Vez,
MIKE GAYLE
293. A Inconstância dos Teus Caprichos,
CRISTINA FLORA
294. A Year in the Merde – Um Ano em França,
STEPHEN CLARKE
295. A Última Legião,
VALERIO MASSIMO MANFREDI
296. As Horas Nuas,
LYGIA FAGUNDES TELLES
297. O Ícone Sagrado,
NEIL OLSON
298. Na Sua Pele,
JENNIFER WEINER
299. O Mistério da Atlântida,
DAVID GIBBINS
300. O Amor Infinito de Pedro e Inês,
LUIS ROSA
301. Uma Rapariga Cheia de Sonhos,
STEVE MARTIN
302. As Meninas,
LYGIA FAGUNDES TELLES
303. Jesus e Maria Madalena,
MARIANNE FREDRIKSSON
304. És o Meu Segredo,
TIAGO REBELO
305. O Enigma Vivaldi,
PETER HARRIS
306. A Vingança de Uma Mulher de Meia-Idade,
ELIZABETH BUCHAN
307. Jogos de Vida e Morte,
BEN RICHARDS
308. A Mulher Que Viveu por Um Sonho,
MARIA ROSA CUTRUFELLI
309. Um Amor Irresistível – Gordon,
EDITH TEMPLETON
310. Paranóia,
JOSEPH FINDER
311. À Primeira Vista,
NICHOLAS SPARKS
312. Nas Asas de Um Anjo,
MIGUEL ÁVILA
313. Verão no Aquário,
LYGIA FAGUNDES TELLES
314. Scriptum – O Manuscrito Secreto,
RAYMOND KHOURY
315. José e os Outros – Almada e Pessoa, Romance dos Anos 20,
JOSÉ-AUGUSTO FRANÇA
316. O Espião de Deus,
JUAN GÓMEZ-JURADO
317. As Mulheres de Mozart,
STEPHANIE COWELL
318. O Espírito do Amor,
BEN SHERWOOD
319. O Segredo dos Beatles,
PEDRO DE FREITAS BRANCO
320. Sete Mulheres, Sete Histórias,
MERCEDES BALSEMÃO, VERA DESLANDES PINTO BASTO, VERA PINTO BASTO, MARIA JOÃO BORDALLO, TERESA AVILLEZ EREIRA, MARIA HELENA MAIA, MARIA TERESA SALEMA
321. Os Nossos Dias ao Ritmo do Rock,
MIKAEL NIEMI
322. A História Secreta de A Noiva Judia,
LUIGI GUARNIERI
323. Atracção Perigosa,
DOUGLAS KENNEDY
324. Em Nome do Amor,
MEG ROSOFF
325. O Leque Secreto,
LISA SEE
326. O Que Faz Bater o Coração dos Homens?,
LUCIANA LITTIZZETTO
327. Erasmus de Salónica,
ANTÓNIO PAISANA
328. Três Metros Acima do Céu,
FEDERICO MOCCIA
329. Assassinatos na Academia Brasileira de Letras,
JÔ SOARES
330. O Fabuloso Teatro do Gigante,
DAVID MACHADO
331. De Mãos Dadas com o Amor,
JAN GOLDSTEIN
332. A Outra Face do Amor,
CATHERINE DUNNE
333. Escuta a Minha Voz,
SUSANNA TAMARO
334. As Naves de Calígula,
MARIA GRAZIA SILIATO
335. Juntos ao Luar,
NICHOLAS SPARKS
336. A Vida Nova,
ORHAN PAMUK
337. A Chave Mestra,
AGUSTÍN SÁNCHEZ VIDAL
338. A Obra-Prima Desaparecida,
JONATHAN HARR
339. O Tempo dos Amores Perfeitos,
TIAGO REBELO
340. Imperium,
ROBERT HARRIS
341. Os Amantes e Outros Contos,
DAVID MOURÃO-FERREIRA
342. Amanhã Será Melhor,
FAÏZA GUÈNE
343. A Criança Que não Queria Falar,
TOREY HADEN
344. Bocage – A Vida Apaixonada de Um Genial Libertino,
LUÍS ROSA
345. Um Novo Sentido Para a Vida,
LOLLY WINSTON
346. O Elogio do Fracasso,
JOÃO TEIXEIRA FREIRE
347. Diário de Um Escândalo,
ZÖE HELLER
348. A Medida do Mundo,
DANIEL KEHLMANN
349. Inês de Castro – A Estalagem dos Assombros,
SEOMARA DA VEIGA FERREIRA
350. Uma Vida em Mil Pedaços,
JAMES FREY
351. O Décimo Terceiro Conto,
DIANE SETTERFIELD
352. O Pescador de Girassóis,
ANTÓNIO SANTOS
353. O Manuscrito de Deus,
JUAN RAMÓN BIEDMA
354. A Mulher de Mármore,
JOANA MIRANDA
355. Os Cisnes de Leonardo,
KAREN ESSEX
356. Contos do Desaforo,
JOSÉ ANTÓNIO BARREIROS
357. O Diário Perdido de D. Juan,
DOUGLAS CARLTON ABRAMS
358. As Ruínas,
SCOTT SMITH
359. Zen e a Arte da Manutenção de Motocicletas,
ROBERT M. PIRSIG
360. A História de Dave,
DAVE PELZER
361. Os Bastidores da OPA,
MANUEL LEITÃO
362. Os Pilares da Terra – Volume I,
KEN FOLLETT
363. Memórias de Agripina,
SEOMARA DA VEIGA FERREIRA
364. A Menina Que Nunca Chorava,
TOREY HAYDEN
365. Tão Longe de Casa,
CURTIS SITTENFELD
366. Foi Assim Que Aconteceu,
TERESA FONT
367. A Estrela de Joana,
PAULO PEREIRA CRISTÓVÃO
368. Os Pilares da Terra – Volume II,
KEN FOLLETT
369. Fui Roubada aos Meus Pais,
CÉLINE GIRAUD
370. O Meu Nome É Vermelho,
ORHAN PAMUK
371. Um Pequeno Inconveniente,
MARK HADDON
372. Os Filhos do Afecto,
TOREY HAYDEN
373. Uma Escolha por Amor,
NICHOLAS SPARKS
374. Elizabeth – A Idade de Ouro,
TASHA ALEXANDER